100개 읽는

키워드로 읽는 ----------

라틴어
이야기

Carpe diem

Eao facio quod volo

100개 키워드로 읽는
키워드로 읽는

라틴어 이야기

조경호 지음

Dum spiro, spero.

Species mihi... est, sed totellra est...

Orbita

100개 키워드로 읽는
라틴어
이야기

초판 2쇄 인쇄 2019년 5월 8일
초판 2쇄 발행 2019년 5월 17일

지은이 조경호
펴낸이 서덕일
펴낸곳 오르비타

출판등록 제2014-66호(2014년 11월 17일)
주소 경기도 파주시 회동길 366 (10881)
전화 (02)499-1281~2 **팩스** (02)499-1283
전자우편 info@moonyelim.com
홈페이지 www.moonyelim.com

ISBN 979-11-954448-0-9(03790)
값 18,000원

머리말

라틴어, 처음에는 괜히 있어 보이는 것 같고, 남들이 안하는 것을 한다는 차별성도 있는 것 같아 '폼 잡기'로 시작해서, 진짜 내 것으로 만들기까지 정말 오랜 시간과 노력을 들였던 것 같습니다. 정말 효율성은 '제로'였던 것 같습니다. 하지만, 공부를 하면 할수록 미지의 수수께끼, 세상 비밀을 알아가는 것 같은 기분을 느끼고 했습니다. "아! 그래, 이거였어!"라는 말을 셀 수 없이 외치며 걸어온 길이 곧 30년이 되고, 교단에서 라틴어를 가르치며 고민한 시간이 올해로 14년이 되었습니다.

지금은 제가 처음 공부할 때처럼 "그냥 폼 나잖아요!" 라고 말하며 라틴어 수업을 수강한 학생이라면, 바로 그 학생을 내보내고, 수강 조건을 첫 시간에 학생들에게 말합니다.

"언어는 살아 숨 쉬고 있고, 생사를 몇 대에 걸쳐 반복하면서, 그 선조가 누구인지, 나는 어디에서 왔고, 지금 변화하고 있는 언어 현상을 고민할 수 있는 사람만이 수강 자격이 있다"

물론 라틴어가 '엄청난 변화형 암기가 필수'이고 인기 없는 과목이라는 것은 부정하진 않습니다. 그래도 항상 학교에서 저와 함께 라틴어 신비를 함께 즐기고 느끼는 사람들과 함께 하고 있다는 것이 너무 행복합니다. 그렇게 몇몇의 아이들과 함께 '라틴어 덕후'라고 자청하며 지내다가, 3년 전 우연히 학교가 아닌 온라인 속 〈라틴어 공부방〉 밴드라는 것을 접하게 되었습니 다. 처음에는 10명이 안 되는 인원으로, 조금씩 조금씩 서로의 공부 어려움을 공유하기 시작했습니다. 기초의 라틴어 문법, 회화, 벽화, 로고, 모토, 현대어에서의 라틴어, 라틴어 성경 번역, 그리스 로마 신화 라틴어 버전 등 3년 동안 거의 매일 문을 두드렸습니다. 라틴어 글 올 리고 다른 분들의 글을 읽고 댓글을 달며, 삶의 즐거운 한 축으로 궁금증을 풀어가는 「인디아나 존스」의 해리슨 포드라도 된 것처럼 지냈습니다.

그 동안의 재미있던 글들을 모두 소개하는 것은 어렵겠지만, 그 중에 어떤 내용들이 온라인 밖 세상에 소개된다면 '어디에 함께 즐거워할 동지가 있지 않을까?' 생각하며 그 동안 열심히 쌓아둔 라틴어 키워드를 소개하려고 합니다. 라틴어에 몰두하고 열정적인 독자분들께 저처럼 인기 없는 과목 선생도 필요하지 않을까요?

책을 멀리하는 요즘, 힘든 출판업계 사정에도 불구하고 이러한 제 뜻에 화답해주신 외국어를 사랑하는 오르비타 출판사 직원들에게 진심으로 고마움을 전하며, 애정이 많은 '라틴어 공부방'의 가족들에게도 고마움을 전합니다.

마지막으로 여러분에게 〈100개의 키워드로 읽는 라틴어 이야기〉를 전하려고 합니다. 라틴어의 즐거움에 아주 잠깐이라도 빠져보시길 바랍니다.

2018. 7
조 경 호

차례

라틴어에는 하나의 명사 이름이 없다?

라틴어의 명사는 영어나 한국어처럼 뜻이 하나로 딱 떨어지지 않고, 다섯 가지 격으로 나누어져 각각의 의미를 가집니다. 예를 들어 라틴어에는 '장미'라는 의미나 명사는 없고, 주격(장미는), 속격(장미의), 여격(장미에게), 대격(장미를), 탈격(장미로부터)정도의 의미를 가집니다. 이것이 라틴어 명사 5격의 단수형이고 이와 똑같이 복수형도 존재합니다. 그래서 라틴어 명사는 5격의 단수형과 복수형을 합쳐서 열 가지 형태를 가집니다.

명사가 다섯 가지 형태로 크게 첫 번째 격 형태부터 다섯 번째 격 형태까지가 있는데, 이중에서 '장미는'이라는 'rosa'가 제 1번 주격 명사에 해당합니다. 변화는 단수형부터 적어보면 다음과 같습니다.

	단수	복수
주격	rosa	rosae
속격	rosae	rosarum
여격	rosae	rosis
대격	rosam	rosas
탈격	rosa	rosis

〰 살펴보면 변화 형태가 겹치는 것들이 있습니다. 이러한 것들이 가끔은 헷갈리는 요소들이지만, 여러 번 보고 외워두면 나중에는 익숙하게 적용할 수 있습니다. 명사 제 1변화 어미형의 공식처럼 생긴 것을 다시 한번 나열하자면 다음과 같습니다.

	단수	복수
주격	-a	-ae
속격	-ae	-arum
여격	-ae	-is
대격	-am	-as
탈격	-a	-is

✔ 결론적으로 다시말해, '장미'라는 어휘는 라틴어에 존재하지 않으며, 'Rosa'는 '장미는(가)'의 의미인데, 편의상 주격 단수형을 원형 취급하듯 사용하는 것입니다.

라틴어 어순은 한국어 어순과 가장 비슷하다?

(1) 라틴어의 어순은 너무도 자유롭습니다.

　모범적인 어순은 있으나 반드시 정형화 되어 있지 않습니다.

예 말이 장미를 좋아한다.

Equus rosam amat. 직역 말이 장미를 좋아한다

Equus amat rosam. 직역 말이 좋아한다 장미를

Rosam equus amat. 직역 장미를 말이 좋아한다

Rosam amat equus. 직역 장미를 좋아한다 말이

Amat equus rosam. 직역 좋아한다 말이 장미를

Amat rosam equus. 직역 좋아한다 장미를 말이

〰 가장 모범적인 어순은

Equus rosam amat. 말이 장미를 좋아한다.

(2) 라틴어를 배우기에 최적화된 언어는 '한국어'입니다.

　'(1)'에서 봤던 것처럼 한국어는 어순이 바뀌어도 자유롭게 직역을 해서 알아볼 수 있지만, 어순이 엄격한 언어들은 곤란한 점이 많습니다. 한국어처럼 되는 것을 다시 한번 알아보면 다음과 같습니다.

예 **Alumnus Latino studere potest.**
　　학생은 라틴어를 공부할 수 있다.

– 주격: **Alumnus** 학생이

– 여격: **Latino** 라틴어를 (동사 때문에 대격처럼 해석을 합니다)

- 동사원형: **studere** 공부하다
- 조동사(3인칭단수): **potest** ~할 수 있다

(3) 라틴어의 명사는 관사가 없습니다.

　현대 언어에서 관사는 '한정', '구체화', '성과 수의 구별'의 역할을 합니다. 라틴어는 명사 자체가 성과 수를 나타낼 수 있고, 한정 또는 구체화를 할 경우 사용하며, 반복 될 경우는 생략을 합니다.

	단수	복수
남성	Equus	Equi
여성	Rosa	Rosae
중성	Datum	Data

(4) 도대체 주격, 속격... 등 은 무엇일까?

　이것은 어순을 자유롭게 하기 위해서 문장 속 역할을 단어에 만들어 두는 장치입니다.

① 한국어의 '은, 는, 이, 가(주어=주격)'
단수형 남성 ··· **equus** 말이
단수형 여성 ··· **rosa** 장미가
단수형 중성 ··· **datum** 자료(데이터)는

② '-의(소유격=속격)'
단수형 남성 ··· **equi** 말의
단수형 여성 ··· **rosae** 장미의
단수형 중성 ··· **dati** 자료의

③ '-에게(간접목적어=여격)'
단수형 남성 ··· **equo** 말에게
단수형 여성 ··· **rosae** 장미에게
단수형 중성 ··· **dato** 자료에게

④ '-을, 를(직접목적어=대격)'

단수형 남성 ··· equum 말을

단수형 여성 ··· rosam 장미를

단수형 중성 ··· datum 자료를

⑤ '[이탈 의미의 전치사 뒤에서 사용하는 명사](전치사격=탈격)'

단수형 남성 ··· ab equo 말로부터

단수형 여성 ··· a(b) rosa 장미로부터

단수형 중성 ··· a(b) dato 자료로부터

✔ 목표 지향적이고 안쪽으로 들어가는 의미를 갖는 전치사 뒤에 올 수 있는 명사는 '대격'입니다.

단수형 남성 ··· ad equum 말에게로

단수형 여성 ··· ad rosam 장미에게로

단수형 중성 ··· ad datum 자료로

영어의 예외적 복수형태가 원래는 라틴어 규칙이다?

현대 영어에서 말하는 라틴어의 흔적을 조금 보겠습니다. 라틴어를 공부하기 어려울 때 조금씩 봐두시면 상식으로 알아두기에도 괜찮습니다. 일반적으로 영어의 복수는 어미에 '-s'또는 '-es'가 붙는데, 그렇지 않은 경우가 있습니다. 영어 문법책에서 다음의 단어 같은 경우는 예외라고 가르칩니다.

• 단수 → 복수 형태가 특이한 영어

Focus → Foci (남성 주격)

Larva → Larvae (여성 주격)

Forum → Fora (중성 주격)

현대 영어에서 라틴어는 '라틴어 주격단수 명사'를 '일반 명사' 형태로 취급합니다. 그래서 남성, 여성, 중성 명사의 주격단수가 주격복수로 바뀌는 것을 그대로 적용하면, 바로 위의 것처럼 영어의 불규칙형이 되는 것을 보실 수 있습니다.

예를 들어 '데이터량이 많다'라고 할 때 'Multa data'를 보도록 하죠. 한 개만 있을 때는 datum이고 복수일 때 data가 되는 것이죠. 그리고 우리가 '멀티 플레이어/멀티 탭'이라고 할 때도 마찬가지입니다.

multus라는 형용사는 영어의 'many, much'의 의미를 갖습니다. 그래서 'multus(주격 단수형) + 단수 명사'/'multi(주격 복수형) + 복수 명사'에서 볼 수 있듯이 multi라는 용어가 나타나게 된 것이지요.

\<영어에서 사용되는 **Multus** 형태\>

· **Multi-user** 다중사용자
· **Multi-purpose** 다목적의
· **Multi-media** 다중매체
· **Multi-lingual** 다중 언어의
· **Multi-vitamin** 종합 비타민(의)

이야기가 길어지면 읽기 싫어질 수 있으니 여기(Ad hoc)까지만요.

> 유럽어에서, 인칭의 단수/복수마다 형태가
> 바뀌는데, 라틴어 때문인가요?

　모든 언어라고 할 수는 없지만, 라틴어에서 시작해 현대 언어로 자리 잡은 프랑스어, 스페인어, 이탈리아어, 포르투갈어, 루마니아어, 카탈루냐어 등등은 당연히 라틴어의 동사어형변이처럼 인칭, 수, 시제에 따라 그 변화가 무지막지하게 많습니다. 단, 현대어로 오면서 다소 그 변화형의 숫자가 줄어든 부분도 많습니다. 그럼 일단, 기초적인 라틴어의 현재 동사에 대해 공부해보겠습니다.

　라틴어는 유럽 언어처럼 인칭과 수에 따라 동사의 형태가 변화하죠. 그 변화를 보도록 하겠습니다.

(1) Amare 사랑하다

Ego(나는) ·· amo　　　　　Nos(우리는) amamus
Tu(너는) ··· amas　　　　　Vos(너희들은) ·· amatis
Is(그는) ···· amat　　　　　Ii(그들은) ······· amant
Ea(그녀는) · amat　　　　　Eae(그녀들은) ·· amant

✔ 라틴어에서 3인칭의 인칭대명사는 존재하지 않으며 영어의 'That'에 해당하는 말을 가지고, 대체하는 것입니다.

(2) 인칭의 변화에 따른 제1동사 변화어미

　규칙 어미(-are)의 경우 아래와 같은 형태로 바뀌는 것입니다.

	단수	복수
1인칭	-o	-amus
2인칭	-as	-atis
3인칭	-at	-ant

위에서 보시는 것처럼 '어미'가 이렇게 되는 것이 제 1동사 변화입니다.

(3) 동사는 크게 네 종류가 있는데 원형어미에 따라 분류할 수 있습니다.

1변화 동사 … -āre   3변화 동사 … -ere

2변화 동사 … -ēre   4변화 동사 … -īre

위에서 2변화와 3변화 동사가 동일해 보이죠. 자세히 보면 차이가 있습니다. 1, 2, 4변화의 a, e, i 위에 '-'표시를 붙여 장모음이 되어있습니다. 3변화 동사만 그 표시가 없습니다.

동사별로 변화형은 다른데, 오늘은 1변화 동사만 외우도록 해요. 그리고 이외에 예외 동사들이 있습니다. 영어의 Be동사와 같은 Sum동사(원형 Esse)가 있죠.

이것도 뒤에서 소개해보겠습니다.

Salve!(헤어질 때 인사하는 '안녕!'이라는 뜻입니다. 발음은 '살웨')

라틴어로 '안녕'을 어떻게 말할까요?

✔ '안녕!'을 Ave[아웨]라고 합니다. 'Ave, Maria'는 '안녕, 마리아라는 의미입니다. '아베 마리아(Ave Maria)는 잘못된 발음입니다. V는 [우] 발음으로 철자 U와 같은 발음입니다.

• 이외에 안부인사말

Quid agis? [쿠이드 아지스] 잘 지내니?

Optime [옵티메] 아주 잘 지내.

Bene [베네] 잘 지내.

Tenuiter [테누이테르] 그저 그래.

Male [말레] 별로.

Pessime [페시메] 아주 별로.

헤어질 때 하는 '잘 가'라는 인사는 'Salve(살웨)'. Salve는 만났을 때 사용해도 됩니다.

언제 어디서나 간단하게 사용해보세요.

Gratias!('감사합니다'라는 뜻입니다. 발음은 '그라시아스')

참고 '발음'을 미리 공부하고 싶으시면, "KEYWORD 15"을 살펴보세요.

1부터 10까지는 어떻게 셀까?

라틴어의 숫자를 1부터 10까지 간단히 볼까요?

라틴어가 명사나 형용사로 사용될 때는 항상 격(품사, 단수 또는 복수)에 따라 형태가 변화합니다. 그것이 앞에서 말한 대로 하면 주(격), 속(격), 여(격), 대(격), 탈(격) 다섯 가지의 형태로, 단수와 복수 형태까지 합하면 총 열 개로 변하는 것이지요. 숫자는 명사 또는 형용사로 사용할 수 있기에 이 범위 안에 있을 수 있습니다. 그런데 다행히 숫자는 1,2,3을 제외하고는 그 형태가 변화되지 않습니다. 너무 다행이죠.

01 ···· unus	08 ···· octo	15 ···· quindecim
02 ···· duo	09 ···· novem	16 ···· sedecim
03 ···· tres	10 ···· decem	17 ···· septemdecim
04 ···· quattuor	11 ···· undecim	18 ···· duodeviginti
05 ···· quinque	12 ···· duodecim	19 ···· undeviginti
06 ···· sex	13 ···· tredecim	20 ···· viginti
07 ···· septem	14 ···· quattuordecim	

숫자의 규칙성이 일정치 않아 20까지 한 번에 외워두는 것이 좋습니다. 그래서 20까지 소개해드렸고, 숫자에 관한 몇 가지 이야기를 더 해보죠.

(1) 1, 2, 3은 격변화가 있다는데...

1은 당연히 단수형태 다섯 개만 존재하고 2, 3은 당연히 복수형태 다섯 개만 존재하겠죠. 4부터는 격변화가 없습니다.

(2) 숫자 8(octo)에서 유래한 말들

8이란 숫자 익숙하시죠? 피아노 한 옥타브 8개. 옥터퍼스(문어) 다리 8개.

(3) 달(month)의 이름의 유래?

septem / octo / novem / decem

위 단어들 정말 익숙하시죠. 그리스로마 신화시절 세상의 1년은 10개의 달로 되어 있었다고 합니다. 질투심 많은 헤라(제우스의 부인, 다른 이름으로 주노/유노)가 세상의 가장 아름다운 시기에 자신의 이름을 붙이고 싶다고 해서 6월에 Jun(Juno라는 자신의 이름에서 붙이죠)을 붙이게 되면서 한 달이 늘어났고, 또 태평성대를 이룩한 아우구스투스 황제가 자신의 이름을 달에 넣고 싶다고 주장하면서 Augustus의 이름을 따서 8월에 August를 붙여 다시 한 달이 늘어나게 되어 총 12달이 됩니다. 그래서 7,8,9,10달의 이름이던 September, October, November, December가 두 달씩 뒤로 밀리게 된 거죠. 달(month)의 이름과 라틴어 숫자의 어두가 똑같죠?

(4) 11부터는 합성어가 된다.

10이 decem이다가 11부터 합성어가 될 때 decim이 된다는 것을 꼭 유의하시고요. 18, 19의 경우, 프랑스도 이러한 원리는 라틴어에서 그대로 전수받은 것입니다. 프랑스어 배우셨던 분들은 기억을 살리셔요.

20에서 2를 뺀 숫자 … duo + de + viginti
20에서 1을 뺀 숫자 … un + de + viginti

입니다. 항상 끝이 8, 9인 숫자는 이렇게 만들어집니다. 38, 39, 48, 49...등등이 모두 이렇게 만들어지죠. 숫자도 참 복잡하죠.

'최우수상'이라는 뜻의 라틴어 'Summa cum laude'의 진짜 의미는?

라틴어에서 전치사 뒤에 명사가 올 때는 형용사를 전치사 앞으로 보내는 것이 아주 흔한 일입니다. 물론 어순이 자유롭기 때문에 그렇기는 하죠. 그럼 직역하면 무엇일까요?

Summa 최고의   **Cum** 가지고   **Laude** 칭찬

→ '최고의 칭찬을 가지고'이겠죠. 졸업장에 이 말이 쓰여지면, 최고의 칭찬을 받으며 졸업하는 것이기 때문에 '최우수상'이라고 하는 것입니다.

(1) 2등과 3등에게는 어떻게 붙일까요?

2등은 형용사 magnus(마그누스, big의미)를 붙여 'Magna cum laude', 3등은 형용사 bonus(보누스, good의미)를 붙여 'Bona cum laude'

(2) 4등부터는 모든 졸업자에게 사용합니다.

졸업자체가 칭찬받을 일이기 때문에 형용사 없이 이렇게 씁니다. 'Cum laude'

✔ ① laude는 laus(3변화 여성명사)의 탈격 단수 형태입니다.
   ② 전치사 cum + 탈격명사
   ③ 형용사는 여성명사 탈격단수 형태에 맞춰 형태를 summa, magna, bona를 붙이는 것입니다.

라틴어의 Esse동사(영어의 Be동사)는 어떻게 생겼죠?

영어에서도 일반 동사와 be동사, 조동사로 크게 동사를 나누는 것처럼 이미 라틴어에서 이러한 형태가 있었기 때문에 현대어에서도 같은 방식으로 사용되었다고 보시면 되겠습니다.

영어의 Be동사의 라틴어 원형은 아주 특이하게 'Esse'라고 합니다. 하지만 라틴어 사전에서 동사를 찾을 때는 1인칭단수를 찾아야 합니다. 즉 Esse동사를 사전에서 찾으려면 sum이라는 단어를 찾아야 하는 것입니다. Essence라는 단어가 '본질'이라는 의미로 사용되는 것은 Be동사의 의미에서 출발했기 때문이란 것 참고하세요.

 여기서 잠깐 〈사전 보는 법〉

사전에서 동사를 찾으면 항상 표제어를 포함해 네 개의 단어가 연속으로 있습니다. '현재 1인칭단수형(표제형), 원형, 완료형과거 1인칭단수형, 과거분사형'의 순서입니다.

예 '사랑하다'를 라틴어 사전에서 찾았을 경우

→ amo, amare, amavi, amatus

본론으로 다시 돌아오면. esse의 원형인 sum동사의 현재변화를 보시면 '1인칭, 2인칭, 3인칭' 순서 입니다.

단수 ··· **sum / es / est**
복수 ··· **sumus / estis / sunt**

이것은 꼭 외우셔야합니다. 완전 불규칙의 형태입니다. 이것을 외워 두시면 나중에 많이 응용할 수 있습니다.

[응용예] (1) ab + sum = 떨어져 있다

전치사 ab는 영어의 away from의 뜻이고 sum은 당연히 be동 사임으로 합쳐져서 한 동사로 be away의미를 갖게 됩니다. 현대 영어의 'absent(결석한)'의 어휘가 여기서 유래한 것입니다.

[응용예] (2) 영어 조동사의 can 만들기

힘(명사) pot(entia) + sum = 할 수 있다

Sum동사의 변화형태에 따라 s~로 시작할 때는 pos~를 어두로 붙이고 이외에는 pot~를 붙입니다. 이유는 음성학의 변이에 의한 것인데, 그것은 어려우니 여기서는 그냥 넘어가도록 해요. 그래 서 라틴어식 can의 변화는 다음과 같습니다.

단수 … possum / potes / potest
복수 … possumus / potestis / possunt

이번 주제는 여기까지 하겠습니다!

미국 프린스턴 대학교 벽면에 있는
글의 의미는? ①

In Gloriam Dei Incrementumque scientiarum
[인 글로리암 데이 인크레멘툼쿠에 스치엔시아룸]
하나님의 영광 속에 학문의 성장이 있다.

(접속사 'que' 때문에 이 문장으로 완결되지 않고 다음 문장으로 해석이 연결됩니다.)

✔ Est는 항상 생략이 가능합니다.

예 서울대학교 교표에 있는 것을 보면 다음과 같이 **est**가 생략된 것을 볼 수 있죠.

Veritas (est) Lux Mea. 진리는 나의 빛(이다.)

〰 문장을 분석해 볼까요?

(1) 전치사 In + 대격 = into + 명사(~속으로)

　　Gloria 영광(은)/여성형

››› 대격단수형 **Gloriam**

주	-a	-ae
속	-ae	-arum
여	-ae	-is
대	-am	-as
탈	-a	-is

(2) Deus 하나님(은)/남성형

>>> 속격단수형 Dei

주 -us -i

속 -i -orum

여 -o -is

대 -um -os

탈 -o -is

(3) Incrementum 성장(은)/중성형

>>> 주격 단수형 incrementum

주 -um -a

속 -i -orum

여 -o -is

대 -um -a

탈 -o -is

(4) Scientia 학문(은)/여성형

>>> 속격 복수형 Scientiarum

 여기서 잠깐 〈기본상식 코너〉

우리가 자연과학, 인문과학 이라고 할 때, 대학에서 사용하는 명칭이 있습니다. Natural Science, Cultural Science라고 사용을 합니다. 그런데 왜 자연과학, 인문과학이라는 명칭을 사용할까요?

우리가 영어 어휘의 Science를 과학이라고 번역하기 때문에 그렇겠죠. 그런데, 조심할 것은 이것을 오역하면 '인문 + 과학'처럼 느껴질 수 있다는 것입니다. 그래서 라틴어의 어휘에서 유래된 것임을 강조하면서...Science(즉, Scientia)는 '학문'이란 뜻이란 것을 알고 계셔야 합니다. 그래서 제대로 된 번역은 자연과학, 인문과학이 아니고 '자연학', '인문학'이라고 하셔야 합니다.

(5) que....

Incrementumque의 맨 뒤에 붙어 있는 어휘입니다.

라틴어에서 접속사 and는 두 가지로 형태로 사용할 수 있습니다.

① A et B

Sanchus et Maria... 산쿠스와 마리아는...

② A Bque

Sanchus Mariaque... 산쿠스와 마리아는...

〰 가끔은 어순이 바뀌기는 하지만 뒤쪽에 붙이는 것이 모범어순입니다.

이 사진에서 앞쪽에 온 이유는 줄이 바뀌고, 길어지기 때문에 앞에 붙여 놓은 것입니다.

두 번째 줄부터는 ②에서 소개합니다.

미국 프린스턴 대학교 벽면에 있는
글의 의미는? ②

Hoc Aedificium universitati Princetoniens.

[혹 아에디피치움 우니웨르시타티 프린체토니엔스]

여기에 프린스턴 대학에(대학을 위한) 건물이 있다.

앞의 incrementum과 명사로 연결되는 어휘입니다. KEY WORD 009. 1부에 설명을 약간 덧붙이면, Est(존재하다, 영어의 Be동사)의 생략이 있었고, 접속사 que를 통해서 incrementum과 연결이 됩니다. 앞 문장과 연결하여 전체적으로 해석을 하면, "하나님의 영광 속에 학문의 성장과 프린스턴 대학을 위한 건물이 여기에 있다."

〜 문장을 분석해 볼까요?

(1) Hoc

지시사로 물론 남성, 여성, 중성 모두를 가지고 있는 어휘인 영어의 'this'에 해당하는 어휘로 명사, 형용사 모두 사용이 가능합니다. 여기에서는 aedificium(건물이)라는 어휘를 수식하는 역할을 하기 때문에 중성 주격 단수로 보시는 것이 좋습니다.

변화형은 다음과 같습니다.

	남성	여성	중성
주격	hic	haec	hoc
속격	huius	huius	huius
여격	huic	huic	huic
대격	hunc	hanc	hoc
탈격	hoc	hac	hoc

 여기서 잠깐 〈 'AD HOC'의 의미 〉

'AD HOC'이라는 패션 브랜드가 있습니다. 물론 비지니스 영어에서 자주 등장하는 표현입니다. 의미는 '중요하다'라고 사용됩니다. 왜 그럴까요? 직역하면 '여기로 (to this)'의 의미죠. 관심을 모으기 위해 '여기로'라고 하는 표현이니 '중요하다'라는 의미로 전이가 된 것입니다.

(2) Aedificium 건물(은)/중성형

››› 주격 단수형 aedificium

주 -um -a
속 -i -orum
여 -o -is
대 -um -a
탈 -o -is

(3) Universitas 대학(은)/여성형, 3변화 어휘

››› 여격 단수형 universitati

주 -tas -tates
속 -tatis -tatum
여 -tati -tatibus
대 -tatem -tates
탈 -tate -tatibus

① 3변화주격 단수의 형태는 모두 다릅니다. 어미의 형태는 속격 단수부터 탈격복수까지 공통형태입니다.

② 여격의 경우는 '~에게'라고 해석을 하는 경우가 일반적이지만, '~위해서(for 대상)'라고 해석하는 경우도 많습니다.

(4) Princetoniens 프린스턴(의)/진행형, 3변화 형태

››› 진행형 주격(형용사 역할)

✔ 고등학교 때 보셨을 어휘를 예를 들겠습니다.

예 **Homo sapiens** 생각하고 있는 사람

뒤의 형태도 '형용사 진행형 주격'입니다. 변화형은 수식하는 명사의 격에 따라 그 형태를 가지며, 일반적으로 amare(amans 좋아하는), monere(monens 충고하는), audire(audiens 듣고 있는)처럼 형태를 가지게 됩니다.

〰 변화는 3변화 형태를 따라 갑니다

- 주 -iens -ientes
- 속 -ientis -ient(i)um
- 여 -ienti -ientibus
- 대 -ientem -ientes
- 탈 -iente -ientibus

그런데 Princeton은 동사도 아닌데 진행형처럼 만들었네요. 이것은 아마도 현대어를 라틴어처럼 적절하게 만들기 위해 만들어 놓은 것으로 보시면 될 것 같습니다.

이번 단원도 여기까지 하겠습니다. Salve!

궁금해 할 분들을 위해서 프린스턴 대학의 벽에 있는 나머지 글들도 한 번에 해결해 드립니다.

Harriet Crocker Alexander

건물을 기증한 사람입니다. 지금 이 건물이 스탠포드 대학교의 Alexander Hall입니다. 이분은 알렉산더 가의 부인이라고 합니다. 알렉산더 가는 3대에 걸쳐 스탠포드 대학교의 이사직을 수행한 집안이라고 합니다.

Dedit Dedicavit V ID IVN MDCCCXCIV

(앞에 **Harriet**이란 분) 이 1894년 6월 5일, 여기에 수여했고, 헌정했다.

(1) dare(원형: 주다)

≫ **Dedit** (완전과거형/부정과거형 3인칭단수)

✔ 라틴어를 비롯한 라틴어 계열 과거형은 일반적으로 두 가지 형태를 가지고 있습니다. 그것을 반과거, 부정과거, 완전과거, 불완료과거, 선과거 등의 명칭으로 혼재하여 사용하고 있습니다. 여기서는 간단히 '짧은 의미의 과거'와 '긴 의미의 과거' 두 종류로 간단히 정의하겠습니다.

① 짧은 의미의 과거: 과거의 사건 발생이 정확한 시간, 시작과 끝이 명확한 과거를 의미.

Heri eum obviavi.
Bellum fuit per tres annos.
어제 그를 만났어. 전쟁은 3년 동안 계속되었다.

② 긴 의미의 과거: 과거의 사건 발생이 정확하지 않은 시간, 시작과 끝이 명확하지 않은 과거를 의미.

Ubi ego eram puer,
Ibam ad casam amici
내가 어렸을 적에. 난 친구 집에 다니곤 했었다.

벽면 문장에 사용된 dedit과 dedicavit은 '짧은 의미의 과거'입니다.

〜 일반적인 동사에서 규칙 변화

\<amare>

	1인칭	2인칭	3인칭
단수	amavi	amavisti	amavit
복수	amavimus	amavistis	amaverunt

그러나 dare동사의 경우는 불규칙 변화형입니다.
Dare와 같이 이러한 형태는 그때그때 암기가 되어야 합니다.

	1인칭	2인칭	3인칭
단수	dedi	dedisti	dedit
복수	dedimus	dedistis	dederunt

(2) dedicare(원형: 헌정하다)

>>> '짧은 의미의 과거' 3인칭 단수

\<dedicare>

	1인칭	2인칭	3인칭
단수	dedicavi	dedicavisti	dedicavit
복수	dedicavimus	dedicavistis	dedicaverunt

Nil Dulcivus est bene quam Munita tenere Edita Doctrina Sapientum templa serena.

튼튼하고 깨끗한 성전을 생각하는 사람들에 의해 만들어진 가르침을 지니고 있다는 것보다 더 달콤한 것은 없다는 것이 좋다.

〜 문장이 어렵게 뒤틀려 있습니다.

(1) Nil = Nihil이며 의미는 영어의 Nothing과 같습니다.

(2) Dulcis 달콤한(형용사)

>>> Dulcius = Dulcivus (중성 비교급으로 '더 달콤한')

✔ 남성이나 여성일 경우는 비교급을 'Dulcior'라고 사용을 합니다.

　나중에 배우기로 해요. 지금은 너무 어렵겠죠.

(3) bene는 '카페베네' 많이 들어보셨죠? 영어로 'Good' 또는 'Well'이라는 뜻입니다.

(4) quam은 영어의 'than'과 같은 뜻입니다.

(5) Munita와 Edita는 영어의 P.P.형태라고 보시면 됩니다.

　예를 들어, amare(사랑하다)는 amatus/amataamatum이라는 형태의 P.P.가 됩니다. 형용사 형태를 가지게 되므로 수식하는 명사에 따라 바뀌게 되죠.

Munire (건물 등을) 강화하다 , **Edere** 생산하다, 만들다

》》 **Munita**는 뒤에 있는 **templa serena**를 수식하는 형태이고, **Edita**는 바로 뒤의 **Doctrina**를 수식합니다.

(6) tenere('가지다, 유지하다, 소유하다'의 원형)

　라틴어의 동사원형은 영어의 동명사 역할을 합니다. 예를 들면,

'Videre **est** credere.
보는 것은 믿는 것이다. '

　그런데 일반적으로 동사원형을 사용하면서 주어와 목적어를 나타낼 때는 '대격 형태 명사 주어 + 동사원형 + 대격 형태 명사 목적어'를 사용합니다. 이때는 어순으로 그 주어와 목적어를 구별하는 방법 밖에 없습니다. 예를 들어보죠,

Amicus meus vidit Sanchum **necare** Mariam.
내 친구는 산쿠스가 마리아를 죽이는 것을 봤다.

　Sanchum이 주어역할, Mariam이 목적어 역할로 쓰인 것을 볼 수 있죠.

(7) Sapiens(생각하는)

》》 **Sapientum**(생각하는 사람들의) 속격 복수 명사역할

주	–iens	–ientes
속	–ientis	–ient(i)um
여	–ienti	–ientibus
대	–ientem	–ientes
탈	–iente	–ientibus

(8) Templum serenum (깨끗한 성전)

>>> **Templa serena** (깨끗한 여러 성전 또는 큰 성전/공간)

　기부한 큰 공간을 의미하는 명칭인데, 튼튼하게 강화가 되었다는 의미로 앞쪽에 Munita가 수식이 되었습니다.

연세대와 존스홉킨스대학의 라틴어 Motto가 똑같을까?

오늘은 미국 대학교 교표에 들어가 있는 라틴어에 대해 알아보겠습니다. 일반적으로 외국 대학에 가장 많이 쓰이는 라틴어 단어는 Veritas(진리)입니다. 하버드를 비롯해 우리나라 서울대학교까지 사용하고 있습니다. Johns Hopkins Univ.의 교표를 보시면 아래와 같이 써 있습니다.

Veritas vos liberabit.

[웨리타스 우오스 리베라빗]

진리가 너희를 자유롭게 만드리라. (미래)

우연하게도 우리나라의 '연세대학교'도 이와 아주 비슷한 모토를 사용하고 있습니다. 가끔 의미가 똑같다고 하면서 글을 쓰는 분들이 있어서 구별해 드려요.

Veritas vos liberavit.

[웨리타스 우오스 리베라윗]

진리가 너희를 자유롭게 만들었다. (과거)

글자는 거의 비슷하지만 발음이 약간 다르죠. 물론 의미도 다릅니다.

〰 문장을 분석해볼까요?

(1) Veritas 진리가

여성형/3변화 명사/주격단수형

	단수	복수
주격	veritas	veritates
속격	veritatis	veritatum
여격	verutati	veritatibus
대격	veritatem	veritates
탈격	veritate	veritatibus

(2) vos 너희들을

인칭 대격 2인칭 복수

- 인칭 대격

	단수	복수
1인칭	me	nos
2인칭	te	vos
3인칭(남)	eum	eos
3인칭(여)	eam	eas

(3) liberare 자유롭게 하다

1변화 규칙 동사의 미래형과 짧은 의미 과거형어미를 살펴보겠습니다.

<미래형 어미>

	단수	복수
1인칭	-bo	-bimus
2인칭	-bis	-bitis
3인칭	-bit	-bunt

<짧은 의미의 과거>

	단수	복수
1인칭	-vi	-vimus
2인칭	-visti	-vistis
3인칭	-vit	-verunt

'존흡'의 미래의미와 '연대'의 과거의미를 잘 구분해서 확인하세요!

라틴어의 명사(단어) 이야기

주어(주격)에 대해서 앞에서 배우셨잖아요. 이제 조금만 더 자세히 알려드릴까 합니다. 주어의 단수형은 사전의 표제어로 사용되는 것이고 일반적으로 우리는 그것을 원형 어휘로 취급합니다. 하지만, 의미는 그냥 떨어지는 명사로 되어 있지 않다는 것을 다시 한번 알아두세요. 그리고 주어의 단수형, 즉 주격 단수형은 '~은, 는, 이, 가'를 붙여서 해석이 된다는 것을 알아두셔야 합니다.

〰 크게 명사는 다섯 가지 변화형이 있습니다.

1변화형(어미 -a, 여성)
2변화형(어미 -us, 남성 / -um, 중성)
3변화형(주격의 형태는 일정치 않음. 남성, 여성, 중성 혼재)
4변화형(어미 -us, 남성, 여성 혼재 / 어미 -u 중성)
5변화형(어미 -es, 남성, 여성 혼재)

나머지 변화형은 다음 시간에 자세히 알려드리고, 오늘은 1변화형을 중심으로 알려드립니다.

예 **Agricola filiam amat.** 농부가 딸을 사랑한다.

	단수	복수
주격	-a	-ae
속격	-ae	-arum
여격	-ae	-is
대격	-am	-as
탈격	-a	-is

<u>예외</u> 특이하게 다음의 두 단어(Filia 딸, Dea 여신)는 복수 여격과 탈격이 특이하게 생겼답니다. 나머지 변화 형태는 동일합니다.

여격 복수 ⋯ filiabus, deabus
탈격 복수 ⋯ filiabus, deabus

그렇다면 문장이 어떤가요? -a로 끝나면 주격단수, -am으로 끝나면 대격단수이므로 '농부는(agricola), 딸을(filiam)'이 되겠죠.

✔ 동사(사랑한다 amare). 앞쪽에서 언급했던 동사 중에 -are(1변화) 동사입니다.

변화형을 다시 살펴보면,

	단수	복수
1인칭	amo	amamus
2인칭	amas	amatis
3인칭	amat	amant

여기서는 주어가 3인칭 단수임으로 amat을 적용한 것입니다.

〰 잠깐! 어순은 어떻다고 했죠? '순서는 의미에 영향을 주지 않는다'고 앞쪽 단원에서 말씀드렸죠.

Agricola amat filiam 농부가 좋아 한다 딸을
Agricola filiam amat 농부가 딸을 좋아 한다
Filiam agricola amat 딸을 농부가 좋아 한다
Filiam amat agricola 딸을 좋아 한다 농부가
Amat agricola filiam 좋아 한다 농부가 딸을
Amat filiam agricola 좋아 한다 딸을 농부가

어떻습니까? 라틴어를 배우기는 한국어가 가장 최적화되어있

죠. 위 문장에서 가장 보편적이고 라틴어적인 문장은 한국어 어순과 같은 두 번째 문장입니다. 본인이 영어 화자였다면 정말 힘들 뻔했죠.

조금씩 라틴어에 익숙해지는 기회가 되시길 바랍니다!

클래식 음악 『O Magnum Mysterium』
의 의미는?

O magnum mysterium
et admirabile sacramentum,
ut animalia viderent Dominum natum
jacentem in praesepio.
O beata Virgo, cujus viscera meruerunt
portare Dominum Jesum Christum.

▶참고 동영상

오! 위대한 신비와 경이의 희생이시여!
동물들도 말구유에 계신 새로 태어나신 주님을 보러 와야 한다.
축복 받으시라! 그리스도 주님을 잉태할 자격이 있는 처녀 성모님을!
할렐루야!

(1) O magnum mysterium

[오 마그눔 미스테리움]

오 커다란 신비로움

① O: 감탄사 '오!'

② Magnus: 형용사 '큰'

››› 수식할 명사가 '중성 명사'임으로 형태를 중성 주격 단수형태인 '**Magnum**'
을 나타냅니다.

③ Misterium: 중성 명사 '신비로움, 미스터리, 수수께끼'

››› '호격'이라는 것을 아셔야 합니다.

〰 호격 만드는 방법을 알아보죠. 호격은 우리가 배웠던 격변화에는 없던 것인데, 명사를 호명, 호칭할 때 사용하는 것입니다.

1. 호격의 변화형은 -us → -e
예 **Marcus → Marce** 마르쿠스야!

2. -ius → -i
예 **Filius → Fili** 아들아!

3. 나머지는 주격 단수를 그대로 사용함
예 **Maria → Maria** 마리아야!

(2) et admirabile sacramentum,
[엣 아드미라빌레 사크라멘툼]
그리고 감탄을 자아내는 성체(여),

① et: 접속사 '그리고'

② admirabilis: 형용사(3변화) '존경스러운, 감탄스러운'
남성, 여성 명사 앞에서는 admirabilis, 중성 명사 앞에서는 admirabile

③ sacramentum: 중성명사 '성체, 성례'

(3) ut animalia viderent Dominum natum
[웃 아니말리아 위데렌트 도미눔 나툼]
동물들이 하나님이 태어나는 것을 보았었을 때,

① ut: 관계사 '비록 ~할지라도', '~때문에', '~동안', '~때'

② animal: 3변화 중성 명사 '동물'
››› **animalia** 동물들(주격, 대격 복수형태)

③ videre: 2변화 동사 '보다'

››› viderent (접속법 '긴의미 과거' 3인칭 복수형태) 봤었었다.

viderem   videremus
videres   videretis
videret   viderent

④ Dominus: 남성 명사 '하나님, 주인님'

⑤ nascor: 태어나다(Deponent 동사)

∿ natus (과거분사형태)태어난

(4) jacentem in praesepio.
[이아첸템 인 프라에세피오]
담장 안에 놓여 있는(던져져 있는)

① Iacere: 3변화 동사 '던지다'

››› iacentem 목적격(동명사, 현재분사)

주 iacens   여 iacenti   탈 iacente

속 iacentis   대 iacentem

② praesepium: 중성 명사 대격 '담장, 벽'
in praesepio 담장 안에서(탈격)
in praesepium 담장 안으로(대격)

(5) O beata Virgo, cujus viscera meruerunt
[오 베아타 위르고 쿠이우스 위스체라 메루에룬트]
오 축복받은 마리아여, 누구의 육신이 가치가 있었겠습니까

① beatus: 형용사 '영광인, 행복한'

② Virgo: '마리아'의 다른 이름. '성스런 처녀 마리아'

③ cuius: 의문사 '누구의'

주 Quis 여 cui 탈 quo

속 cuius 대 quem

④ viscera: 중성복수명사(단수는 없음) 육신[주격 또는 대격]

⑤ merere: 2변화 동사 '~받을 만하다', '가치 있다'

›››‹ meruerunt 부정과거 3인칭 복수

1인칭 … merui / meruimus

2인칭 … meruisti / meruistis

3인칭 … meruit / meruerunt

(6) portare Dominum Jesum Christum.

[포르타레 오미눔 이에숨 크리스툼]

하나님이신 예수그리스도를 모시고 오는 것입니다.

✔ Domunm과 Jesum Christum을 동격으로 본 것입니다.

① portare: 1변화 명사 '운반하다'

② Jesus: 예수

›››‹ Jesum 대격(예수를)

③ Christus: 그리스도

›››‹ Christum 대격(그리스도를)

Ave, Maria는 '아베 마리아'일까, '아웨 마리아'일까요?

라틴어의 [V]발음은 [우]로 발음이 된다는 것을 다시한번 알려드리면서, 노래를 한번 살펴보겠습니다.

▶참고 동영상

Ave Maria, gratia plena,
Maria, gratia plena,
Maria, gratia plena,
Ave, Ave, Dominus,
Dominus tecum.
Benedicta tu in mulieribus, et benedictus,
Et benedictus fructus ventris (tui),
Ventris tui, Jesus.
Ave Maria!
Sancta Maria, Mater Dei,
Ora pro nobis peccatoribus,
Ora, ora pro nobis;
Ora, ora pro nobis peccatoribus,
Nunc et in hora mortis,
In hora mortis nostrae.
In hora, hora mortis nostrae,
In hora mortis nostrae.
Ave Maria!

(1) Ave Maria, gratia plena,

[아웨 마리아, 그라시아 플레나]

안녕, 마리아여, 충만한 영광이여,

① avere: 안녕, 잘 가(만날 때, 헤어질 때 하는 인사말입니다)

동사 명령법은 원형에서 -re를 떼어 버리면 바로 2인칭 명령형이 됩니다.

② 앞에서도 말씀드렸지만, 명사 형태의 어미 중에서 두 가지 형태 어미만 확인하세요.

단수 주격 어미 → 호격

-us → -e

-ius → -i

이 두 가지 형태를 제외하고는 주격 단수 형태 그대로 사용하면 됩니다.

③ Gratia plena

gratia는 1변화 여성명사로 '영광'이란 뜻을 가지고 있습니다. 물론, 복수 형태로 사용하면 '감사'라는 뜻을 가지고 있습니다. plenus는 형용사로 '가득한'이란 뜻을 가지고 있는데, 여기서는 여성명사를 수식하기 때문에 plena로 사용되었습니다.

✔ 여기서 Gratia plena는 Maria와 동격으로 취급했습니다.

Maria, gratia plena,

Maria, gratia plena,

(2) Ave, Ave, Dominus, Dominus tecum.

[아웨, 아웨, 도미누스, 도미누스 테쿰]

안녕하세요, 주인님, 당신과 함께하는 주인님.

① Dominus

여기는 문법적인 오류가 있습니다. 원칙적으로는 호격이기 때문에 'Domine'라고 해야 하는데, 그냥 주격을 사용했습니다.

② Dominus tecum.

››› Tecum

전치사 'cum' 뒤에 따라오는 명사는 항상 '탈격'명사로 사용해야 합니다.

예 cum magistro   선생님과 함께
   cum domino   주인님과 함께
   cum Maria   마리아와 함께

단, 인칭대명사와 함께 올 때는 'cum'바로 앞에 붙여서 쓰는 특이한 형태가 됩니다.

예 mecum   나와 함께
   tecum   너와 함께
   nobiscum   우리와 함께
   vobiscum   너희들과 함께

(3) Benedicta tu in mulieribus, et benedictus,

[베네딕타 투 인 물리에리부스, 엣 베네딕투스]

(많은) 여성들 안에서 축복받은 너, 그리고 축복받은 (주님),

① Benedictus

'benedicere(칭찬하다, 찬양하다)'의 완료형 형용사입니다. 의미는 '칭찬 받은, 축복받는' 정도입니다.

② mulieribus

'mulier(부인, 여성)'의 3변화 여성어휘입니다.

	단수	복수
주격	mulier	mulieres
속격	mulieris	mulierum
여격	mulieri	mulieribus
대격	mulierem	mulieres
탈격	muliere	mulieribus

(4) Et benedictus fructus ventris (tui),

[엣 베네딕투스 프룩투스 웬트리스 (투이),]

그리고 (너의) 배 속에 축복받은 열매...

① fructus '열매' 4변화 남성명사

　4변화 명사는 언뜻 보기에 2변화 남성과 비슷하게 생겼지만, 변화형이 다릅니다.

	단수	복수
주격	fructus	fructus
속격	fructus	fructuum
여격	fructui	fructibus
대격	fructum	fructus
탈격	fructu	fructibus

② venter '배' 3변화 남성명사

	단수	복수
주격	venter	ventres
속격	ventris	ventrium
여격	ventre	ventribus
대격	ventrem	ventres
탈격	ventre	ventribus

③ tui: 'tu(너)'의 속격형태

주 **tu**   여 **tibi**   탈 **te**

속 **tui**   대 **te**

(5) Ventris tui, Jesus.

[웬트리스 투이, 이에수스]

너의 배 속의, 예수님.

(6) Ave Maria! Sancta Maria, Mater Dei,

[아웨 마리아! 상타 마리아, 마테르 데이]

안녕 마리아여! 성스러운 마리아여, 신의 어머니여.

① sanctus: '성스러운'

Sancta Maria 성스러운 마리아여.

성, 수 일치입니다.

② Mater Dei

'Mater 어머니'라는 의미. 주격. 3변화 명사. 'Dei'는 'Deus 신'의 속격입니다.

(7) Ora pro nobis peccatoribus,

[오라 프로 노비스 펙카토리부스]

때로는 죄 많은 우리 앞에서

① Ora... Ora...

반복할 때 사용하는 접속사로 '혹은... 혹은', '때로는... 때로는'이라고 번역합니다.

② pro + 탈격 '~앞에서'

pro nobis 우리 앞에서

③ peccator: 3변화 형용사 '죄가 있는'

위에서 nobis peccatoribus는 수식하는 명사가 탈격복수 임으로 형태를 일치시킵니다.

Ora, ora pro nobis;

Ora, ora pro nobis peccatoribus,

(8) Nunc et in hora mortis,

[눈크 엣 인 호라 모르티스]

지금 그리고 죽음의 시간 속에서,

① Nunc 시간 부사로 '지금'이란 의미이며,

② hora는 '시간'이라는 1변화 여성명사입니다.

③ mortis는 'mors 죽음'이라는 3변화 여성명사로, 여기에서는 속격 단수로 사용되었습니다.

	단수	복수
주격	mors	mortes
속격	mortis	mortium
여격	morti	mortibus
대격	mortem	mortes
탈격	morte	mortibus

(9) In hora mortis nostrae.

[인 호라 모르티스 노스트라에]

우리의 죽음의 시간 속에서

① noster 소유형용사의 변화형으로 여성 형용사의 규칙변화로 수식하는 명사가 속격 단수이므로 그것에 맞춘 것입니다.

✔ 잊으셨을까봐 다시 1변화 명사형 규칙어미를 알려드리면,

	단수	복수
주격	-a	-ae
속격	-ae	-arum
여격	-ae	-is
대격	-am	-as
탈격	-a	-is

〰 아래는 모두 중복입니다.

In hora, hora mortis nostrae,
In hora mortis nostrae.
Ave Maria!

간단한 노래인데 길게 설명이 되었네요. 이해가 잘되시길 바랍니다. 저도 기독교인 인데, 공부할 때는 종교적인 것을 제쳐두고 한답니다. 참고로 Dominus, Deus는 종교에 따라 번역이 바뀔 수 있습니다.

Salve~

라틴어 발음, 책마다 다른데요?

현재 다양한 책에서 라틴어 발음 방식을 너무 여러 가지로 소개하고 있습니다. 그 중에서 가장 두드러진 발음형태로 나타나는 것이 두 가지인데, 하나는 이탈리아어 방식이고 다른 하나는 독일어 방식이라고 생각하시면 되겠습니다. 현대 라틴어 교육의 중심처럼 보이는 독일어의 방식이 발음을 단순화시켜서 좀 수월한 편이기에 많은 사람들이 그 방식을 따라가는 경우가 있습니다.

예 **Cicero**
독일어식 발음: 키케로
이탈리아어식 발음: 치체로

〰 로마는 현대 이탈리아 지역이므로 저는 이탈리아어 방식으로 발음을 소개해드립니다. 발음표기는 연음을 피하고, 분절식 발음으로 '한글 표기'해 드리겠습니다.

(1) 발음

① 라틴어 알파벳(Alphabetum)과 발음(Pronuntiatio)

a A
라틴어 알파벳의 첫 번째 문자. 어디에 쓰이건 「아, ㅏ」로 발음합니다.

rapitas [라피타스] 신속, 빠름   **absolutus** [압솔루투스] 완전한
amicus [아미쿠스] 친구   **adhuc** [아드후크] 아직도
aqua [아쿠아] 물   **aedificium** [아에디피치움] 건물

b B

라틴어 알파벳의 두 번째 문자. 어디에 쓰이건 「ㅂ」로 발음합니다.

barba [바르바] 턱수염

balnea [발네아] 목욕탕

bonum [보눔] 선 (善)

urbs [우르브스] 도시, 수도

rabidus [라비두스] 미친

subdoctor [숩독토르] 부교수, 조교수

c C

라틴어 알파벳의 세 번째 문자. 뒤에 오는 모음에 따라 「ㅋ, ㅊ」
로 발음합니다.

뒤에 오는 모음이 /e, i/일 때, [ㅊ] 소리가 나며, 뒤에 /a, o, u/
가 오면 [ㅋ] 소리가 납니다.

Cicerō [치체로] 키케로

circā [치르카] ~의 주위에

cūr [쿠르] 왜 (의문사)

culpa [쿨파] 과오

cēnsus [첸수스] 인구조사

castellum [카스텔룸] 요새; 성 (城)

d D

라틴어 알파벳의 네 번째 문자. 어디에 쓰이건 「ㄷ」로 발음합니다.

dēbeo [데베오] 소유하다

decimus [데치무스] 열 번째 (의)

diem [디엠] 낮, 날 (日)

difficilis [디피칠리스] 어려운

digitus [디지투스] 손가락

diploma [디플로마] (여행허가) 신분증

e E

라틴어 알파벳의 다섯 번째 문자. 어디에 쓰이건 「ㅔ」로 발음합니다.

ecquandō [엑콴도] 언제라도

ēlūdō [엘루도] 벗어나다

ēnūntiātiō [에눈시아시오] 발표, 공표

equus [에쿠우스] 말 (馬)

ego [에고] 나

elephantus [엘레판투스] 코끼리

f F

라틴어 알파벳의 여섯 번째 문자. 어디에 쓰이건 「ㅍ」로 발음합니다.

fābula [파불라] 말하다
facilis [파칠리스] 쉬운
fatīgō [파티고] 지치다

fēmina [페미나] 여성
ferōx [페로쓰] 사나운
fōrmō [포르모] 만들다

g G

라틴어 알파벳의 일곱 번째 문자. 뒤에 오는 모음에 따라 「ㅈ, ㄱ」로 발음합니다. 뒤에 오는 모음이 /e, i/음이 올 때, [ㅈ] 소리가 나며, 뒤에 오는 모음이 /a, o, u/가 오면 [ㄱ] 소리가 납니다.

gēns [젠스] 민족, 부족
Gigantēs [지간테스] 거인
globus [글로부스] 둥근 덩어리

gravis [그라위스] 무거운
gubernō [구베르노] 통치하다
gustūs [구스투스] 맛, 미각

h H

라틴어 알파벳의 여덟 번째 문자. 어디에 쓰이건 「ㅎ」로 발음합니다.

habitō [하비토] 살다
homō [호모] 사람
honor [호노르] 영예

hospes [호스페스] 손님
hūic [후익] 여기
hodiē [호디에] 오늘

i I

라틴어 알파벳의 아홉 번째 문자. 어디에 쓰이건 「ㅣ」로 발음하고, 자음의 'i'는 「이」음을 취합니다.

iam [이암] 지금
īdem [이뎀] 동의
imitātiō [이미타시오] 흉내, 모조

importūnus [임포르투누스] 불편한
indicium [인디치움] 정보
īnsomnium [인솜니움] 불면증

j J

라틴어 알파벳의 아홉 번째 문자('i'와 같은 글자로 취급). 어디에 쓰이건 「ㅣ」로 발음합니다. 이 글자는 여덟 번째 문자인 'i'와 같은 음가를 가지고 있으며, 아예 'j' 대신에 'i'로 교체하여 현대어에서는 사용합니다.

jactantia [이악탄시아] 자만

jējūnium [이에이우니움] 공복, 금식

jocus [이오쿠스] 농담

jūdicium [이우디치움] 재판, 심판

jūnior [이우니오르] 젊은이

jūxtā [이욱스타] 옆에, 가까이

k K

라틴어 알파벳의 열 번째 문자. 어디에 쓰이건 「ㅋ」로 발음합니다.

kalendārium [칼렌다리움] 달력

Karthāgō [카르타고] 카르타고 (나라명)

kalium [칼리움] 칼륨 (화학원소)

l L

라틴어 알파벳의 열한 번째 문자. 어디에 쓰이건 「ㄹ」로 발음합니다.

labor [라보르] 노력, 노동

laudō [라우도] 칭찬하다

lavō [라우오] 씻다

līber [리베르] 자유로운

liber [리베르] 책

nūllus [눌루스] 아무도 ~아니하는

m M

라틴어 알파벳의 열두 번째 문자. 어디에 쓰이건 「ㅁ」로 발음합니다.

manus [마누스] 손

māter [마테르] 어머니

mātrimōnium [마트리모니움] 결혼

maximē [막시메] 매우, 아주

medicus [메디쿠스] 의사

mīlle [밀레] 천 (千)

n N

라틴어 알파벳의 열세 번째 문자. 어디에 쓰이건 「ㄴ」로 발음합니다.

nāris [나리스] 코

nātiō [나시오] 부족, 국가

nātūra [나투라] 자연

negōtium [네고시움] 사업

nōmen [노멘] 이름

novīcius [노위치우스] 새로운

o O

라틴어 알파벳의 열네 번째 문자. 어디에 쓰이건 「ㅗ」로 발음합니다.

obiectus [오비엑투스] 사물, 목적물

obligātus [오블리가투스] 의무의

observō [옵세르오] 관찰하다

occupātus [옥쿠파투스] 바쁜

opīniō [오피니오] 의견

optimus [옵티무스] 최상의

p P

라틴어 알파벳의 열다섯 번째 문자. 어디에 쓰이건 「ㅍ」로 발음합니다.

palma [팔마] 손바닥

parātus [파라투스] 준비된

pater [파테르] 아버지

pāx [팍스] 평화

plūs [플루스] 더 (욱)

popularis [포풀라리스] 대중의

q Q

라틴어 알파벳의 열여섯 번째 문자. 반드시 u와 함께 다른 모음 앞에서만 쓰이고, 「ㅋ」로 발음합니다.

quando [쿠안도] 언제

quis [쿠이스] 누구

quantus [쿠안투스] 얼마나, 큰

quomodo [쿠오모도] 어떻게

quotiens [쿠오시엔스] 몇 번이나

qualis [쿠알리스] 어떤, 무슨

r R

라틴어 알파벳의 열일곱 번째 문자. 어디에 쓰이건 「ㄹ」로 발음합니다. 약간 혀를 굴리듯 발음합니다.

rosa [로사] 장미
rāna [라나] 개구리
receptō [레쳅토] 받아들이다
rēgīna [레지나] 여왕
religiō [렐리지오] 종교
respondeō [레스폰데오] 응답하다

s S

라틴어 알파벳의 열여덟 번째 문자. 어디에 쓰이건 「ㅅ」로 발음합니다.

sacer [사체르] 성스러운
sāl [살] 소금
salvēte [살웨테] 안녕 (복수에게 인사)
satisfatiō [사티스파시오] 만족
scrīptus [스크립투스] 작문
sēnsus [센수스] 감각

t T

라틴어 알파벳의 열아홉 번째 문자. 어디에 쓰이건 「ㅌ」로 발음합니다.

studium [스투디움] 열렬함
totus [토투스] 모든
tristis [트리스티스] 슬픈
tuba [투바] 나팔
tunc [툰크] 그때
turpis [투르피스] 못생긴

<u>주의</u> '-tio'형태와 같이 다음에 모음이 따라오면, -tia '시아', -tie '시에', -tii '시이', -tio '시오'로 발음하지만 -ti 앞에 s, x, t가 오면 본래 발음대로 'ㅌ' 또는 약한 'ㄸ'으로 발음합니다.

예 **bēstia** [베스티아] 짐승
ōrātiō [오라시오] 말, 담화

u U

라틴어 알파벳의 스무 번째 문자. 어디에 쓰이건 「ㅜ」로 발음하며, 자음의 경우는 'v'로 대용됩니다.

sanguis [산구이스] 피

lingua [린구아] 혀, 언어

suādeō [수아데오] 권고하다

ubi [우비] 어디

ūtilis [우틸리스] 유용한

ūva [우와] 포도

v V

라틴어 알파벳 문자로는 'u'와 같은 순서의 글자로 취급합니다. 어디에 쓰이건 「ㅜ」로 발음하며, 이 글자는 'u'의 자음이므로 'u'와 똑같이 읽습니다.

vivit [위위트] 살다 (3인칭단수)

vacātiō [와카시오] 자유

vacuus [와쿠우스] 빈, 깨끗한

valēns [왈렌스] 강한, 건강한

vēritās [웨리타스] 진리

vertō [웨르토] 돌리다

x X

라틴어 알파벳의 스물한 번째 문자. 어디에 쓰이건 「ㄱ(=ㅋ)ㅅ」로 발음합니다.

nox [녹스] 밤

exaudiō [엑사우디오] 이해하다

excellencia [엑스첼렌치아] 우수, 탁월

excūsō [엑스쿠소] 용서를 빌다

xiphiās [크시피아스] 황새치 (魚)

taxātiō [탁사시오] 평가

y Y

라틴어 알파벳의 스물두 번째 문자. 라틴어에서 y는 그리스어에서 들어 온 말을 표기할 때 사용되는 모음으로 「ㅣ」라고 발음됩니다.

pyelus [피엘루스] 욕조

mythicus [미티쿠스] 신비적

phylaca [필라카] 죄수

z Z

라틴어 알파벳의 스물세 번째 문자. 어디에 쓰이건 「ㅈ」로 발음
합니다.

zēlotypus [젤로티푸스] 질투하는
zōna [조나] 구역
zōdiacus [조디아쿠스] 12궁도의 (점성술)

조동사 다음에 동사원형 어순이 아닌가요?

일반적 영어에서 조동사를 사용할 때는 『조동사 + 본동사(동사원형)』의 어순으로 문장이 만들어집니다. 그러나 라틴어는 역시나 어순이 자유롭기 때문에 『본동사(동사원형) + 조동사』 어순으로 만들어지는 경우가 많습니다. 마치 한국어 같지 않나요?

자세히 살펴보겠습니다.

• 조동사

라틴어의 조동사는 대표적으로 아래의 세 어휘가 있는데, 영어와 마찬가지로 조동사 뒤에 동사는 동사원형으로 쓸 수 있습니다. 단, 라틴어는 어순이 자유로우므로 동사 원형어휘가 조동사 앞으로도 놓여 질 수 있어요. (아래의 동사들은 3인칭 단수형입니다.)

Potest ·· ~할 수 있다
Debet ··· ~해야 한다
Vult ······ ~하고 싶다

예 **Nautae cantare non possunt.**
뱃사람들은 노래를 할 수 없다.

Agricolae in agro laborare debent.
농부들은 밭에서 일을 해야한다.

Alumni in ludo studere volunt.
학생들은 학교에서 공부를 하고 싶어 한다.

(1) Potest 동사 변화

	단수	복수
1인칭	possum	possumus
2인칭	potes	potestis
3인칭	potest	possunt

✔ 어미는 sum동사와 결합된 형태임.

(2) Debet 동사 변화

	단수	복수
1인칭	debeo	debemus
2인칭	debes	debetis
3인칭	debet	debent

(3) Vult 동사 변화

	단수	복수
1인칭	volo	volumus
2인칭	vis	vultis
3인칭	vult	volunt

✔ 일반적으로 직접목적어가 '대격'인데, 직접목적어 역할을 여격 명사가 하는 경우가 있습니다. 이는 동사의 특성 때문에 이러한 경우가 나타며, 형용사에 따라서 그 뒤에 여격의 명사를 동반하는 경우도 있습니다.

· 명사 중 여격의 형태

(1) 1변화 명사의 여격

　문장의 '간접 목적어'를 의미하며, 주격과 마찬가지로 단·복수

형태를 구분한다. 간접목적어의 역할인 '~에게'로 해석되는 것이 일반적이지만, sum동사와 함께 올 때는 '에게 있어서는'으로 해석되기도 하며, 이태동사(deponent verb)와 함께 올 경우에는 직접목적어 역할인 '~을/를'로 해석되기도 합니다.

Sanchus dominae rosam dat.
산쿠스가 여주인에게 장미를 준다.

✔ 1변화 명사의 여격 단수 어미는 '-ae'이며, 이와 같은 형태는 속격 단수, 주격 복수의 형태와 동일하므로 문맥으로 판단을 해야 합니다.

· 1변화 명사의 여격형태

예 도망, **fuga**(주격) → **fugae**(속격 · 여격 단수/주격 복수)

원인, **causa**(주격) → **causae**(속격 · 여격 단수/주격 복수)

운명, **fortuna**(주격) → **fortunae**(속격 · 여격 단수/주격 복수)

땅, **terra**(주격) → **terrae**(속격 · 여격 단수/주격 복수)

(2) 2, 3, 4, 5변화 명사의 여격 형태

① 2변화 명사의 여격

가방, Saccus(주격) → Sacco(여격 단수)

→ Saccis(여격 복수)

자료, Datum(주격) → Dato(여격 단수)

→ Datis(여격복수)

② 3변화 명사의 여격

진리, Veritas(주격) → Veritati(여격 단수)

→ Veritatibus(여격 복수)

③ 4변화 명사의 여격

손, Manus(주격)   → Manui(여격 단수)

                               → Manuibus(여격 복수)

④ 5변화 명사의 여격

날(일), Dies(주격)   → Diei(여격 단수)

                               → Diebus(여격 복수)

(3) 여격을 직접목적어로 사용하는 동사

Credo, Credere 믿다
Faveo, Favere 호의를 베풀다
Noceo, Nocere 상처를 주다
Pareo, Parere 복종하다
Persuadeo, Persudere 설득하다
Resisto, Resistere 저항하다
Studeo, Studere 열정을 보이다

(4) 여격과 함께 오는 형용사

　　형용사를 수식하는 명사가 언제나 여격이어야 하는 경우의 특별한 경우가 있습니다. 이 형용사의 경우는 목적어를 가지는 동사처럼 사용되는 술어 부분이라 기억해야 합니다.

Puellae sunt gratae dominis suis.
여자 아이들은 그들의 여주인들에게 기쁨이 된다.

✔ 여격과 함께 사용하는 형용사

idoneus 이상적인, 알맞은   molestus 화나게 하는
amicus 친근한   finitimus 인접한
inimicus 적대적인   proximus 옆에, 가장 가까운
gratus 기쁜

라틴어에는 'Yes'라는 말이 없다?

• 영어의 Yes와 No

라틴어에서 조금 특이한 점이 'yes'라는 어휘가 없다는 것입니다. 부사어로 '참으로'와 같이 vero를 사용하는 경우도 있는데, 가장 일반적인 방법은 다른 사람이 말을 할 때, '그렇죠.'와 같이 말하는 것으로 상대편의 의견에 동의하는 표현이 있습니다.

'Ita est. [이타 에스트]' 또는 'Etiam est. [에시암 에스트]'

영어의 yes와 같이 딱 떨어지게 일치하는 표현은 없습니다. No에 대한 표현은 있습니다. 바로 'Non'이라고 합니다.

이외에 자주 사용하는 일상용어를 두 개 더 알아볼까요?

• 감사합니다.

(Ego tibi do) multas gratias.

[(에고 티비 도) 물타스 그라시아스]

✔ 물론 괄호 안은 생략하셔도 됩니다.

직역 (난 네게 준다) 많은 감사를

그래서 대격 복수를 사용하는 것입니다

• 죄송합니다.

Ignosce mihi.

[이그노스체 미히]

직역 용서를 해줘 나에게

라틴어 모음이 현대 언어에서는 어떻게 바뀌었을까?

모음에 대한 변화를 말씀은 안 드리고, 라틴어와 현대어의 유사성과 변화에 대해서만 말씀드려서 어휘가 왜 비슷한 거지라는 궁금증을 가지셨을 듯해서 설명 드립니다. 예를 들어,

Juan(스페인어) = Joan(프랑스어)를 본다면, '왜 u와 o를 같다고 하는 거지?'하는 생각을 다들 한번쯤 해보았을 텐데요.

영어 Six(06) = 라틴어 Sex(06)에서도, '왜 i를 e와 같다고 하는 거지?'

위의 상황에서 모음 현상을 설명을 드리지 않아, 혼동이 있으실 것 같습니다.

일반적으로 전 세계에는 특이한 모음이 많이 있지만, 모든 언어를 통틀어 기본이 되는 대표 모음은 다섯 개입니다.

아(a), 에(e), 이(i), 오(o), 우(u)

언어별 차이는 있지만, '강/약'으로 발음하거나, '장/단'으로 발음을 하는 것을 자주 목격했을 것입니다. 그런데 그 차이가 서로 달라 보일수도 있지만, 현상을 들여다 볼 때, 유사점으로 보셔야 할 부분은 '강모음 ≒ 장모음'/'약모음 ≒ 단모음'으로 보셔야 한다는 것입니다. 그럼, 기본적인 개념으로 라틴어의 모음부터 살펴보도록 하겠습니다.

라틴어의 모음은 10개였습니다.

a(장음/단음), e(장음/단음), i(장음/단음), o(장음/단음), u(장음/단음)
→ ā, a / ē, e / ī, i / ō, o / ū, u

앞에서 본 10개 모음이 있습니다. 그런데 여기에서 모음이 나오는 모음의 조음 지점을 알려드리면, 아래와 같습니다. 먼저, 현대 기본모음으로 삼각형을 그려보겠습니다.

모음 하나당, 두개의 발음 위쪽으로 '단음'/아래쪽으로 '장음'으로 만들어서 다시 그려볼까요?

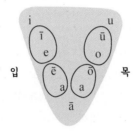

위와 같기 때문에 두 모음간의 소리가 비슷하게 들리는 상황이 발생하게 됩니다. 그래서 아래와 같은 경우는 소리가 거의 비슷하게 들려서, 나중에 현대어로 자리를 잡을 때는 언어의 지역색을 반영하게 되는 것입니다.

· 유사하게 들리는 소리

ī(장음) ≒ e(단음)   a(단음) ≒ ō(장음)

ē(장음) ≒ a(단음)   o(단음) ≒ ū(장음)

이렇게 비슷한 소리를 내기 때문에 같은 소리로 비슷하게 발음이 되는 것입니다.

그래서 Juan = Joan이 비슷한 소리였고, Six=Sex가 비슷한 소리였다는 것입니다.

$$\text{Jūan} \fallingdotseq \text{Joan}$$
$$\text{Sīx} \fallingdotseq \text{Sex}$$

이외에도 중간소리 e ↔ a+i/o ↔ a+u 로 소리가 나는 거죠.

오른쪽으로 가면 '이중모음화', 왼쪽으로 가면 '단모음화'라고 지칭하는 것입니다.

너무 어려웠나요? 찬찬히 읽어 보시고, 이해해 보시길 바랍니다.

모차르트의 레퀴엠(Requiem)은
무슨 의미일까?

Lacrimosa dies illa
Qua resurget ex favilla
Judicandus homo reus.
Huic ergo parce, Deus:
Pie Jesu Domine,
Dona eis requiem. Amen.

▶ 참고동영상

　전곡에서 모차르트가 온전히 완성한 부분은 첫 악장 '레퀴엠 에테르나(영원한 안식을)'뿐이고, 세쿠엔시아의 마지막 부분인 '라크리모사'는 모차르트가 첫 여덟 마디까지 합창 부분을 썼습니다. 모차르트의 제자인 프란츠 크사버 쥐스마이어가 라크리모사의 남은 부분을 완성하였습니다. 라크리모사(눈물의 날)는 진혼곡(Requiem)의 진노의 날 속창(Dies Irae sequence)의 한 부분입니다.

(1) Lacrimosa dies illa

① lacrimosus/-a/-um　울고 있는, 슬픔에
　(형용사 여성형 주격 : lacrimosa)

② dies 하루, 날 (5변화 명사 주격, 남성)

	단수	복수
주격	dies	dies
속격	diei	dierum
여격	diei	diebus
대격	diem	dies
탈격	die	diebus

Carpe diem 이란 용어 기억하시죠?

③ illa 저것, 저것(영어의 that)을 지칭하는 대명사 여성형
   is/ea/id와 같은 역할로 사용합니다.

✔ 라틴어에는 영어의 3인칭대명사인 he/she와 같은 표현이 존
재하지 않고, 지금 이 형태와 같은 것을 대체해 사용하며, 특별히
강조하는 곳이 아니면 주어를 생략하는 것이 일반적입니다. 영어
의 3인칭대명사를 대신하는 라틴어 단어에 대해 알아보죠.

⁻illa(That/She를 대체하는 대명사)

	단수	복수
주격	illa	illae
속격	illius	illarum
여격	illi	illis
대격	illam	illas
탈격	illa	illis

✔ ea형태를 더 많이 사용하기 때문에 부연합니다.

-ea(That/She를 대체하는 대명사)

	단수	복수
주격	ea	eae
속격	eius	earum
여격	ei	eis
대격	eam	eas
탈격	ea	eis

【문장 의미】

Lacrimosa dies illa

[라크리모사 디에스 일라]

하루 종일 그녀는 슬픔에 빠져있습니다.

〜 문법적으로 '(기간) 동안'이란 영어의 표현으로 for, during 등을 사용하려면, 라틴어 'per + 대격'을 사용합니다. 그래서 이 문장은 'Illa (est) lacrimosa (per diem)' 이라고 해야 좋을 것 같은데요, 위의 문장은 문학적 표현인 것 같습니다.

문학적 서술 의역: 슬픔에 빠져있는 그녀는 바로 하루입니다. ('하루'가 원래 남성형이지만 주격이 여성형이기 때문에 여성으로 취급함.)

(2) Qua resurget ex favilla

① qua 관계대명사 탈격단수(여성형)

	단수	복수
주격	quae	quae
속격	cuius	quarum
여격	cui	quibus
대격	quam	quas
탈격	qua	quibus

✔ 앞 문장의 dies를 '여성형'으로 받아 관계대명사로 사용함. 시간, 날짜는 '탈격'으로 사용함.

② resurget (3변화 동사 미래, 3인칭단수)
  resurgere: 다시 일어나다, 다시 발생하다/나타나다

\<현재형 변화 어미\>

	단수	복수
1인칭	-o	-imus
2인칭	-is	-itis
3인칭	-it	-unt

\<미래형\>

	단수	복수
1인칭	-am	-emus
2인칭	-es	-etis
3인칭	-et	-ent

③ 전치사 ex + 탈격명사
  전치사로 탈격 앞에서 사용됨.
의미: ~로부터, 밖으로(from, out of)등등

✔ 형태상 주의!!
ex + 모음으로 시작하는 어휘
e + 자음으로 시작하는 어휘

④ favilla: (불타고 남은)재
  여성형 1변화명사 탈격단수

	단수	복수
주격	favilla	favillae
속격	favillae	favillarum
여격	favillae	favillis
대격	favillam	favillas
탈격	favilla	favillis

【문장 의미】

Qua resurget ex favilla

[쿠아 레수르젯 엑스 파윌라]

그 하루에 재로부터 다시 나타나게 될 것이다.

✔ 문법적 재조정[재교정]

Qua resurget e favilla

로 전치사 ex가 조정 되어야 합니다.

qua는 앞에 있는 dies를 날짜(여성취급)로 수식해서 탈격으로 사용한 것입니다.

단, ex를 그대로 사용한 것은 문법적으로 'e + 자음으로 시작 어휘'로 사용해야하지만, 변화에 대해 분석을 해보면 고대 라틴어에서 현대 라틴어계열로 오면서 '기식음화 현상' 'F 〉 H 〉 사라짐'이 있을 수 있습니다.

(3) Judicandus homo reus.

① judicandus

'judicare(판단하다)'의 'will be ~ing 형태의 의미를 갖는 형용사'

'Homo sapiens(생각하고 있는 사람)' 아시죠?

여기에서 judicandus는 sapiens의 진행형 변화 형태인데, 이러한 진행형 형태와 유사한, 미래형 진행형이라고 생각하시면 됩니다.

〰 현재 진행형과 미래 진행형

	현재 진행형	미래 진행형
주격	Judicans	Judicandus
속격	Judicantis	Judicandi
여격	Judicanti	Judicando
대격	Judicantem	Judicandum
탈격	Judicante	favillis

② homo: 사람(주격 단수 남성형, 3변화명사)

	단수	복수
주격	homo	homines
속격	hominis	hominum
여격	homini	hominibus
대격	hominem	homines
탈격	homine	hominibus

③ reus: (재판에서)피고(2변화명사 남성 주격 단수)

	단수	복수
주격	reus	rei
속격	rei	reorum
여격	reo	reis
대격	reum	reos
탈격	reo	reis

【문장 의미】

Judicandus homo reus.

[이우디칸두스 호모 레우스]

(미래에) 판단하게 될 사람은 (바로) 피고이다.

〰 문법적으로 be동사에 해당하는 표현이 대부분 생략이 되었습니다.

Homo judicandus (est) **reus.**

(4) Huic ergo parce, Deus:

① huic '이것, 이분(this)'의 의미

	남성성	여성	중성
주격	hic	haec	hoc
속격	huius	huius	huius
여격	huic	huic	huic
대격	hunc	hanc	hoc
탈격	hoc	hac	hoc

② ergo (부사)그리고, 다음에

이 단어와 닮은 'Ego(나)'라는 말 많이 들어 보셨죠? 철학자 Decart(데카르트)가 한 말이 아주 유명하죠.

(Ego) Cogito, ergo (Ego) sum.
나는 생각한다, 고로 나는 존재한다.

⋙ **Ego** 나는(1인칭주격 대명사)

<1인칭의 변화형>

주 **ego**   여 **mihi**   탈 **me**
속 **mei**   대 **me**

③ parce: 남겨주다, 할애하다

명령형(Tu)형태는 원형에서 ~re를 떼어낸 형태입니다. 여기에서는 명령형입니다.

-Parcere 3변화 동사 변화형

	단수	복수
1인칭	parco	parcimus
2인칭	parcis	parcis
3인칭	parci	parcunt

>>> 명령형 **parce**

④ Deus: 신, 하나님

일반적으로 남성명사 -us로 끝나는 경우는 '-e'로 바꿔 호격으로 사용을 합니다. 그런데, Deus(하나님)은 호격일 때, 그대로 사용합니다. 역시 뭐든 예외가 되는 경우가 많죠.

참고 그리스로마의 제우스는 하나님의 이름의 기원이다??

그리스로마 신화의 'Zeus 〉 Theus 〉 Deus'라는 의견도 많이 나온답니다.

【문장 의미】

Huic ergo parce, Deus

[후익 에르고 파르체, 데우스]

고로, 이분에게 신이시여, (은혜/휴식을) 베풀어주십시오.

✔ 문법적 보충

parcere의 대상이 '슬퍼하는 그녀(illa)'에게 '은혜 또는 휴식'아래쪽에 나오는 'requies(휴식)'어휘가 나옵니다.

(5) Pie Jesu Domine,

① pie: 은혜롭게, 정성을 다해, 자애롭게(부사)

〰 부사는 형태가 바뀌지 않습니다.

② Jesu: 예수님 [4변화 명사 호격]

주 **Jesus**   속 **Jesu**   여 **Jesu**   대 **Jesum**   탈 **Jesu**   (호격) Jesu

✔ Jesus는 4변화 불규칙 변화형입니다.

참고 한국어의 '예수님'이라는 단어가 라틴어라는 사실을 아는 사람이 많지 않더라고요. 라틴어 'Jesu'를 정확히 발음한 한국어 표기입니다.

③ Domine: 주인님 [2변화 명사 호격]

   소문자로는 '주인님', 대문자로는 '하나님, 주님'으로 사용됩니다.

주 **Dominus**   여 **Domino**   탈 **Domino**
속 **Domini**   대 **Dominum**   (호격) · Domine

【문장 의미】

Pie Jesu Domine,
[피에 이에수 도미네]
은혜로우신 예수님 주님!

(6) Dona eis requiem. Amen.

① Dona: 주다(donare의 명령형)

	단수	복수
1인칭	dono	donamus
2인칭	donas	donatis
3인칭	donat	donant

>>> 명령형 dona

② eis [지시 대명사 that 의미의 여격, 복수형태]

앞쪽에서도 약간 말씀드렸는데요, 또 등장했군요. 자주 만날
수 있는 단어이니, 다시 한 번 짚고 넘어가도록 해요.

-is (That/He를 대체하는 대명사)

	단수	복수
주격	is	ei[=ii]
속격	eius	eorum
여격	ei	eis
대격	eum	eos
탈격	eo	eis

-ea(That/She를 대체하는 대명사)

	단수	복수
주격	ea	eae
속격	eius	earum
여격	ei	eis
대격	eam	eas
탈격	ea	eis

-is(That/It를 대체하는 대명사)

	단수	복수
주격	id	ea
속격	eius	eorum
여격	ei	eis
대격	id	ea
탈격	eo	eis

③ requiem: 휴식, 안식(3변화명사 대격단수)

〰 형태가 문학적 성향과 음률을 맞추기 위해 조금 변형이 되었습니다.

	단수	복수
주격	requies	requietes
속격	requietis	requietum
여격	requieti	requietibus
대격	requietem	requietes
탈격	requiete	requietibus

✔ 원래 대격 형태는 'requietem'입니다.

④ Amen: 아멘

참고 '아멘(Amen)'은 라틴어 글자가 아닙니다. 원래 그리스어에서 [ἀμήν] 형태가 중세라틴어가 현대라틴어로 넘어올 때, 종교에 차용되면서 현대라틴어 계열언어에 자리를 잡게 되었다는 설이 많습니다.

【문장 의미】

Dona eis requiem. Amen.

[도나 에이스 레퀴엠. 아멘.]

(주여) 그들에게 안식을 주십시오. 아멘.

✔ 불특정 다수인 복수를 대상으로 사용될 때는 '사람들, 백성들'이란 의미로 사용될 때가 많습니다.

영국 물리학자 해밀턴이 숫자 체계를 설명하면서,
처음 사용한 '사다리'를 뜻하는 라틴어 유래는?

 Quiz

물리량을 정의하는 용어인 이것은 크기와 방향을 모두 갖는 벡터와 대비되는 개념으로 방향은 없고 크기만 갖는다. 영국의 물리학자 해밀턴이 숫자의 체계를 설명하면서 처음 사용했다고 전해지는데, '사다리'를 뜻하는 라틴어에서 유래된 이것은 무엇일까요?

정답: 스칼라(scalar)

【팩트 체크】

라틴어의 '계단'이란 말은 'scalae'라고 해서 '여성/복수형'을 띄고 있는 어휘입니다. 물론 변화에서 보면, scalarum의 형태를 나타내 보이는 것이 있기 때문에 'r'의 음도 등장을 했기 때문에 그 기원에 대해서는 충분한 유추가 가능합니다.

하지만, 'Scale'이라는 의미를 거쳐서, scalar가 되었다는 것은 순서가 바뀐 듯합니다. scalar의 개념이 먼저 만들어 지고, 'scale'이 왔다고 해야 맞는 듯합니다. 'Scale'이라는 뜻이 2개가 있는데, 라틴어 scalae에서 유래 되어서 '저울눈, 비례' 등의 뜻을 가지게 되고, 다른 라틴어 squama에서 유래되어서 '(뱀, 파충류 등의) 비늘'의 의미를 가지게 됩니다.

✔ 정리

라틴어 '사다리' 어형의 복수의 격 변형형태로 볼 때,

scalae / scalarum / scalis / scalas / scalis

① scalar의 개념이 '사다리'에서 나왔음을 알 수 있습니다.

　참고로, '계단으로 사용된, 계단의' 등의 뜻을 가진 형용사형을 보면 'scalaris/scalare'임. 즉 '~r' 형태가 잔존 형태로 남아 있음.

② scale이라는 어휘는 두 가지 라틴어에서 변형되었음.
scalae > scale (저울눈, 비례)
squama > scale (비늘)

영어 Tea가 중국 茶(Cha)에 영향을
준 것이 라틴어라고?

• 영어 단어 Tea에 대한 고찰

난데없이 소리가 완전히 다르게 들리는 Cha에서 Tea가 되었다
니? '말이나 되는가?'라고 생각할 수 있을 것 같습니다. 가만히
글자를 들여다보면서, 그런데 소리의 변화들을 시대적으로 조사
하던 중에 '어? 비슷하게 되는데...'라는 생각으로 글을 써내려 가
봅니다.

(1) 살펴볼 외국어

각 나라마다 '차(茶)'라는 단어를 어떻게 쓰는지 먼저 알아봅
시다.

▸ 세계 최초의 차 문화 발생지인 중국 '茶[Cha]'

我喝茶[wǒhēchá]   나는 차를 마신다.

▸ 중국 문화를 유럽에 전달한 포르투갈 'Chá'

Eu bebo chá.   나는 차를 마신다.

▸ 유럽의 문화를 아메리카대륙으로 이전시킨 스페인 'Té'

Yo bebo té.   나는 차를 마신다.

▸ 우리가 알고 있는 영어 'Tea[tiː]'

I drink tea.   나는 차를 마신다.

(2) 언어별 상관관계

언어의 변화현상을 단순히 보면 다음과 같습니다.

중국어 → 포르투갈어 → 스페인어 → 영어

chá > chá > té > tiː

〰 포르투갈어에서 스페인어로 바뀌는 것이 가장 이해가 안 되는 부분입니다.

① 중국어에서 포르투갈어로의 변화

소리를 그대로 전달했다고 볼 수 있습니다. 중국어의 성조 중에서 上聲(╱)과 포르투갈어의 강세어와는 차이가 다소 있습니다. 하지만, 발성법의 차이임으로 충분히 변이가 가능하다고 봅니다.

② 포르투갈어에서 스페인어로의 변화

세계 진출에 중심이었던 스페인과 같은 반도에 위치한 포르투갈로서는 항상 어려움이 있었으며, 그 힘에 있어서 외부 문물을 새롭게 가져왔을 때, 알려준다는 것은 그 시대에 지극히 당연한 것이었을 것입니다. 중세가 지났을 이 시대까지 라틴어의 영향권에 있는 포르투갈어와 스페인어에 라틴어가 영향을 준 것은 어떻게 보면 당연한 일일 것입니다.

〰 변화의 유추 … Ché(포르투갈어) > Té
　눈여겨 볼 어형 … Ch ≒ TT

'우유'라는 라틴어의 어형변이입니다.

Lac > Lacte > Latte > Lette > Leche

- Lac(주격) → Lacte(탈격)

- Lacte > Latte : ct ≒ tt

자음이 연속으로 일어나게 될 때, 앞에 있는 소리가 사라지고, 뒤에 소리에 동화되어 동화현상(Assimilation)에 따라 하나의 소리가 되는 경우가 일반적인 현상입니다. 예를 들어 현대 외국어에서도 자음이 두 개가 연속일 경우에 앞 모음을 발음하지 않고 뒤에 것을 발음하는 현상이 자주 일어나죠.

[예] Always ('l' 발음 실종)

- Latte > Lette : ă ≒ ē

- Lette > Leche : ct ≒ tt ≒ ch

앞에서 말씀드렸듯이 ct ↔ tt 되는 현상은 같은 소리로 취급되기 때문입니다.

tt ↔ ch ↔ ct 의 경우는 't'음이 기식음화(바람 소리)되어 사라지기 전 소리 [x] 'ㅎ'였을 수 있다는 것으로 유추가 되는 자료가 많습니다. 현대 유럽어에서는 프랑스어에서 역시나 자음의 기식음화 현상이 뚜렷한 것은 맞습니다.

[예] 프랑스어로 '우유(Lait [lɛ])
포르투갈어로 '우유(Leite [leit])
이탈리아어로 '우유(latte [la:t])

③ 스페인어에서 영어로의 변화

영어에 가장 많은 영향을 준 언어는 비율적으로 봤을 때는 독일어인 것은 분명하지만, 영어는 많은 언어에서 온 형태인 잡식성 언어로 외국어를 많이 차용했다고 볼 수 있습니다. 이중에서 아메리카대륙에 영향을 준 스페인어의 영향을 무시할 수 없는 것이지요.

〰 스페인어에서 영어로의 변화

Té > Tē > Tee > Tea

・Té ≒ Tē

소리는 일반적으로 강/약으로 구분되거나 장/단으로 구분되는 것이 언어의 일반적인 공통점입니다. 강세 어휘는 긴소리로, 강세가 없는 소리는 짧은 소리로 상호 같다고 보는 것이죠.

・Tē > Tee

영어의 경우는 장음, 단음의 구별보다는 강세를 구분해야하는데 글자 상에 그것을 구별할 장치가 없기 때문에 소리를 길게 하려면 같은 소리를 두 번 쓰는 식으로 그 표시를 했다고 봅니다. 그래서 장음을 두 번으로 써서 나타낼 수 있습니다. 영어 단어의 Wood와 Food가 바로 이런 경우이지요.

・Tee > Tea

'ee 〉ea'로의 변화에 대한 유추. 같은 소리나, 같은 글자일 때 '단순화 현상(Simplification)으로 인해 한 글자로 만들어 짧은 소리로 만들 수 있습니다. 그렇기 때문에 긴소리를 유지하고 글자의 형태도 유지하는 방법으로 글자를 바꾸어 소리를 유지하는 현상이 있을 수 있습니다. 이것을 '이화현상(Dissimilation)'이라고 합니다.

(3) 유추의 결론

언어의 전달에 있어서, 자신의 언어화를 시키지 않고, 글자를 그대로 옮겨줄 수 있는 방법이 현대처럼 복사, 저장 방법이 탁월

할 시대에는 가능할 수는 있지만, 과거의 시대에는 당연히 어려웠다고 봅니다.

자신의 실제 사용 소리에 맞춘 언어 형태로 변형되기가 아주 쉽다는 것입니다. 이렇게 봤을 때, 수백 년에 걸쳐 전달되는 언어에서 그 현상이 그대로 전달되었다고 보기는 어렵기 때문에, 어형변화에 가능성이 더 크다고 보는 것입니다.

중국어 → 포르투갈어 → 스페인어 → 영어
chá > chá > té > tiː

한국대학 중에 라틴어 Motto를 가진 곳은?

라틴어 교표를 가진 한국의 대학들은 더 있을 수 있지만, 제가 인터넷에서 찾은 것은 이번 단원에서 소개할 학교들이 전부였습니다. 학교 나열 순서는 검색 순서입니다. 아무 의미 없습니다. 오해마시길.

· 서울대학교

Veritas est Lux Mea.
[웨리타스 에스트 룩스 메아]
진리는 나의 빛이다.

① Veritas: 진리(3변화명사 여성)

	단수	복수
주격	veritas	veritates
속격	veritatis	veritatum
여격	veritati	veritatibus
대격	veritatem	veritates
탈격	veritate	veritatibus

② Lux: 빛(3변화 여성)

	단수	복수
주격	lux	luces
속격	lucis	lucum
여격	luci	lucibus
대격	lucem	luces
탈격	luce	lucibus

③ Mea: 나의(소유 형용사 여성)

	단수	복수
주격	mea	meae
속격	meae	mearum
여격	meae	meis
대격	meam	meas
탈격	mea	meis

• 연세대학교

Veritas vos liberavit.

[웨리타스 우오스 리베라윗]

진리가 너희를 자유케 하였다.(요한복음 8:32)

① Veritas: 진리 (3변화명사 여성)

② vos: 너희들을(인칭대명사 대격)

나 ⋯ me	우리를 ⋯nos
너를 ⋯ te	너희들을 ⋯vos
그를/그녀를 ⋯ eum / eam	그들을/그녀들을 ⋯eos / eas

✔ 3인칭의 인칭대명사는 영어의 that에 해당하는 지시대명사를
사용함.

③ liberavit: 자유롭게하다(liberare 짧은 의미의 과거 3인칭단수)

〈현재형〉

	단수	복수
1인칭	libero	liberamus
2인칭	liberas	liberatis
3인칭	liberat	liberant

〈짧은 과거〉

	단수	복수
1인칭	liberavi	liberavimus
2인칭	liberavisti	liberavistis
3인칭	liberavit	liberaverunt

• 한국외국어대학교

Veritas, Pax, Creatio

[웨리타스, 팍스, 크레아시오]

진리, 평화, 창조

① Veritas: 진리 (3변화명사 여성)

② Pax: 평화 (3변화명사 여성)

	단수	복수
주격	pax	paces
속격	pacis	pacum
여격	paci	pacibus
대격	pacem	paces
탈격	pace	pacibus

③ Creatio: 창조 (3변화명사 여성)

	단수	복수
주격	creatio	creationes
속격	creationis	creationum
여격	creationi	creationibus
대격	creationem	creationes
탈격	creatione	creationibus

• 고려대학교

Libertas, Justitia, Veritas
[리베르타스, 이우스티시아, 웨리타스]
자유, 정의, 진리

① Libertas: 자유 (3변화명사 여성)

	단수	복수
주격	libertas	libertates
속격	libertatis	libertatum
여격	libertati	libertatibus
대격	libertatem	libertates
탈격	libertate	libertatibus

② Justitia: 정의(1변화명사 여성)

	단수	복수
주격	justitia	justitiae
속격	justitiae	justitiarum
여격	justitiae	justitiis
대격	justitiam	justitias
탈격	justitia	justitiis

③ Veritas: 진리(3변화명사 여성)

· 서강대학교

Obedire Veritati.

[오베디레 웨리타티]

진리에 순종하라.

① obedire: 직접 목적어로 여격을 사용하는 특이동사(4변화 동사)

	단수	복수
1인칭	obedio	obedimus
2인칭	obedis	obeditis
3인칭	obedit	obediunt

〰 Motto에서는 원형을 그대로 사용함.

명령형으로 사용한다면, 'obedi'라고 써야하는데, 과거 문어체에서는 가끔 동사원형을 사용해 명령형으로 사용하는 경우가 있습니다.

② veritati: 진리(veritas의 여격 단수, 3변화명사 여성)

・광운대학교

Veritas et Lux
[웨리타스 엣 룩스]
진리와 빛

① Veritas: 진리(3변화명사 여성)

② et (접속사 and)

라틴어는 and를 이용하는 방식이 두 가지가 있습니다.

하나는, A et B
다른 하나는, A Bque

que는 반드시 뒤에 오는 단어에 붙여야 합니다.

③ Lux: 빛(3변화 여성)

· 홍익대학교

Pro Hominum Beneficio
[프로 호미눔 베네피치오]
인간의 이익을 위해

① **Pro**: (전치사) ~의 앞에, ~의(가치를) 위해, ~의 이익이 되도록
+ 탈격

② **Hominum**: 사람(3변화 남성명사. 속격 복수)

	단수	복수
주격	homo	homines
속격	hominis	hominum
여격	homini	hominibus
대격	hominem	homines
탈격	homine	hominibus

③ **beneficio**: 이익, 호의, 선행 (2변화 명사 중성, 탈격단수)

	단수	복수
주격	beneficium	beneficia
속격	benefici	beneficiorum
여격	beneficio	beneficis
대격	beneficium	beneficia
탈격	beneficio	beneficis

영국 프리미어 축구팀 Logo에서 볼 수 있는 라틴어

• Manchester City FC

Superbia in proelia
[수페르비아 인 프로엘리아]
엄청난 전쟁들 속으로

① Superbia: Superbus: (교만한, 뛰어난, 탁월한) 형용사의 중성형 Proelia를 수식하는 형용사. 여기에서는 중성대격 복수 형태니다.

② in: 전치사로 'in + 탈격 = ~안에서',
  'in + 대격 = ~(안)으로' 라는 의미입니다.

In proelium 전쟁 속으로
In proelio 전쟁 안에서
In proelia 전쟁들 속으로
In proeliis 전쟁들 안에서

여기에서는 탈격복수로 사용되어 '~으로'의 의미입니다.

③ proelia: Proelium: (전쟁) 2변화 중성명사의 복수 대격형

형용사는 명사에 따라 수식하므로, in 앞에 Superbia는 proelia 를 수식하는 것입니다.

☞ 여기서 잠깐
👆 《왜 형용사가 명사의 바로 앞이나 뒤로 가지 않고, 전치사보다 앞에 가 있는가?》

라틴어는 어순이 자유로운데, 전치사보다 형용사가 앞으로 가서 수식하는 경우가 많음.

예 **summa cum laude** {최고의 칭찬을 가지고}

✔ 번역의 미화

과거 라틴시대에 전쟁은 미화되어 아름답고, 숭고한 의식처럼 여겨졌기 때문에 그런 의미에서 나쁜 의미로 사용되지 않았을 것입니다. 축구팀이니 아마도, 전쟁을 축구경기에 비유했을 것이라 봅니다. 그리고 superbus도 사람에게 사용될 때는 거만한, 교만함으로 사용되는데 여기에서는 '탁월한, 뛰어난, 엄청난'으로 변역해야 옳을 것으로 봅니다.

• Everton FC

Nil satis nisi optimum.
[닐 사티스 니시 옵티뭄]
최고가 아니라면 만족스런 것은 존재하지 않는다.

① Nil - (=nihil): 영어의 nothing과 같은 뜻.

중성 취급되며, 그 형태가 바뀌지는 않지만, 일반적으로 부정 명령의 '~하지 말것, ~아무것도 없다'정도의 의미로 사용됩니다.

예 **Nil desesperandum.** 절망하지 마라.

직역 절망하게 될 것은 아무것도 없다

② satis: 3변화 명사 변화 형태를 가진 형용사.

형용사를 수식하는 부사역할도 함. 부사로 사용될 때는 변화하지 않습니다.

③ nisi - ni(부정부사) + si(영어의 if)

=만일 ~가 아니면, ~않는 경우에 접속사로 배타적 의미를 가집니다.

④ optimum - optimus: (최고로 좋은)의 중성형 형용사

비슷한 형태인 영어 Regular와 스페인어
Regalo, 라틴어가 영향을 줬을까?

두 단어의 의미는 완전히 다르죠. 영어 Regular(규칙적, 정규의),
스페인어 Regalo(선물)는 의미상으로 공통점을 찾을 수 없지만,
모양은 정말 비슷합니다. 두 단어를 한참 보면서, 제 머리를 스치
는 한 단어가 있습니다.

'Rex(왕)'이란 단어죠. 아마도 이 두 단어는 '왕'이란 단어를 기
준으로 만들어진 것이라 생각한다면, 밀접한 관계가 있다고 우리
가 가정해도 어렵지 않을 듯합니다.

일단, 순서대로 Rex를 소개하고, 다음 두 단어를 함께 유추해
보도록 하겠습니다.

(1) Rex(3변화 명사 남성)

	여성	남성
주격	rex	reges
속격	regis	regum
여격	regi	regibus
대격	regem	reges
탈격	rege	regibus

✔ '왕자'라는 라틴어는 '왕에게 속하는 사람', '통치하는 사람',
'작은 왕'이라는 의미로 'regulus'라고 사용하죠.

(2) regular(규칙적)는 어떻게 온 것일까요?

라틴어 regula(1변화 명사, 여성)는 '규칙', '(줄 긋는) 자' 등의 뜻

을 가지고 있습니다. 왜 그런 뜻이 만들어졌을까요? 아마도 '통치되어 나타난 기준', '규제가 만들어 진 것'이란 의미이기 때문에 'rex'에서 유추되었다는 것은 쉽게 납득이 될 만한 부분이라고 봅니다. 그렇게 해서 현대 영어의 '규칙적인'이란 어휘는 '원리에 의한', '만들어진 통치에 따른'이란 의미로 연결이 가능할 것입니다.

(3) 스페인어의 Regalo는 그럼 어떤 의미일까요?

'선물'이란 스페인어의 다른 단어도 많이 있을 수 있습니다. 'obsequio, recuerdo, presente 등등' 단어라는 것은 만들어질 때, 어떤 의미든지 그 이유가 분명히 있을 수 있습니다. 그런데, 스페인어의 regalar, regalo는 아마도 단어를 보았을 때는 스페인어로 'algo del rey(→ rex) 왕에게 속하게 되는 어떤 것' 즉, 왕에게 받쳐지는 것을 의미하는 것이라 볼 수 있습니다. 라틴어의 단어에서도 'regalis'라는 3변화 형용사는 '왕에게 속하는 것, 왕(권)의'라는 의미일 것입니다.

어형의 ~gul과 ~gal의 직접적인 상관관계는 일어났다고 볼 수는 없지만, 그 시작점의 어원출발점은 'rex'라는 점에서는 상당히 유사점을 가질 수 있다고 볼 수도 있겠네요.

순전히 제 개인적인 유추에 의해 만든 글이니 가능성만 생각해 주세요.

Salve!

라틴어인 영어 단어들

• Anno Domini [안노 도미니]

AD 2018: 서기 2018년

Anno Domini : '서기, 기원 후'의미

직역 '하나님의 해'

① Anno: '2변화 명사 남성 annus의 탈격 단수'형태.

시간, 즉 날짜, 달, 연도 등등을 표현할 때, 시간부사의 형태로 탈격형태를 사용합니다.

그래서 탈격 단수로 사용한 것입니다.

② Domini: 'Dominus '주인님, 주님'이란 의미.

2변화 남성명사이의 속격입니다.

✔ 이 어휘를 소문자로 사용하면, 주종관계의 '주인'이란 의미이고, 대문자로 사용할 때는 '유일신'의 종교적 의미로 '주님'이란 의미를 갖게 됩니다.

앞에 있는 Anno를 수식하기 위해 속격(=소유격)으로 사용한 어휘입니다.

<2변화 남성명의 변화 어미형태>

	단수	복수
주격	-us	-i
속격	-i	-orum
여격	-o	-is
대격	-um	-os
탈격	-o	-is

• Et cetera [엣 체테라]

... etc. '기타 등등'

Et cetera : 그리고 나머지들

직역 '그리고 나머지 것들'이라는 의미.

① Et: 접속사 and(그리고)에 해당하는 말.

② cetera: 2변화 중성명사 주격복수 형태

중성명사 ceterum(나머지)의 변화는 아래와 같습니다.

	단수	복수
주격	ceterum	cetera
속격	ceteri	ceterorum
여격	cetero	ceteris
대격	ceterum	cetera
탈격	cetero	ceteris

✔ 주의: 라틴어 발음은 et cetera(엣 체테라)입니다.

• Ante Meridiem/Post Meridiem

Ante Meridiem[안테 메리디엠] (= AM 오전)

Post Meridiem[포스트 메리디엠] (=PM 오후)

직역 정오보다 앞에/정오보다 뒤에

① 'Ante(~앞에), Post(~후에)' 전치사 뒤에는 '대격'

② meridies: 하루중간, 정오(5변화 명사 남성)

구조를 가만히 들여다보시면 「Meri(영어 mid) + dies(영어 Day)」입니다.

참고. 5변화 어휘는 몇 개 안 돼요. 그중에 가장 대표적인 어휘입니다. 'Carpe diem(하루를 잡아라!: 현실을 즐겨라)'이라는 말 많이 들어 보셨죠?

변화형은 아래와 같이 변화합니다.

	단수	복수
주격	meridies	meridies
속격	meridiei	meridierum
여격	meridiei	meridiebus
대격	meridiem	meridies
탈격	meridie	meridiebus

'Moratorium'과 'Ubiquitous'도 라틴어?

(1) Moratorium [모라토리움] 지불 유예, 활동중단

신문에서 위의 용어를 흔하게 봅니다. 일반적으로 법적용어로 '지급정지, 지급유예'란 의미인데요, 예전에 경기도 성남시청에서 '상환의사는 있지만, 일시적으로 어려움이 있어서 채무 상환을 연기하는 방침을 대외적으로 알리는 형태'로 공시했던 적이 있습니다. 그러면서 사람들이 많이 알게 된 어휘인데요. 라틴어의 어휘에서 유래를 했기 때문에 소개해 드려요.

① Mora: 지체, 연기 (1변화 여성명사)

관용어구로 '지체 없이'라는 말을 할 때 'Sine mora'라는 표현을 사용합니다.

② 뒤에 '-torium'이란 의미는 원래 라틴어에서는 '장소'라는 의미로 사용되는 어휘입니다.

그래서 라틴어의 어휘 중에 praetorium이라고 하면, '최고 참모진의 막사/본부'라는 의미로 사용됩니다. 여기서 prae는 전치사로 'before, in front'의 의미를 가지고 있습니다.

〰 라틴어의 유사형태 어휘를 보면,

'morator'라는 3변화 남성명사로 '의사진행 방해자, (법원에서) 시간을 얻기 위해서 발언하는 변호사' 등을 지칭하는 명사가 있습니다.

<명사 격 변화>

	단수	복수
주격	morator	moratores
속격	moratoris	moratorum
여격	moratori	moratoribus
대격	moratorem	moratores
탈격	moratore	moratoribus

✔ Moratorium은 라틴어에서 파생된 현대어입니다. 기존 라틴어의 어휘목록에는 없는 어휘입니다. 따라서 Moratorium은 라틴어 요소를 갖춰 만든 현대식 용어라고 생각하시면 되고, 그 변화형은 2변화 중성의 형태를 보여주고 있습니다.

(2) Ubiquitous [우비쿠이토우스] 언제, 어디에서나 존재하는

'ubiquitous'는 네트워크 접속을 어디서든 할 수 있다는 의미로, 라틴어식으로 만든 현대적 신조어입니다. 기존 라틴어에 있는 의문사 'Ubi(영어의 Where)'의 형태를 맨 앞에 볼 수 있고, 이 의문사에 덧붙여서 기존에 있는 어휘 부사 'ubique(= everywhere)'의 의미를 내포하고 있습니다.

✔ '유비쿼터스'는 라틴어의 어원을 이용해 만든 현대식 형용사형으로, Ubiquitous [technology/network] (언제 어디에서나 존재하는 [기술/네트워크])라는 의미로 만들어진 라틴어식 신조어입니다.

Homo(호모) 의미가 원래 뭐지?

'호모'라는 말을 왜곡해서 사용하는 경우가 종종 있습니다. 그런데, 학창시절 'Homo sapiens(생각하는 사람)'이라는 것을 배웠을 때는 전혀 그런 생각을 한 적이 없었을 것입니다. 원래 '사람'을 의미하는 homo는 라틴어가 아니라 그리스어의 어원에서 '닮았다; 동형' 등의 의미를 가지고 있기 때문에 생물학에서 동형접합자(homozygote)나 동형배우자(homogamete)를 지칭할 때 사용을 하죠.

오늘은 라틴어에서 그 homo... 윤리/철학시간에 배웠던 Homo Sapiens를 보도록 하겠습니다.

Homo Sapiens[호모 사피엔스] 생각하는 사람

직역 생각하고 있는 사람, 현명한 사람

학교 다닐 때, 윤리나 철학시간에 흔히 보던 형태의 용어로, 이 말 속에서 Homo는 '사람'이란 의미입니다.

① Homo: 사람(3변화 남성명사)

〈명사 변화형〉

	단수	복수
주격	homo	homines
속격	hominis	hominum
여격	homini	hominibus
대격	hominem	homines
탈격	homine	hominibus

② Sapiens: 생각하는(현재 분사 형태)

✔ sapiens의 경우는 영어의 ~ing와 같은 형태의 현재분사형입니다. 3변화동사 sapere(이해하다/현명하다)어휘에서 만들어졌습니다. 동사의 형태에서 유추된 『amare → amans/sapere → sapiens』처럼 만들어지는 형태로 현재분사의 형태 또한 격변화를 하게 됩니다.

<3변화 형태로 변화>

	단수	복수
주격	sapiens	sapientes
속격	sapientis	sapientum
여격	sapienti	sapientibus
대격	sapientem	sapientes
탈격	sapiente	sapientibus

물론, 형용사의 형태로 생겼기 때문에 수식하는 명사에 따라서 격, 단수/복수 형태를 맞춰야 합니다. 단, 영어의 동명사처럼 단독으로 명사의 역할을 할 때도 있다는 점도 알아두세요.

'대학교'로 번역되는 'Alma Mater'의 원래 의미는?

미국 IVY대학 입학담당자들을 방문하기 위해 출장을 갔을 때, 뉴욕에 있는 컬럼비아대학에 방문했었습니다. Admission Office 건물 반대편, 중앙의 광장 건너편 도서관 바로 앞 계단에 있던 여성의 한 동상이 눈에 띄었었습니다.

그 동상 앞에는 『Alma mater』라고 써 있었죠. 컬럼비아 대학 말고도, 많은 대학에 이러한 동상이 있고, 유럽에도 많이 있다고 들었습니다. 동상 앞에 써 있는 글자의 뜻은 사전에서 찾아보시면 '대학교'라고 나올 것입니다.

Alma mater[알마 마테르] 대학교

직역 너그러운 어머니

① almus/alma/almum: 풍부한, 너그러운(형용사)

뒤에 있는 명사 mater(어머니)를 수식하고 있는 아주 단순한 형태입니다. almus 형용사의 의미는 '풍부한, 너그러운'이며, 물론 여성주격형태를 수식할 때, 'alma'의 형태로 수식을 합니다.

② mater: 어머니 (3변화 여성명사)

〈mater의 변화형〉

	단수	복수
주격	mater	matres
속격	matris	matrum
여격	matri	matribus
대격	matrem	matres
탈격	matre	matribus

직역을 하면 '너그러운 어머니'란 의미인데, 처음 근원으로 '모든 학문의 근원은 어머니에게서 비롯된다는 의미'로 만들어졌다는 설과 '임마누엘의 어머니'란 의미로 만들어졌다는 많은 이야기가 있습니다. 이러한 것에서 우리는 본인이 다녔던 학교를 모교(母校)라는 의미로 해석해서 자리 잡게 되었다는 의견도 있습니다..

'초자연적인 힘'으로 번역되는 'Deux ex Machina'의 라틴어 의미는?

Deus ex Machina
[데우스 엑스 마키나]
초자연적인 힘

가끔 문학가들이나 영화평론가들이 'Deus ex Machina'라는 용어를 사용하면서 '가망 없어 보이는 상황을 극복하는 힘 또는 사건'과 같은 극적 효과를 설명합니다.

〰 그 라틴어적 의미는 비교적 간단한 문법으로 되어 있어서 소개해 드립니다.

① Deus: '하나님', '유일신'의 의미
　2변화 남성명사로, 규칙변화를 합니다.

\<Deus는 변화형은 규칙변화/어미형소개\>

	단수	복수
주격	-us	-i
속격	-i	-orum
여격	-o	-is
대격	-um	-os
탈격	-o	-is

② 전치사 ex + 탈격: ~로부터, ~의 밖으로
　ex는 전치사로, 항상 뒤에 탈격 명사가 동반되어야 합니다.
✔ 단, 뒤에 오는 명사의 형태에 따라 모양이 조금 바뀝니다.

Ex + 모음으로 시작한 어휘

E + 자음으로 시작하는 어휘

이 규칙을 따르지 않는다는 것이 항상 제 눈을 거슬리게 했던 부분입니다. 원래대로 하면 'e machina'라고 하는 것이 옳습니다. 라틴어 문헌에서 Ex를 E로 사용해야만 하는데, Ex로 사용하는 경우를 자주 보실 수 있습니다.

③ Machina: 기계(1변화 여성명사)

단순히 사전적 의미로 '기계(Machine)'이란 의미로 볼 수 있지만, 실질적으로 로마시대 작품들에서 나오는 어휘의 의미를 봤을 때, Machina는 단순한 '기계'가 아닌 전쟁을 위한 '기계장치', '상상할 수 없었던 수단'이란 의미입니다. 단순히 기계 이상의 엄청난 방법이란 의미인 것이죠.

그래서 직역을 한다면 '기계장치로부터 나온 신'이란 의미이며, 다시 의역을 하자면, '유일신처럼 어느 누구도 할 수 없는 일을 할 수 있는 기계장치'라는 의미입니다.

〈machina는 변화형은 규칙변화/어미형소개〉

	단수	복수
주격	-a	-ae
속격	-ae	-arum
여격	-ae	-is
대격	-am	-as
탈격	-a	-is

'왔노라, 보았노라, 이겼노라'를
누가 말했지?

Veni, vidi, vici.

[웨니, 위디, 위치]

왔노라, 보았노라, 이겼노라!

이 말은 로마시대 Julius Caesar(율리우스 시저)가 전쟁에서 승리한 이후에 로마 시민과 원로원에 보낸 승전보에 썼던 어구로 유명합니다.

세 어휘 모두 동사 1인칭 단수형으로, 짧은 의미의 과거형입니다. 라틴어 계열의 현대 언어 즉, 스페인어, 프랑스어, 이탈리아어, 포르투갈어, 루마니아어 등 문법의 구조를 정확하게 똑같이 가지고 있습니다. 과거형은 두 가지 의미 형태를 유지하고 있는데, 그 사용하는 형태는 언어별로 다르기 때문에 두 가지에 대해 정확히 의미를 구분해 드리면 아래와 같습니다.

① 짧은 의미의 과거(완료과거):

과거의 사건이나 일의 시작과 끝이 명확하게 드러나는 것을 표현할 때 사용합니다. 대부분 한 번에 일어나고 더 이상 일어나지 않는 일이나, 과거 시간부사를 동반하는 경우입니다.

② 긴 의미의 과거(불완료과거):

과거의 사건이나 일의 시작과 끝이 애매모호할 때 사용하는 것입니다. 반복적이거나 과거를 표현할 때, 어림짐작으로 얘기하는 경우 또는 과거를 표현할 때 상대적으로 긴 표현을 할 때 해당하는 것입니다.

위에서 말하는 '왔노라, 보았노라, 이겼노라!'는 모두 짧은 의미의 과거 형태입니다. 라틴어에서는 완료(Perfect)형 과거라고 말합니다.

\<짧은 의미의 과거형 어미\>

	단수	복수
1인칭	-i	-imus
2인칭	-isti	-istis
3인칭	-it	-erunt

1인칭 단수형이 특이하게 변화하는 경우가 많기 때문에 1인칭 단수형을 알아두고, 다음에 어미를 붙이는 방식으로 알고 계셔야 합니다.

〰 어구를 자세히 살펴볼까요?

① veni: (나는) 왔다

veni의 경우는 원형이 venire(4변화형 동사/'오다')이며 현재형(venio) 1인칭 단수 형태입니다. 완료과거(짧은 의미 과거) 변화형은 다음과 같습니다.

	단수	복수
1인칭	veni	venimus
2인칭	venisti	venistis
3인칭	venit	venerunt

② vidi: (나는) 보았다

vidi의 경우는 원형이 videre (2변화동사/'보다')이며 현재형(video) 1인칭 단수 형태입니다.

우리가 '비디오(Video)'라고 하는 말이 여기에서 온 말이며, 중남미에 우루과이의 수도가 'Montevideo(나는 산을 본다)'라는 의미의 말로 만들어진 이름입니다. 완료과거(짧은 의미 과거) 변화를 보면 아래와 같습니다.

	단수	복수
1인칭	vidi	vidimus
2인칭	vidisti	vidistis
3인칭	vidit	viderunt

③ vici: (나는) 이겼다

vici의 경우는 원형이 vincere (3변화동사/'정복하다')이며 현재형(vinco) 1인칭 단수 형태입니다.

'승리'라는 의미의 명사가 victoria입니다. 그래서 그 형태와 동사가 비슷할 것 같지만, 형태가 많이 다르다는 것을 유의해야 합니다. 완료과거(짧은 의미 과거) 변화는 아래와 같습니다.

	단수	복수
1인칭	vici	vicimus
2인칭	vicisti	vicistis
3인칭	vicit	vicerunt

'건강한 신체에 건전한 정신이 깃든다' 라는 말은 어디에서 나왔을까?

Mens sana in corpore sano.

[멘스 사나 인 코르포레 사노]

건강한 신체에 건전한 정신

고대 로마시대에 교관들이 군사들에게 강조하며, 가혹한 훈련을 시키는 명분으로 썼던 어구로 유명합니다. 시인 'Juvenalis(유웨날리스)'가 한 말입니다.

① 전치사 in + 탈격: ~ 안에, ~위에

전치사 'in + 탈격'형태로 사용될 때는 영어의 in의 의미이고, 'in + 대격'형태로 사용될 때는 영어의 into의 의미입니다. 이 글에서는 영어의 in의 의미입니다.

② Corpus: 몸

중성 3변화 어휘.

언어학 중의 하나인 코퍼스 언어학(Corpus Linguistics), 즉 '말뭉치 언어학'이라고 하는데, 여기에서는 실제 언어의 샘플을 이용해 언어의 본질적인 모습을 드러낸다고 해서, '몸/실제'라는 의미의 라틴어 Corpus 어휘를 사용하는 것입니다.

<변화형>

	단수	복수
주격	corpus	corpora
속격	corporis	corporum
여격	corpori	corporibus
대격	corpus	corpora
탈격	corpore	corporibus

③ mens: 마음, 정신

여성 3변화 어휘

"Mental이 강하다"라는 말을 할 때, 그 어휘의 기원이 되는 말이라고 보시면 됩니다.

<변화형>

	단수	복수
주격	mens	mentes
속격	mentis	mentum
여격	menti	mentibus
대격	mentem	mentes
탈격	mente	mentibus

④ sanus/sana/sanum : 건강한, 건전한, 좋은 상태의(형용사)

sanus, sana, sanum이란 형용사는 수식받는 명사에 따라 그 형태를 맞춰주는데, 여성 주격을 수식할 때는 sana로, 중성탈격을 수식할 때는 sano로 수식을 하는 것을 위 문장에서 볼 수 있습니다.

『Books Libro』라는 서점 이름에서
Libro는 스페인어일까, 라틴어일까?

Books libro
책 속의 책들(?)

길을 지나다가 서점의 이름을 발견했습니다. 그냥 보기에는 앞에 영어의 Books가 있고 뒤에 언뜻 보기에 스페인어의 단어 libro(책)가 있기 때문에 많은 사람들은 "아, '역전 앞'처럼 두 번 같은 말을 반복하고 있구나"라고 생각할 수 있습니다.

그런데, 이 부분을 다시 들여다보면, 라틴어 측면에서 바라 볼 필요가 있다는 생각이 들었습니다. 라틴어의 흔한 현상 중에 문장 속에 갑자기 '탈격'형태의 명사가 생뚱맞게 있을 때, 생각해야 하는 것이 '생략된 전치사(cum, ab, in) + 탈격'이라는 것입니다. 그래서 'Books in libro'에서 전치사 in이 생략된 형태로 볼 수 있다는 것입니다.

그러므로 '책 속의 책들'이란 의미일 가능성이 있다는 것입니다. 물론 작명한 사람이 그런 의도에서 만들었다거나 아니면 우연히 스페인어 단어를 가져다 났는데, 꿈보다 해몽인 것처럼 제가 판단했을 수 있습니다. 어찌되었건, 서점 이름을 작명한 사람이 어떤 의도로 만들었는지는 알지 못하지만, 같은 어휘를 두 번 반복하는 것이 아니라면, 제 개인적 생각으로는 설득력이 있다고 봅니다. 두 번을 반복한다고 가정을 했다면, 앞에는 복수, 뒤는 단수 일 리가 없다는 생각도 했습니다.

✔ 영어 + 스페인어 동격이라면

→ Books Libros

〰 라틴어적 접근

① libro: liber(책) 어휘의 탈격 단수형태

　라틴어 liber(책)이라는 2변화 남성 어휘변화형입니다. 일반적인
2변화 명사 주격 어미가 '-us'인 것과는 조금 차이가 있습니다.

	단수	복수
주격	liber	libri
속격	libri	librorum
여격	libro	libris
대격	librum	libros
탈격	libro	libris

 여기서 잠깐 〈liber의 형용사 의미는 '자유로운'〉

　우리가 스포츠에서 포지션의 구애를 받지 않고 자유롭게 움직이는 선수를
'libero(리베로)'라고 사용합니다. 이때 사용하는 형용사 'liber(자유로운)'의 남성
형 주격 단수 형태가 Liber입니다. 우연히 책을 의미하는 명사형 liber와 형태가
같죠. 물론 형용사의 여성형/중성형 주격은 libera/liberum입니다.

　그럼 남성형의 변화형은 어떻게 될까요? 주격단수형은 같지만, 변화형의 어
간 형태는 다릅니다. 변화형은 아래와 같습니다.

〈liber 남성형 형용사 변화〉

	단수	복수
주격	liber	liberi
속격	liberi	liberorum
여격	libero	liberis
대격	liberum	liberos
탈격	libero	liberis

'진실은 강하며, 이겨 낼 것이다'라는 어구는 언제 누가 말한 것일까?

Magna est veritas et prevalebit.

[마그나 에스트 웨리타스 엣 프레왈레빗]

진실은 강하며, 이겨 낼 것이다.

일반적으로 사람들이 이야기할 때, '진실은 승리 한다'라는 말을 합니다. 이 말은 스코틀랜드 역사소설가 Walter Scott 작가의 '부적(Talisman)'이란 작품에서 나와 유명해진 말입니다.

〰 문장을 잠깐 들여다보면, Veritas(진실, 진리)는 대학교들의 교표에 많이 쓰여져 있는 말이라 보셨을 것입니다. 여성형 3변화 명사입니다.

변화형은 아래와 같습니다.

	단수	복수
주격	veritas	veritates
속격	veritatis	veritatum
여격	veritati	veritatibus
대격	veritatem	veritates
탈격	veritate	veritatibus

문장 구조는 '주어 + be동사 + 형용사'를 도치시킨 것입니다.

Magnus는 영어의 'big'이란 의미로, '큰, 위대한' 정도로 해석이 됩니다. 여성형은 magna, 중성형은 magnum입니다.

Be동사의 역할을 하는 esse의 현재 변화형은 아래와 같습니다.

	단수	복수
1인칭	sum	sumus
2인칭	es	estis
3인칭	est	sunt

접속사 et은 영어의 'and'의 의미를 갖죠. 프랑스어에서 그대로 남아 사용하고 있기도 합니다. 그 뒤의 어휘 동사 prevalebit는 다시 한 번 살펴봐야 할 것 같습니다.

1700년대, 이 어휘는 오타나 발음에서 문제가 생겼다고 봅니다.

원래 valere(to be strong)이란 의미에 부가적인 강조를 덧붙여 만든다면, praevalere(to be stronger)라는 말을 사용해야 합니다. 다시 말해 prae가 붙어야 하는데, pre라는 말을 붙여 사용했다는 것이죠. 이것은 중세 영어에서 prae 라틴어가 pre로 바뀌는 현상을 유지했을 수도 있고, 발음상 약모음(i)과 강모음(a)의 사이 소리 모음인 e발음을 유지시켰을 수 있다는 생각이 듭니다. 언어학적 추측은 여기까지 하고, 여하튼 철자의 오류가 있는 것은 분명합니다. 그래서 다시 제가 라틴어의 정확한 글자로 바꾸면 'praevalebit'으로 쓰는 것이 옳다고 봅니다.

〰 valere또는 praevalere의 변화형 중에 미래형어미는 원형에서 ~re를 떼어내고 아래와 같습니다.

<2변화 동사 미래형 어미>

	단수	복수
1인칭	-bo	-bimus
2인칭	-bis	-bitis
3인칭	-bit	-bunt

다시 글자 교정을 해서 직역하면,

Magna est veritas, et praevalebit.

[마그나 에스트 웨리타스, 엣 프라에왈레빗]

직역 진실은 위대하며, 그리고 더 강해질 것이다.

히포크라테스가 '인생을 짧고, 예술은
길다'라며 왜 예술을 언급했을까?

Vita brevis, ars longa.
[위타 브레위스, 아르스 롱가]
인생을 짧고, 예술은 길다.

이 말은 의학의 아버지로 불리우는 '히포크라테스'가 말한 말입니다. 사람들이 오역한 최고의 말 중 하나이죠. '인생은 짧고, 예술은 길다'에서 예술은 우리가 말하는 미술이나 음악을 의미하는 것이 아니라, 현대어에서 art라고 하는 것을 '기술'로 번역하듯, 히포크라테스답게 '의학 기술', 즉 의술을 의미해서 만든 말입니다.

〰 문장은 비교적 간단하기 때문에 살짝 보도록 하겠습니다.

(1) Vita brevis

① Vita: 생명, 인생(1변화 여성 명사)
Vita는 1변화 여성명사로 당연히 '생명, 인생'을 의미하는 말입니다.

\<1변화 규칙 어미형태\>

	남성	여성
주격	-a	-ae
속격	-ae	-arum
여격	-ae	-is
대격	-am	-as
탈격	-a	-is

② brevis: 짧은, 얼마 안 되는; 간결한(형용사)

brevis는 3변화 명사의 형태를 가지는 형용사입니다.

이때, 주의해야할 것은 남성과 여성의 변화형은 같지만, 중성의 변화형은 다르다는 것입니다. 라틴어를 공부하실 때, 일반적인 공통부분을 보셨을 텐데, 중성의 가장 큰 특징은 '주격과 대격'의 형태가 똑같이 생겼다는 것이고, 복수 주격과 대격형태는 대부분 어미가 ~a로 끝나는 경우가 많다는 것입니다.

\<brevis(남/여 변화어미)\>

	남성	여성
주격	-is	-es
속격	-is	-ium
여격	-i	-ibus
대격	-em	-es
탈격	-e	-ibus

\<brevis(breve 중성 변화)\>

	남성	여성
주격	-e	-ia
속격	-is	-ium
여격	-i	-ibus
대격	-e	-ia
탈격	-e	-ibus

〰 'Vita (est) brevis. 인생은 짧다'의 완전한 문장이 되는 것처럼 중간에 est(be동사)가 생략되어 있다는 것도 꼭 알아두세요.

(2) Ars longa

① ars: 기술, 기능, 재주; 예술
   3변화 여성명사

<ars 변화형>

	남성	여성
주격	ars	artes
속격	artis	artum
여격	arti	artibus
대격	artem	artes
탈격	arte	artibus

② longus/longa/longum: 긴, 기다란, 먼(형용사)

'longus(긴, 먼)' 의미의 형용사로 성별로 각각 longus/longa/longum의 형태를 가지고 만들어져 있으며, 수식하는 명사에 따라 그 변화(격, 수 형태)에 따라 변화하게 되는 것입니다. ars가 여성 주격 단수임으로 수식을 longa로 하게 됩니다.

생략되어 있는 말과 의미를 다시 복원해서 써보면 다음과 같습니다.

sed는 영어의 but(그러나)에 해당 합니다.

Vita est brevis, sed art est longa.
인생은 짧다. 하지만, 의술은 길다.

히포크라테스가 의사의 사명감을 나타냈다면, '배울 것이 많은 의술'이 많이 있고, 시간은 없으니 "열심히 사명감을 가지고 해라!"라고 이 말을 하지 않았을까요?

'딱따구리'의 신화적 기원이 되는
인물 Picus의 이야기를 알고 있나요?

• Picus et Canens의 이야기

키르케의 섬에서 일 년 이상을 보낸 마카레우스가 아카이메니데스와 아이네이아스 일행들 앞에서 자신이 겪은 일을 전하는 중에 나온 일화로 키르케의 시녀가 이야기를 들려주는 형식으로 했던 이야기의 일부입니다.

사트르누스(Saturnus)왕의 아들인 Picus는 말을 잘 조련하는 너무 멋지게 생긴 청년이고, 야누스(Janus)의 딸인 노래를 너무 잘부르는 요정 Canens, 다른 이름으로 Muse의 사랑을 그린 이야기입니다.

키르케의 질투로 결국 딱다구리(Picus)로 바뀌었다고 하는 이야기입니다. 물론 Canens도 남편인 피쿠스를 찾아 헤매다가 Tiber강에서 죽었다는 이야기가 있는데, 이 여인의 이름을 따서 샘의 요정, 노래하는 요정이라는 Camena요정의 이름이 만들어 졌고, 다른 이름으로는 Musa 또는 Muse라고 불리웁니다.

그 이야기의 한 소절을 보여드립니다. 이야기는 잘생긴 피쿠스를 향한 많은 요정들의 사랑의 구애에도 불구하고, 카넨스만을 사랑하는 모습을 그린 것입니다. 글을 소개해 드립니다. 문법부분은 선명하게 처리해보겠습니다.

Picus erat rex Ausoniae, tam pulcher erat rex ut multae puellae quae in Ausonia habitabant eum amarent. cotidie turba

puellarum ad domum eius conveniebat ut eum spectarent.
Picus tamen omnes puellas spernebat nisi unam. haec puella
non solum pulchrior omnibus aliis erat sed etiam cantabat tam
suaviter ut nomen 'Canens' ei daretur. Canens Picum amabat.

(1) Picus erat rex Ausoniae, tam pulcher erat rex ut multae
puellae quae in Ausonia habitabant eum amarent.
피쿠스는 아우소니아의 왕이었다. 왕은 너무도 잘생겼었고, 그래서 아우소니아
에 살고 있었던, 많은 여인들이 그를 사랑했었을 것이다.

- erat : sum동사의 '긴'의미의 과거/3인칭 단수.
- rex : 왕/3변화형 남성명사
- Ausoniae : Ausonia의 속격(소유격)
- tam : 영어의 so, as '그렇게...'라는 의미의 부사.
- pulcher/pulchra/pulchrum : '예쁜, 잘생긴' 형용사
- ut : 관계사로 '~때문에, 결과로'란 의미를 가짐.
- puellae : '소녀, 아가씨'의미의 복수 주격
- quae : 영어의 that, who와 같은 관계사. 여기에서는 여성복수
  주격을 받는 관계사.
- habitabant : habitare(살다)의미의 '긴'의미의 과거/3인칭 복수
- eum : 지시대명사 is(남)/ea(여)/id(중)에서 남성 단수 대격형태.
- amarent : amare(사랑하다)의 접속법 형태의 '긴'의미의 과거/
  3인칭복수

① 직설법 : 보이는 사실 그대로를 언급하는 방법.
Ego te amo. 나는 너를 사랑한다.(직설법 동사 사용)

② 접속법 : 상상, 바램, 추측성 상황을 언급하는 방법.
Ego te amem. 나는 너를 사랑하는 것 같다.(사랑하고 싶다)

(2) cotidie turba puellarum ad domum eius conveniebat ut eum spectarent.
그를 구경하기 위해, 매일 여인들의 무리는 그(피쿠스)의 집에서 모였었다.

- cotidie : 매일(부사)
- turba : 군중, 무리, 집단(여성 1변화 명사, 주격단수형)
- puellarum : '여인, 소녀(puella)'의 복수 속격형태.
- 전치사 ad + 대격 : ~로, 향하여; ~위하여
- domum : 집(domus). 4변화 여성명사. 대격 단수형.
- eius : 그의. 3인칭 속격 단수형. 여기에서 지칭은 Picus임.
- conveniebat : 같이오다, 모여들다. 4변화 동사(convenire). 긴 의미 과거의 3인칭 단수형.
- ut + 문장 : ~을 위하여
- eum : 그를. 3인칭 남성 대격 단수형.
- spectarent : 구경하고자 했다. spectare(구경하다, 보다)의 접속법 긴 의미과거 3인칭 복수형.

(3) Picus tamen omnes puellas spernebat nisi unam.
그러나, 피쿠스는 한명을 제외하고는 모든 그녀들을 무시했었다.

- tamen : 하지만, 그러나
- omnes : '모든(omnis)'의 남·여 대격복수형태 형용사.

- puellas : 여인들을. 1변화 명사(puella)의 대격 복수형태.
- spernebat : 무시하다, 업신여기다(spernere). 3변화 동사. 긴 의미 과거 3인칭 단수형.
- nisi : (접속사) 만일 ~아니면, ~않은 경우에
- unam : 여성 한명을. 숫자 unus, una의 여성형을 대명사화함. 대격 단수형태.

(4) haec puella non solum pulchrior omnibus aliis erat sed etiam cantabat tam suaviter ut nomen 'Canens' ei daretur.
'카넨스'라는 이름이 그에게 나오게 되자마자, 그 여인은 모든 다른 여인들보다 더 아름다웠을 뿐만 아니라, 그렇게 달콤하게 노래를 불렀었다.

- haec : 이 (여자)들, 이것들
- non solum ~ sed etiam : ~뿐만 아니라 ...도
- pulchrior : 더 예쁜. 형용사 '예쁜(Pulcher/pulchra/pulchrum)'의 비교급.
- omnibus aliis : 모든 다른 사람들보다. '모든 다른 사람/것 (omnibus alius)'의 탈격 복수 형태.
- ✔ 비교급 + 탈격 → (탈격 명사)보다 더 ~한.
- erat : ~였다. 영어 be동사에 해당하는 esse동사의 긴 의미 과거 3인칭 단수형.
- cantabat : 노래를 불렀었다. 1변화 동사(cantare)의 긴 의미 과거 3인칭 단수형.
- tam suaviter : 그렇게 부드러운. '강조부사 + 부사'구조.
- ut + 문장 : ~하자마자.
- nomen : 이름. 3변화 중성명사. 주격 단수형태.
- ei : 그에게. 3인칭 대명사 남·여성 여격 단수형태.
- daretur : 오게 되었다. 돌아오게 되었다. 1변화 동사(dare)의

접속법 수동 긴의미 과거 3인칭 단수형태.

(5) *Canens Picum amabat.*
카넨스는 피쿠스를 사랑했었다.

- Canens : (사람이름)카넨스. 주격 단수형. 3변화 여성 명사형으로 취급.
- Picum : (사람이름)피쿠스. 대격 단수형. 2변화 남성규칙 명사형.
- amabat : (그녀가)사랑했었다. 긴 의미의 과거형. 3인칭 단수형태.

라틴어에서 소유격은 뭐고, 소유형용사는 뭐지?

소유격(속격)은 수식받는 명사의 성·수와 상관없이 한가지 '소유격'자체 형태를 그대로 유지하면서, 명사를 수식하는 것을 말합니다. 하지만, 소유형용사는 수식받는 명사의 성과 수에 일치시켜야 하기 때문에 항상 형태를 변형해주어야 합니다. 다른 형용사와 같은 성질을 가졌습니다.

〰 소유격(속격)은 명사의 격 중에 하나로 일반명사를 격 변화시킨 것처럼, 인칭대명사를 변화시킨 것입니다. 소유형용사는 소유 의미를 가진 형용사라고 보시면 됩니다.

• 소유격(속격)

수식받는 명사 형태와 상관없이 자체의 형태만을 가지고 수식합니다.

① 속격 단수

1인칭 ⋯ **mei** 나의

2인칭 ⋯ **tui** 너의

3인칭 ⋯ **eius** 그(녀)의

✔ 3인칭 대명사는 존재하지 않고, 지시사를 대체해 사용합니다.

② 소유격 복수

1인칭 ⋯ **nostrum** 또는 **nostri**

2인칭 ⋯ **vestrum** 또는 **vestri**

3인칭 ⋯ **eorum**(남성) / **earum**(여성)

✔ 3인칭 복수 대명사를 사용할 때, 말하는 화자가 모두 남성이거나, 남녀 혼성일 경우는 남성복수형을 사용하고, 모두 여성일 경우는 여성형을 사용합니다.

• 소유 형용사

소유형용사는 형용사의 성질을 가지고 있기 때문에 수식받는 명사의 격과 성, 수에 따라 그 형태를 맞춰서 변화시켜 줘야 합니다.

<소유형용사 주격 단수의 형태>

	1인칭	2인칭	3인칭
단수	meus	tuus	suus
	mea	tua	sua
	meum	tuum	suum
복수	noster	vester	suus
	nostra	vestra	sua
	nostrum	vestrum	suum

〰 3인칭 단·복수의 형태가 동일한 이유는 대명사적 역할이기 때문에 앞에서 언급된 것을 수식하는 것이므로 그 형태는 동일하지만, 의미는 대명사로서 역할을 하기 때문에 바뀌는 것입니다.

예
- 속격 : casae mei 나의 집들
- 소유형용사 : casae meae 나의 집들
- 속격 : Equus nostrum 우리들의 말
- 소유형용사 : Equus noster 우리들의 말
- 속격 : Donum earum 그녀들의 선물
- 소유형용사 : Donum suum 그녀들의 선물

'행운은 용감한 자들의 편'이라 하고 장렬히 전사한 사람이 누굴까?

Fortuna fortibus favet.

[포르투나 포르티부스 파웻]

행운은 용감한 자들의 편이다.

이 말은 로마의 시성이라 불릴 만큼 뛰어난 시인으로 이후 전 유럽의 시성으로 추앙받게 되는 시인으로, 단테가 저승의 안내 자로 그를 선정할 만큼 위대한 시인인 Vergilius[본명: Publius Vergilius Maro, 영어식 이름 버질(Virgil)]가 기원전 29년부터 10년에 걸쳐 집필한 총 12권의 서사시 중 아이네이아스 전기 (Aeneid) 10권의 284번째 줄에 Turnus가 외치는 말 중에 있는 글 입니다. 10권은 이탈리아 해안 티베리스 강에 도착하면서 벌어지 는 일들이 있습니다. 이곳 Rutuli 족의 왕인 Turnus는 신탁에 의 해 자신의 약혼녀가 Aeneas와 맺어지도록 되어 있다는 것에 분 노해 전쟁을 일으키고, Turnus와 동맹한 잔인한 Mezentius(아들 Lausus)가 전쟁에 동참을 합니다.

상륙하는 이때, Aenea를 돕던 사람은 Pallanteum의 영주의 아들 Pallas였는데, 두 군데서 전쟁이 일어납니다. Aeneas vs. Lusus/Mezentius, 반대편에서는 Turnus vs. Pallas 물론, 영웅 인 Aeneas가 이기고, 이쪽에서는 극적인 싸움을 위해 Turnus가 Pallas를 죽이고, Turnus가 Pallas의 칼 때를 차지해 본인이 매고 있게 됩니다. 이것이 운명의 장난이라고 10장에서 가장 많이들 얘기하죠.

일단, 우리가 배울 짧은 라틴어는 긴 대목에서 Turnus와

Aeneas가 싸우면서, 결국 Aeneas의 손에 죽게 되는 Turnus의 운명의 첫 시작 대목이라고 볼 수 있습니다.

배에서 내리는 Aeneas와 그의 수하들을 상대로 공격을 하면서, 외치는 협박(?)의 어조의 글들이라고 볼 수 있습니다. 다소 긴 어조의 말들 중에 마지막 대목에서,

상륙하는 Aeneas와 그 수하들을 향해 "상륙하자, 겁을 먹었고, 발을 대는 것이 실수하는 것"이라는 것을 말하며, "행운은 용감한 자들에게 호의를 배푼다"라는 말로, 자신의 군대를 독려하며 공격을 감행하는 모습을 보여줍니다.

결과는 죽게 되죠. 그것도 Aeneas가 자비를 베풀어 나중에 목숨을 살려주려고 하다가, 자신의 친구이자 동맹 지원자였던 Pallas의 칼 띠를 차고 있는 Turnus를 보고 결국 죽이게 된다는 이야기입니다.

결국 많은 사람들이 이용하고 있는 '행운은 용감한 자의 편이다'라고 말한 것은 Aeneas가 아니라, Turnus가 신의 도움을 받으며, 절대적 싸움 상대인 Aeneas를 상대로 무서워할 자신의 군대를 독려하는 대사라고 보시면 됩니다.

∿ Turnus의 말을 차근차근 분석해 봅시다.

① Fortuna: 행운(1변화 여성명사)
　1변화 명사 주격사용.

	단수	복수
주격	fortuna	fortunae
속격	fortunae	fortunarum
여격	fortunae	fortunis
대격	fortunam	fortunas
탈격	fortuna	fortunis

② Favere: 호의를 베풀다(2변화 동사)
　2변화 동사의 3인칭단수형태 사용.
　이 동사는 대격, 즉 직접목적어자리에 여격(간접목적어형태)을 사용하는 특이 동사입니다.

	단수	복수
1인칭	faveo	favemus
2인칭	faves	favetis
3인칭	favet	favent

③ fortis: 건장한, 용감한(3변화 명사처럼 변화하는 형용사)
　수식하는 명사에 따라 변화하는 형용사가 뒤에 따라오는 명사가 없을 경우, 일반적인 사람 또는 사물로 상황에 맞게 번역을 합니다. 여기에서 context로 봤을 때는 부하들을 지칭하는 명사를 수식한다고 보면 됩니다.
　이 문장에서는 여격(간접목적어)형태의 복수를 사용한 것입니다. 이유는 동사가 favere(호의를 베풀다)이기 때문입니다.

	단수	복수
주격	fortis	fortes
속격	fortis	fortum
여격	forti	fortibus
대격	fortem	fortes
탈격	forte	fortibus

짧지만 생활 속에서 사용할 수 있는 라틴어 간단표현 30선

– Gratias! [그라시아스]	감사합니다!
– Multas gratias! [물타스 그라시아스]	대단히 감사합니다!
– Libenter! [리벤테르]	별말씀을!
	('고맙다'는 말에 대한 답변)
– Mē paenitet! [메 파에니텟]	죄송합니다!
– Ignosce mihi! [이그노스체 미히]	실례합니다!
– Sine! [시네]	괜찮습니다!
	('미안합니다'라는 말에 대한 답변)
– Sinite! [시니테]	괜찮습니다!(복수에게 지칭)
– Īdem! [이뎀]	동의합니다!
– (Te) obsecrō! [(테) 옵세크로]	부탁입니다!
– Quid ita nōn? [쿠이드 이타 논?]	<긍정>물론입니다.
	(왜 안되겠어요?)
– Nempe! [넴페]	<긍정>물론입니다!
– Numquam! [눔쿠암]	<부정>절대 안 됩니다!
– Rēcte! [렉테]	(아주) 좋습니다!
	('승인, 허가'를 표현할 때)
– Bene est! [베네 에스트]	좋습니다!
	('승인, 허가'를 표현할 때)
– Benignē! [베니그네]	괜찮습니다!
	('제의'를 정중하게 거절할 때)
– Sic tenuiter! [식 테누이테르]	그저 그래!
– Sīc est(= Ita est)!	옳습니다!
[식 에스트(=이타 에스트)]	

- Probē dicis! [프로베 디치스]   당신이 옳습니다!
- Bene sum(= Mihi bene est)!   전 만족합니다!
  [베네 숨(= 미히 베네 에스트)]

- Quaesō! [쿠아에소]   부탁입니다!
- Salūtātiō! [살루타시오]   환영합니다!
- Cūr nōn valēs? [쿠르 논 왈레스?]   어디 안 좋으세요?
- Aeger sum. [아에제르 숨]   저는 아픕니다.(남자가 대답)
  Aegra sum. [아에그라 숨]   저는 아픕니다.(여자가 대답)
- Fatīgātus sum. [파티가투스 숨]   저는 피곤합니다.(남자가 대답)
  Fatīgāta sum. [파티가타 숨]   저는 피곤합니다.(여자가 대답)
- Indignātus sum. [인디그나투스 숨]   저는 기분이 안 좋습니다.
       (남자가 대답)

  Indignāta sum. [인디그나타 숨]   저는 기분이 안 좋습니다.
       (여자가 대답)

- Quīs tū es? [쿠이스 투 에스?]   당신은 누구시죠?
- Mihī nōmen est Sanchus.   제 이름은 산쿠스입니다.
  [미히 노멘 에스트 산쿠스]
- Suāve tē cognōscere est!   당신을 알게 되어 기쁩니다!
  [수아웨 테 코그노스체레 에스트]
- Nēsciō. [네스치오]   모르겠습니다.
- Nōn intellegō. [논 인텔레고]   이해하지 못 하겠습니다.

새해 인사, 좋은 라틴어 어구는?

**Quotidie morior per vestram gloriam, fratres,
quam habeo in Christo Jesu Domino nostro.**
[쿠오티디에 모리오르 페르 웨스트람 글로리암, 프라트레스,
쿠암 하베오 인 크리스토 이에수 도미노 노스트로]
형제들아 내가 그리스도 예수 우리 주 안에서 가진 바
너희에 대한 나의 자랑을 두고 단언하노니 나는 날마다 죽노라.

참고 영어의 'Happy New Year!'에 해당하는 간단한 표현은 『Felix sit Annus Novus!』라고 있습니다.

① Felix가 '행복한, 즐거운'이라는 형용사.

② sit은 영어 Be동사에 해당하는 Esse동사 접속법 현재 3인칭 단수형.

③ Annus는 '해(年)'이라는 2변화 남성명사 주격단수형.

④ Novus는 '새로운'이라는 형용사.

∿ 문장 분석

① quotidie: 매일, 날마다(부사)

② morior: (나는) 죽는다
  수동형 의미/변화형만 있습니다.

〈수동현재 변화형〉

	단수	복수
1인칭	morior	morimur
2인칭	moriris	morimini
3인칭	moritur	moriuntur

③ 전치사 per + 대격: 때문에, 위하여, 통해서, 거쳐서

④ per vestram gloriam: 너희들의 영광을 (위해서)

⑤ fratres: 호격

✔ 호격은 일반적으로 주격형태를 그대로 사용하는 경우인데, 몇 개 주격어미를 변화해 주는 경우가 있습니다.

〈호격 만들기〉
1. ~us → ~e
2. ~ius → ~i

예 **Marcus** → **Marce** (마르쿠스야~)
  Filius → **Fili** (아들아~)

⑥ 관계사 quam: 대격 단수형태 (영어의 whom, that, which)

✓ 여성형 관계 대명사 변화

	단수	복수
주격	quae	quae
속격	cuius	quarum
여격	cui	quibus
대격	quam	quas
탈격	qua	quibus

⑦ habeo: (나는) 가진다

2변화 동사(habere 가지다) 현재 1인칭 단수형

	단수	복수
1인칭	habeo	habemus
2인칭	habes	habetis
3인칭	habet	habent

⑧ 전치사 in + 탈격: ~속(안)에서

⑨ Christo Jesu: 예수 그리스도(안에서)

전치사 in 뒤에서 탈격으로 사용된 형태임.

✓ 예수님 명칭의 변화형

단수	Christus 2변화 남성 명사형	Jesus 4변화 남성 명사형
주격	Christus	Jesus
속격	Christi	Jesu
여격	Christo	Jesu
대격	Christum	Jesum
탈격	Christo	Jesu

⑩ Domino nostro: 우리의 주님(안에서)

*dominus 주인님(2변화남성)

*noster/nostra/nostrum: 소유형용사(우리의) 변화형

⑨번의 형태의 동격으로 전치사 in 뒤에서 탈격으로 사용된 형태임.

〰 단수

주 Dominus noster

속 Domini nostri

여 Domino nostro

대 Dominum nostrum

탈 Domino nostro

서울대의 라틴어 Motto가 옥스퍼드
대학교랑 비슷하다고?

Dominus illuminatio mea.
[도미누스 일루미나시오 메아]
하나님은 나의 빛

언뜻 보면 우리나라의 서울대학교와 아주 유사하게 느껴지는 구석이 있습니다. 한 끗 차이로 다르게 느껴지는 부분이 있죠. 아시다시피, 서울대학교의 교표는 'Verita lux mea(진리는 나의 빛)'입니다.

옥스퍼드대학교	Dominus	illuminatio	mea.
	↓	↓	↓
서울대학교	Veritas	Lux	Mea.

하나님을 진리로 여기는 서양 종교의 기준으로 보면, 거의 똑같다고 해도 과언은 아닌듯해 보입니다. 빛이란 의미는 철자만 다르지, 동일하게 빛이란 의미이고, 두 소유형용사의 형태는 완전 일치하는 것을 볼 수 있습니다.

⋀⋀ 문장 분석

(1) 'Dominus'는 대문자로 사용하면 '하나님, 주님'이란 의미로 사용되고, 소문자로 사용하면 '주인'이란 뜻입니다. 2변화 남성 규칙변화 명사의 주격 단수형태입니다.

(2) 'Illuminatio'의 경우는 3변화 여성명사로 빛이란 의미로, 변화형은 다음과 같습니다.

	단수	복수
주격	illuminatio	illuminationes
속격	illuminationis	Illuminationum
여격	illuminationi	illuminationibus
대격	illuminationem	illuminationes
탈격	illuminatione	illuminationibus

(3) 'mea'는 소유형용사로 meus(남성), mea(여성), meum(중성)의 형태인데, 수식받는 명사가 여성주격임으로 mea로 수식하는 것입니다.

서울대학교의 교표도 구조가 거의 같습니다.

veritas(진리, 여성 3변화 명사) + lux(빛, 여성 3변화 명사)
+ mea(소유형용사)

두 학교 Motto 문장에서 모두 영어의 Be동사에 해당하는 est가 생략되었습니다. 생략된 단어까지 함께 해서 다시 말하면,

Dominus est illuminatio mea. 하나님은 나의 빛이다.
Veritas est lux mea. 진리는 나의 빛이다.

전치사에 따라 뒤에 오는 명사 종류가 다르다고?

학창시절, 영어를 공부하면서 어쩌면 가장 헷갈리지만 암기만 잘하면 적용시키기 가장 손쉬운 것이 전치사가 아니었을까 생각해봅니다. 라틴어의 전치사는 그 뒤에 대격 또는 탈격을 가지고 오는 것이 거의 정해져 있습니다. 그래서 그 구분을 하며 외워야 하는 조금의 수고로움이 있습니다.

물론, 어떤 전치사는 둘 다(탈격, 대격) 사용할 수 있는 전치사도 있습니다. 물론 다소 다른 의미로 그 쓰임의 차이가 있습니다. 그렇지만, 한번만 확실히 해둔다면 어렵지는 않을 것입니다.

• 대격과 함께 오는 전치사

– ad : ~쪽으로, 위하여

　ad oppidum　도시(쪽)으로

　ad cenam　저녁식사를 위하여

– adversus : ~에 대항하여, ~향하여

　ad versus Italiam　이탈리아에 대항하여

– ante : ~앞에, ~이전에

　ante meridiem　정오보다 이전(오전에)

　ante oculos　눈 앞에서

– apud : ~사이에, ~중에

　apud populum　사람들 사이에서

apud legionarios 군인들 중에서

- circum/circa : ~주위에, ~가까이에
  circum forum 광장 주위에
  circa secundam horam 두시 쯤(가까이에)

- cis/citra : ~편에, ~쪽에
  cis Rhenum 라인강 쪽에
  citra ludum 학교 쪽에

- contra : ~에 대항하여, ~에 반대하여
  contra Galliam 갈리아에 대항하여
  contra Sinam 중국에 반대하여

- erga : ~에 대하여, ~때문에
  erga patriam 조국 때문에

- extra : ~의 밖에
  extra oppidum 도시 밖에
  extra scholam 학교 밖에

- infra : ~의 아래에
  infra caelum 하늘 아래에

- intra : ~의 안에
  intra vicum 시골(촌) 안에

- inter A et B : A와 B사이에
  inter casam et ludum 집과 학교 사이에

- iuxta(Juxta) : ~의 근처에, 가까이에

iuxta murum 성벽 가까이에

- **ob** : ~의 앞에, ~ 때문에
  ob oculos 눈 앞에
  ob eam rem 그것 때문에

- **per** : ~을 통하여
  per oppidum 도시를 통해서
  per viam 길을 통해서

- **post** : ~뒤에, 배후에
  post meridiem 정오 이후에(오후에)
  post primam horam 한시 이후에

- **praeter** : ~건너서, 넘어서, 이외에
  praeter castra 진영을 넘어서
  praeter fluvium 강을 건너서

- **prope, propter** : ~가까이에, ~근처에
  prope oppidum 도시 가까이에

- **secundum** : 따라서, 다음에
  secundum naturam 자연에 따라서
  secundum Dominum 주님을 따라서

- **supra** : ~위로, 위에
  supra terram 땅 위에
  supra modum 방식(방법)을 넘어서

- **trans** : 건너서, 넘어서

trans fluvium 강을 건너서
trans viam 길을 건너서

- ultra : 더 나가서, 지나치게 넘어
ultra naturam 자연을 초월해서
ultra determinationem 경계를 초월해서

• 탈격과 함께오는 전치사
- a/ab : ~에서, ~로부터
뒤에 따라오는 명사의 철자가 자음으로 시작하는 경우 a를 사용함

ab oppido 도시로부터
a puero 소년으로부터

- cum : ~와 함께
생략되는 경우도 많음

cum amico (남)친구와 함께
cum veritatem 진리와 함께

인칭대명사와 함께 사용하는 경우는 특이하게 전치사 바로 앞에 붙여 사용함.

mecum 나와 함께
tecum 너와 함께

- coram : ~면전에
coram populo 사람들 면전에서
coram magistro 선생님 면전에서

- de : ~에서, ~로부터, ~에관한
de caelo 하늘로부터
de causis 원인들에 관한

- *ex/e* : ~에서, ~밖으로
뒤에 따라오는 명사의 철자가 자음으로 시작하는 경우 **e**를 사용함

ex silva 숲에서(부터)
ex auro 황금으로부터

- *prae* : ~앞에, ~ 때문에
prae alumno 학생 앞에
prae populo 사람들 앞에

- *pro* : ~앞에, 때문에, 위하여
pro patria 조국을 위하여
pro Domino 주님을 위해

- *sine* : ~없이
sine mora 지체 없이
sine dubio 의심 없이

• 탈격과 대격 둘다 사용하는 전치사

- *in* :

① in + 탈격: ~안에서, ~가운데에
in oppido 도시에서
in castris 진영 안에서

② in + 대격: ~안으로
in oppidum 도시 안으로
in castellum 성(곽) 안으로

- *sub* :

① sub + 탈격: ~아래에서

sub terra 땅 아래에(지하에서)

sub nomine Dei 하나님의 이름으로(이름 아래에서)

② sub + 대격: ~의 아래(로)

sub iugum 멍에 아래로

sub lucem 새벽녘에

- **super** :

① super + 탈격: ~대하여

super pecunia 돈에 대하여

② super + 대격: 건너서, 더하여, 위로

super murum 성벽을 넘어서

super crucem 고난을 넘어

〰 전치사는 이렇게 명사의 격 종류에 따라 3단계로 정리를 해보았습니다.

라틴어 발음할 때, 강세 규칙이 있나요?

라틴어는 이제는 고대어로 남아 있는 언어이기 때문에 실생활 사용이 아닌, 분석 언어로만 자리를 잡고 있는 것이 현실입니다. 그렇다 보니 발음과 강세규칙 등에 무뎌지는 것을 알 수 있는데, 라틴어의 파생 현대어들이 강세규칙을 가지고 있는 것을 보면, 분명 라틴어도 강세규칙이 있었다는 것이죠. 소개해 드립니다.

〰 라틴어 강세(Accentus)

강세가 있는 음절은 다른 음절 보다 높고 강하게 발음된다.

① 한 음절의 단어는 물론 그 음절에 강세가 있다.

예 **vir**[위르] 남자

② 두 음절로 된 단어는 언제나 그 처음 음절에 강세가 있다.

예 **pa-ter**[파-테르] 아버지
vo-co[우오-코] 부르다

③ 세 음절 또는 그 이상의 음절로 된 단어는 뒤에서 두 번째 음절 (paenultima)의 발음이 길 때는 그 음절에 강세가 붙으며, 짧을 때는 뒤에서 세 번째 음절(antipaenultima)의 발음에 강세가 붙는다.

예 **de-mon-stra-re**[데-몬-스트라-레] 나타내다
ce-le-ri-tas [체(ㄹ)-레-리-타스] 신속, 속력
e-ven-tus[에-웬-투스] 결과

① 라틴어에서는 음절의 수가 아무리 많아도 뒤에서 3번째 이상으로 올라가는 강세는 없음.

② 3개의 후접어(enclitic): -que(그리고), -ve(또한), -ne(의문사)
위의 후접어를 가지고 있는 단어는 무조건 그 후접어의 앞 음절에 강세가 온다.

예 **mu-sa-que** [무-사-퀘] 노래와...

re-go-ve [레-고-웨] 올바르게 알려준다. 또한...

〰 라틴어 이중모음(Diphthongi)

이중모음은 두 개의 모음을 한 개의 모음으로 취급하는 것을 말한다. 이중모음이 아닐 경우, 고전 라틴어에서는 모음 위에 '움라우트(··)'를 사용해 표시했다. 이중모음에서 장모음 취급하는 것은 'ae, oe, au, eu' 4개임을 명심한다.

① ae [아에]　예 **por-tae** [포르-타에] 입구 (복수형)

② au [아우]　예 **au-rum** [아우-룸] 금 (金)

③ eu [에우]　예 **Eu-rō-pa** [에우-로-파] 유럽

④ ei [에이]　예 **hei-a** [헤이-아] 야호 (감탄사)

⑤ oe [오에]　예 **poe-na** [포에-나] 벌 (罰)

⑥ ui [우이]　예 **suil-lus** [수일-루스] 백조

이중모음이 아닌 것을 표시할 경우. 고전 라틴어 이후, 일반 문자에서는 움라우트 표시(··)를 사용하지 않는다는 것을 기억해두세요.

예 **Po-ë-ta** [포-에-타] 시 (詩)

라틴어에는 '관사'가 왜 존재하지 않을까?

일반적으로 현대어에서 관사의 역할은 크게 두 가지로 나뉩니다.

① 서양어에서 정관사 부정관사 - 정확한 것을 나타내는 것과 아주 일반적인 것을 나타내는 역할,

② 현대어에서는 '남성, 여성, 중성'을 어휘로만 판단하기 어렵기 때문에 유럽어에서는 관사를 이용해 성을 구별합니다.

그런데! 라틴어는 이런 것이 필요 없습니다. 그 이유는 명사가 일정한 모양과 규칙에 의해 남성, 여성, 중성으로 나뉘어 변화를 하기 때문에 다른 어휘를 덧붙여 구분할 필요가 없기 때문입니다. 일반 명사 뒤에 지시하는 정확한 것을 말하는 정관사를 사용하는 방식의 명사는 앞에 사용하면 뒤에서는 아예 생략해 버리는 습관이 강하다는 것입니다. 이것을 일반명사와 대명사처럼 만드는 경우는 아래에 설명합니다.

그렇다면 이런 의문점이 들 수도 있겠군요. 일반명사와 대명사를 얘기할 때, 대명사를 사용하지 않는가? 라틴어에도 대명사는 있습니다. 하지만, 거의 사용하지 않습니다. 다시 말하면, 일단 앞에서 명사를 말하면, 뒤에서 대명사를 사용하는 것이 아니라 아예 생략을 해버리는 경우가 대부분이기 때문입니다.

～ 라틴어는 5가지 변화 형태로 명사를 분류합니다.

① 우리가 앞에서 봤던 alumnus(학생), Octavianus(사람이름), Deus(하나님), dominus(주인님), equus(말[동물])... 이와 같이 -us 로 끝나는 것이 남성(2변화 명사)입니다.

② 어미가 -a로 끝나는 다음과 같은 rosa(장미), casa(집), larva(애 벌레) 어휘들은 모두 여성(1변화 명사)입니다.

③ 그리고 중성으로 사용되는 일반적인 어미 -um. 즉, datum(데 이터), donum(선물), forum(포럼) 등은 중성(2변화 명사)입니다.

위에 섞여 있지만, 1변화어미 명사(여성)의 일반적 형태는 -a, 2변화어미명사(남성/중성)의 일반적 형태는 각각 -us/-um입니 다. 3변화는 주격단수 형태가 일정치 않으며, 여성/남성/중성이 모두 있습니다. 4변화의 경우는 어미의 일반적 형태는 -us로 되 어 있는데, 2변화 남성과 혼동해서는 안 되고, 4변화 또한 여성/ 남성/중성이 모두 존재합니다. 5변화의 일반적 어미의 형태는 -es인데, 남성/여성이 존재합니다. 숫자적으로 4변화와 5변화 어 휘는 숫자가 그리 많지 않습니다.

KEYWORD 044

> 프린스턴 대학의 교표는 무슨 의미일까?

PRINCETON
UNIVERSITY

일반적으로 Motto를 많이들 보고 해석을 하는데, 눈을 위로 올리면 무슨 암호 같기도 하고, 무슨 말인지 통 모르겠다는 생각이 들죠.

일단, 길게 나와 있는 방패 모양 아래 띠 보이시죠? 그것을 먼저 보겠습니다. 이 학교의 모토입니다.

Dei sub numine viget.

[발음: 데이 숩 누미네 위젯]

하나님의 (신성한) 의지 아래 번성한다.

〰 맨 마지막에 있는 동사부터 알아볼까요?

(1) vigēre (번성하다)라는 의미로 주어가 대학이겠죠. 주어는 생략되었다고 보시면 됩니다. 3인칭 단수입니다.

<2변화 동사 어미형>

	단수	복수
1인칭	~eo	~emus
2인칭	~es	~etis
3인칭	~et	~ent

(2) 'Sub' 전치사는 영어의 under 의미이고 '~의 아래에, ~의 휘하에'라고 되어 있습니다. 그 뒤에 따라오는 명사는 탈격이 되어야 합니다.

(3) Numine는 'numen(신격 의지, 신성한 동의)'라는 의미의 3변화형(중성) 어휘입니다. 물론 numine는 탈격단수형입니다.
변화는 너무 암기하려고 애쓰지 마시고 훑어보세요.

	단수	복수
주격	numen	numina
속격	numinis	numinum
여격	numini	numinibus
대격	numen	numina
탈격	numine	numinibus

(4) Dei는 Deus(하나님, 신)이라는 의미로, 속격인 Dei를 사용해서 Numine를 수식하는 것입니다. 위치는 원래 numine dei처럼 뒤에 놓는 것이 좋지만, 전치사가 오면 그 앞으로 보내는 예전에 보셨던 summa cum laude처럼 전치사 앞으로 보내주는 경우가 많고요. 라틴어는 위치가 자유롭다는 특성을 보여주는 것이라고 생각하시면 됩니다.

〰 방패 안에 있는 책을 살펴볼까요?

이 부분은 생략글씨이고 엠블럼이기에 약간의 글자로는 이해하기 어려우실 수 있습니다.

글자를 그대로 보면 다음과 같습니다.

vet nov

tes tam

en tum

이렇게 나와 있어 이해하기 힘드실 것입니다.

원래 글자를 잘 조합하고 분리시키면...

V. et Nov.

Testamentum

위의 글자만을 가지고 읽으려고 하면, 판단하기 어려운 점이 책의 페이지를 넘어가면서 문장이 연결되어 있다는 것이 사고를 경직시키게 합니다. 글자를 풀어 제대로 쓰면 아래와 같습니다.

V(etustum) et Nov(um)

Testamentum

'오래된 증언과 새로운 증언' 즉, 구약과 신약이란~ 의미입니다.

라틴어에는 '현재 진행형'이라는 문법이 아예 없나요?

영어를 배우면서 현재와 현재 진행형에 대해서 배웁니다. 일반적으로 영어의 일반동사(현재)에 be + ~ing를 넣어 그 의미상의 현재를 확장해서 보거나, 또는 강조하는 형태로 사용을 합니다.

라틴어는 현재형을 상황에 맞게 현대어로 바꿔줄 때는 현재로 해석하거나, 진행형으로 맞게 해석해주시면 되고, 영어로 번역할 때는 진행형 의미를 주는 상황이라고 하면 Be+ ~ing형으로 해석을 해주시면 됩니다.

그럼 진행 중인 것을 말로 나타낼 때, 어떻게 했을까요? 그 시대에 살아보지 않아서 확정적으로 말할 수는 없어도 천천히 힘줘서, 몸으로 표현하면서 말했을 것이 분명합니다. 사실여부는 그 시대로 안 가봐서 다들 확인할 수 없는 거죠.

예 **Ego ambulo in silva.**

[에고 암불로 인 실와]

나는 산속에서 걷는다.

이 문장을 context측면에서 '산 속에서 걷는 중이다'로 번역해도 문제가 될 것이 없다는 것입니다. 다른 예시들을 몇 개 더 보죠.

Sanchus habitat in Italia.

[산쿠스 하비탓 인 이탈리아]

산쿠스는 이탈리아에 산다./산쿠스는 이탈이아에 살고 있는 중이다.

Maria vocat filiam.

[마리아 우오캇 필리암]

마리아는 딸을 부른다./마리아는 딸을 부르고 있다.

〰 상식하나 추가

아시죠? 원래 현재라는 시제는 없어요. 무한한 과거와 무한한 미래의 접점이 현재이기 때문이지요. 현재라는 시제는 원래 상상의 시제일 뿐입니다. 그래서 우리가 외국어를 할 때, 가까운 미래와 가까운 과거를 현재로 대체한다는 말을 하는 것이고, 가만히 들여다보면 전치사를 사용한 영어에서도 그 점을 발견하실 수 있습니다.

(영어에서) in + 넓은 장소/기간

at + 좁은 장소/기간

다시 한 번 들여다보세요!! in the future/in the past 인데, 현재는 어떻게 사용하나요?

at present 이런 것이 바로 언어 속에 들어간 시간의 개념이라고 보시면 됩니다.

공부를 중요히 여기는 메시지를
Motto로 가진 학교는?

영국 로체스터, King's College 그리고 스리랑카 Royal College 가 동일한 Motto를 가지고 있습니다.

Disce Aut Discede
[디스체 아우트 디스체데]
"배움을 가져라, 그렇지 않으려면 떠나버려라!"

맨 왼쪽 건물의 글자와 세 번째 그림이 스리랑카의 Royal College의 모토이고, 두 번째 왼쪽 학교 마크가 영국 로체스터 (Rochester)의 King's College의 학교 마크입니다. 영국 런던의 King's College는 다른 모토를 가지고 있습니다.

모토는 다음과 같습니다.

Disce aut discede
배워라, 그렇지 않으면 떠나라

〜 문장 분석

(1) 'disce'는 배우다(discere)라는 3변화 변화 동사의 명령형(Tu)입니다.

	단수	복수
1인칭	disco	discimus
2인칭	discis	discitis
3인칭	discit	discunt

변화를 하는데, 명령형은 만드는 방법이 아주 간단합니다. 원형에서 -re를 떼어 내면 명령형이 됩니다.

amare → ama 사랑해라
habere → habe 가져라
carpere → carpe 잡아라 (carpe diem!)
audire → audi 들어라 (자동차 이름?)

여기에 있는 동사로 보시면,
discere → disce 배워라

(2) aut는 영어의 or와 동일하다고 보시면 됩니다.

영어와 마찬가지로 두 개의 문장이 앞뒤로 연결되어 있을 때, 앞 문장에서 명령형이면 뒤 문장에서는 '그렇지 않다면....'이란 식으로 번역해주시면 됩니다.

(3) 'discede'는 떠나다(discedere)라는 3변화 동사의 명령형입니다.

그 변화 형태는 discere와 동일하게 어미가 되고, 마찬가지로 -re를 떼어 내면, 바로 명령형이 됩니다.

〰 그래서 다시 보시는 것처럼, 이런 뜻이 되는 것이죠.

'Disce Aut Discede'
[디스체 아우트 디스체데]
"배움을 가져라, 그렇지 않으려면 떠나버려라!"

성경어구를 학교 Motto로 가지고 있는
미국의 아이비리그 소속 유명대학은?

서양의 대부분 기독교 또는 천주교 이념으로 대학을 설치한 경우가 많기 때문에, 성경에 나온 내용을 기반으로 학교 Motto를 정한 경우가 많습니다. 미국 IVY리그 소속 8개 대학(프린스턴, 다트머스, 유펜, 브라운, 코넬, 예일, 하버드, 컬럼비아) 중에 미국 뉴욕에 있는 Columbia 대학교가 아래와 같이 성경어구로 Motto를 사용하고 있습니다.

In lumine Tuo videbimus lumen.

[인 루미네 투오 위데비무스 루멘]

너의 빛 속에서 우리는 빛을 볼 것이다.

✔ 성경 시편 36장 9절과 동일합니다.

〰 내용 확인

(1) in lumine 빛 속에서

lumine는 'lumen(3변화 중성/빛)라는 어휘의 탈격형태입니다. 전치사 in은 뒤에 탈격이 오면, '~의 안에'라는 뜻이며, 뒤에 대격이 오면 '~안으로'라는 의미를 가지게 됩니다. 여기에서는 탈격이 왔습니다.

	단수	복수
주격	lumen	lumina
속격	luminis	luminum
여격	lumini	luminibus
대격	lumen	lumina
탈격	lumine	luminibus

그런데, 학교 로고를 자세히 보면 lumine의 글자가 lvmine로 보이시죠? 앞쪽에서 보았지만, 라틴어의 자음 v는 u와 동일한 소리를 가지고 있기 때문에 현대어로 오면서, v가 대부분 u로 글자 자체를 바꾸어 놓은 경우가 많습니다.

(2) tuo 너의

소유형용사이며, 수식 받는 명사가 중성 탈격임으로 그 형태에 맞춰 변화를 했습니다. 소유형용사는 형용사임으로 남성, 여성, 중성 형태가 모두 존재하며, 수식 받는 명사에 따라 소유형용사 형태를 맞춰주면 됩니다.

<중성 변화형 적용>

주 tuum   여 tuo   탈 tuo

속 tui   대 tuum

(3) videbimus 우리는 볼 것이다

videre(보다, 2변화동사)

<현재 변화형>

	단수	복수
1인칭	video	videmus
2인칭	vides	videtis
3인칭	videt	vident

그러나 여기 문장에서는 미래형으로 나왔습니다.

<미래형>

	단수	복수
1인칭	videbo	videbimus
2인칭	videbis	videbitis
3인칭	videbit	videbunt

(4) 마지막 lumen은 무슨 형태일까요?

주격과 같은 모양이지만, 이미 동사를 봤을 때는 '우리'가 주어임으로 주격은 아니고, 대격단수 형태가 되어야겠지요. 그래서, Videbimus lumen(우리는 빛을 볼 것이다)가 되는 것입니다.

후안(Juan), 주앙(Joan), 이반(Ivan)이
같은 사람이라고?

앞쪽에서 발음이야기를 많이 했습니다. 갑자기 제목에서 스페인어의 Juan[후안], 프랑스어의 Joan[주앙], 러시아어의 Ivan[이반]이 같은 사람이라고 하니 이상하다고 생각하는 분들이 많으실 것입니다.

현대어의 발음으로 보면 다소 먼 거리에 있는 말처럼 느껴지지만, 라틴어에서 영향을 주었다고 판단한다면 그 이름들이 동일한 발음이 된다는 것을 인지할 수 있을 것입니다.

〰 간단하게 보자면,

• 스페인어(Juan) Vs. 프랑스어(Joan)

두 어휘를 보면 모음 u와 o의 차이만 나며 형태적으로 동일합니다. 앞쪽에서 소개해드렸던 것처럼 라틴어 모음은 총 10개. 다시 말하자면 단모음과 장모음으로,

단모음 … a, e, i, o, u
장모음 … ā, ē, ī, ō, ū

이렇게 있는데, 소리 유사함은 아래의 모음 삼각도 내의 접점이 되는 발음 간에 일어나게 됩니다.

<모음 삼각도>

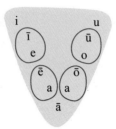

다시 말하자면, 장모음 ū ≒ 단모음 o이 되는 것으로 기존에 라틴어에서 볼 때, 소리가 거의 유사하게 나타난다는 것입니다. 그 소리가 지역적 특색과 만나 현대의 소리로 자리를 잡게되었다는 것이죠.

Juan → Jūan

Joan → Joan

· 스페인어(Juan) Vs. 러시아어(Ivan)

두 어휘에서 발음은 동일하지만 철자 상으로 차이가 나는 것은 아래와 같이 두 개가 있습니다.

① J ↔ I

② u ↔ v

위의 철자들은 발음 쪽에서도 알려드렸었지만, 과거에 두 글자는 소리가 동일한 음이었습니다. 그래서 고대 라틴어와 현대 라틴어의 철자가 가끔 보시면서 차이가 나는 것을 확인하실 수 있습니다.

① /j/와 /i/의 변화

Cujus → Cuius 누구의(속격 관계대명사)

Juxta → Iuxta 옆에(서)

Julius → Iulius 율리우스

② /v/와 /u/의 유사 경향
Stvdivm → Studium 열정
Lvmen → Lumen 빛, 광선

✔ 짧은 의미 과거 어미형의 1변화 동사와 2변화 동사의 형태에서 같은 경향을 가지고 있는 것을 볼 수 있습니다.

<1변화동사 짧은 의미 과거형 어미>

	단수	복수
1인칭	-vi	-vimus
2인칭	-visti	-vistis
3인칭	-vit	-verunt

<2변화동사 짧은 의미 과거형 어미>

	단수	복수
1인칭	-ui	-uimus
2인칭	-uisti	-uistis
3인칭	-uit	-uerunt

【팩트 체크】

과거 라틴어 사용하던 시절 Juan[이완] ≒ Joan[이완] ≒ Ivan[이완]은 소리가 거의 일치 했었다. 그런데, 현대어로 오면서 지역적 특색의 음색이 첨가되면서 그 소리가 각각의 자체 소리 Juan[후안] ≠ Joan[주앙] ≠ Ivan[이반]로 나타나게 되었다!

공부(Study)를 만든 사람 만나기만 해봐, 가만 안두겠어!

누구나 어렸을 때 한번쯤 생각해봤을 수도 있고, 요즘에도 그렇게 생각하는 아이들이 많을 것입니다. 공부(Study)라는 개념, 아니 "그것을 만든 사람이 누구야?" "정말 만나면 주리를 틀겠어"라고 생각 한번 안 해봤다면 사람도 아니겠죠.

한국어의 '공부'라는 말은 국어학자님들께 여쭤봐야겠지만, 그 한글 글자보다 더 빨리 만들어진, 라틴어 글자를 쫓아가 보겠습니다.

∿ 영어의 'Study'를 라틴어에서 찾아보면, 동사로는 Studere이고, 명사로는 Studium입니다.

(1) Studere 몰두하다, 열의를 보이다; 공부하다

동사 Studere는 2변화 동사로 조금 특이한 어휘입니다. 직접목적어로 대격을 사용하지 않고, 여격을 사용해야하는 어휘입니다.

Ego studeo agriculturae. 나는 농사일에 전념한다.
Tu studes linguae Latinae. 너는 라틴어에 열의를 보인다.

참고 변화형

	단수	복수
1인칭	studeo	studemus
2인칭	studes	studetis
3인칭	studet	student

(2) Studium 열정, 관심; 공부, 학문

Studium은 2변화명사 중성형으로 원래 의미는 '열정, 관심'에 가장 가깝습니다. 그래서 그 언어의 뜻에 맞춰 보자면 예문은 아래와 같습니다.

Colloco omne studium in doctrina.
난 모든 열정을 학문에 쏟는다.

Studium semper adsit.
항상 열정이 자리하고 있을 것이다.

참고 변화형

	단수	복수
주격	studium	studia
속격	studio	studiorum
여격	studii	studiis
대격	studium	studia
탈격	studio	studiis

【팩트 체크】

요즘 억지로 공부시키는 것은 역시나 원래 의미인 '공부'의 순수한 의미가 훼손되는 것으로 보여 집니다. 억지로 시키고, 공부 즉, 열정이 생긴다는 것은 순서가 맞지 않은 것으로 보입니다. 처음 Studium은 자신이 좋아하는 분야를 하는 것이어서, 그것에 '더 열정', '더 관심'을 보이는 것이라 보기 때문에, '현대에 공부(Study)라는 것은 세태가 변화하면서 바뀐 잘못된 개념'이 아닐까 싶습니다.

공부(Studere)하다 = 내가 하고 싶은 것에 열정을 보이는 것이다.

성경 '10계명'의 라틴어 버전은
어떨까요? [첫 번째 계명 ~ 다섯 번째 계명]

이번 이야기는 아주 길어질 듯합니다. 그래서 두 단원으로 나누어 소개합니다.

• 십계명 중 첫 번째

십계명을 살펴보면 어떨까 싶어, 한구절씩 보겠습니다.

성서 또는 성경의 어투로 제가 번역을 하면, 이해가 빠르지 않아, 초급자의 마음으로 직역 어투로 제가 번역해드림에 이해해 주시길 바랍니다. 제가 일요일에 저희 교회 목사님께서 말씀하시는 설교 중에 십계명 이야기가 나와 마침 생각하고 있다가 실행에 옮깁니다.

Non habebis deos alienos coram me.
[논 하베비스 데오스 알리에노스 코람 메]
너는 내 면전에서 다른 신들을 소유하지 말아라.

성경에서는 '섬긴다'는 말로 나오게 됩니다.

(1) habebis 가지다, 소유하다

'habere(가지다, 소유하다)'라는 동사를 미래형으로 사용한 것입니다. 일반적으로 명령이나 권유는 아주 가까운 미래의 실행을 의미하므로 넓게 얘기하면 미래형을 사용해도 명령이나 권유의 의미를 가질 수 있습니다.

기존에 2변화 동사의 현재변화 기억하시죠?

	단수	복수
1인칭	-eo	-emus
2인칭	-es	-etis
3인칭	-et	-ent

미래형에는 어간에 -bi-가 들어간다고 일반적으로 말합니다.

	단수	복수
1인칭	habebo	habebimus
2인칭	habebis	habebitis
3인칭	habebit	habebunt

(2) deos alenos 다른 신들을

명사 deus는 '신'이라는 규칙 2변화 남성명사입니다. 앞쪽에서 보신 적 있겠지만,

	단수	복수
주격	deus	dei
속격	dei	deorum
여격	deo	deis
대격	deum	deos
탈격	deo	deis

위에서 보시듯 대격복수 형태로 사용되었고, 이 단어(명사)를 수식해야하는 형용사 alienus의 경우, 수식받는 명사의 형태와 수에 따라 그 형태를 동일하게 맞추므로 alienos로 사용하는 것입니다.

참고로 alius의 경우는 영어의 other의 의미를 가지는 형용사로, 그 의미와 합쳐진 alienus의 경우는 '타지의, 외부의'의미를 가지므로 단순히 '다른'이란 의미보다 강화된 '낯선'의 의미가 더 강하다는 것을 알아두세요.

(3) coram me 나의 면전에서

일반적으로 그냥 앞이라고 하는 것에 비해, 이 어휘는 '면전, 바로 앞'이란 의미가 강합니다. 영어의 in front of의 경우, '이마 (front)'라는 어휘를 등장시켜 '바로 앞'이라는 의미를 강조하지만, 라틴어의 coram의 경우는 'cor(심장/마음)'이란 어휘를 등장시켜, 그 중요성을 강조합니다. coram의 어휘 다음에 오는 명사는 대격을 사용해야 합니다.

공교롭게도 me의 경우는 대격과 탈격의 형태가 동일하나, 전치사의 성질이 '이탈'의 의미가 주어지게 될 때는 '탈격'을 사용하고, 반대의 경우로 '집중'의 의미를 가지게 될 때는 '대격'을 사용한다고 생각하시면 됩니다. 여기에서는 대격입니다.

〈변화형〉

| 주 | ego | 여 | mihi | 탈 | me |
| 속 | mei | 대 | me | | |

번역은 상황과 시대에 맞게, 그리고 문맥에 맞게 조정되는 것이라 직역과 성경의 의역과는 간극이 있다는 것 꼭 기억하세요.

• 십계명 두 번째

Non facies tibi sculptile.
[논 파치에스 티비 스쿨웁틸레]
넌 너에게 우상으로 여겨지는 것을 만들지 마라.

제가 다시금 성경에 있는 십계명을 들여다보려고, 자료를 찾아보았습니다. 그런데, 가톨릭과 기독교의 해석 차이가 엄청나다는 것을 알아서 더욱 조심스러워 지는 것을 느꼈습니다. 제가 라틴어 구절 속의 십계명을 직역으로 한다는 것에 혹시나 종교적 해석으로 달라질 수 있는 것을 고려해주셨으면 합니다.

(1) Non facies... 넌 만들지 말아라.

여기에서 facere 어휘는 3변화 동사입니다.

동사에는 4개의 일반동사 변화가 있다고 말씀드렸죠. 1변화는 어미가 -are, 2변화는 어미가 -ere, 단, 3변화는 2변화와 유사하게 생겼으나 단모음으로 된 -ere로 그 변화형은 오히려 4변화와 가깝다는 말씀을 드렸을 것입니다. 물론 4변화는 어미가 -ire입니다.

\<3변화 동사의 현재 변화\>

	단수	복수
1인칭	facio	facimus
2인칭	facis	facitis
3인칭	facit	faciunt

위와 같이 변화를 합니다. 그런데, 중요한 것은 미래형입니다. 1 · 2변화의 미래형은 앞쪽에서 십계명의 첫 번째에서 보듯이 어간에 -bi-가 들어간다고 말씀을 드렸습니다. 하지만, 3 · 4변화형의 경우는 그 어미형이 완전히 바뀌게 됩니다. 이점을 유의해서 보셔야 하는데,

\<3 · 4변화 동사 미래형 어미형태\>

	단수	복수
1인칭	-am	-emus
2인칭	-es	-etis
3인칭	-et	-ent

facere의 경우를 미래형으로 보면, 다음과 같습니다.

	단수	복수
1인칭	faciam	faciemus
2인칭	facies	facietis
3인칭	faciet	facient

2인칭 미래단수형 보이시죠? 십계명에 사용된 'facies'

(2) tibi 너에게(여격)

인칭대명사의 격변화 십계명 첫 번째에서는 '나'를 보셨는데, 여기서는 2인칭 '너'의 격변화를 소개합니다.

주 **tu**   여 **tibi**   탈 **te**

속 **tui**   대 **te**

위와 같습니다. 여격은 영어의 간접목적어라는 것을 알아두세요.

(3) Sculptilis (형용사)새겨서 만든

가끔 라틴어 문장을 보면, 형용사만 나오고 그것의 수식을 받아야 하는 명사가 나오지 않는 경우가 있습니다. 그럴 땐, 사람일 경우는 '일반적인 사람' 또는 '사람들'로 해석을 하면서 뒤에 가상적 존재를 넣어 해석을 해야 하고, 사물일 경우는 '것'으로 해석해 어떤 것에도 해당하는 영어의 'thing'처럼 해석을 해줘야 합니다.

그런데, 십계명 두 번째의 경우는 특이하게도 sculptile라는 형태를 띠고 있고, 이 형용사에 수식되는 명사도 없습니다. 이럴 경우는 전체 문장에서 그 문장의 명사의 격을 유추해 보면, '대격' 위치라는 점, 그리고 그 형태가 '중성 대격'의 형태를 유지하고 있다는 점을 고려해야 합니다.

무슨 말이냐 하면요, 우리가 기존에 배우던 형용사형은 규칙형태로 명사의 1 · 2변화형의 여성, 남성과 중성의 형태를 띠고 있었습니다. 그런데 지금 나와 있는 어미가 '-is'형태의 형용사의 경우는 남성과 여성의 격변화 형태가 동일하고, 중성만 어미가 다른 형태인 '-e'형태를 가지게 됩니다.

그리고 변화형은 명사의 3변화형을 따르게 됩니다.

형용사의 3변화형을 남/여변화형과 중성형어미를 소개합니다.

	단수		복수	
	남·여형	중성형	남·여형	중성형
주격	-is	-e	-es	-ia
속격	-is	-is	-ium	-ium
여격	-i	-i	-ibus	-ibus
대격	-em	-e	-es	-ia
탈격	-e	-e	-ibus	-ibus

이렇게 됩니다. 그래서 본문에서 보시는 sculptile의 경우는 '중성단수 대격'의 형용사형으로 뒤에 영어의 thing이 있기 때문에 새겨서 만들 수 있는 것, 즉 우상으로 여길 수 있는 만드는 모든 것을 의미하는 것입니다. 다시 말해 대상을 하나만으로 한정하는 것이 아니라 그렇게 마음먹은 모든 것을 포괄해야 함으로 목적어를 명시하지 않은 것으로 보여집니다.

〰 어떠세요, 간단한 말인 것 같지만 볼수록 의미를 많이 담고 있죠? 그렇기 때문에 후대에 이것을 의역하고, 설명을 붙이면서 해석이 다양해지는 것으로 보입니다.

• 십계명 세 번째

Non assumes nomen Domini Dei tui in vanum.

[논 아스수메스 노멘 도미니 데이 투이 인 와눔]

넌 너희 하나님인 주님의 이름을 헛됨 속으로 취하지 마라.

(1) Non assumes

앞쪽 십계명 두 번째에서도 보셨지만, 미래형의 변화형은 동사 3·4변형에서는 어미가 아래와 같이 변화합니다.

	단수	복수
1인칭	-am	-emus
2인칭	-es	-etis
3인칭	-et	-ent

그래서 assumere(3변화 동사/[내쪽으로] 취하다)의 변화를 할 수 있습니다.

이 동사는 원래 sumere라는 어휘로 '가지다, 취득하다'의 의미를 갖는 의미인데, 이 어휘에 앞에 어두가 붙어서 다음과 같은 형태가 된 것입니다.

『ad(영어의 to, toward)의미 + sumere = assumere.』

다시 변화형을 보시면,

<미래형 형태>

	단수	복수
1인칭	assumam	assumemus
2인칭	assumes	assumetis
3인칭	assumet	assument

(2) nomen Domini 주님의 이름을

3변화 명사의 중성형태인 nomen(이름)은 변화형이 다음과 같습니다.

	단수	복수
주격	nomen	nomina
속격	nominis	nominum
여격	nomini	nominibus
대격	nomen	nomina
탈격	nomine	nomina

영어에서 nominate되었다고 하는 말 많이 들어보셨죠? 그 말의 어원이 되는 것을 변화형 속에서 충분히 발견하실 수 있을 것입니다.

'nomen'이 문장 상에서는 주어가 Tu이므로 목적어인 대격 단수로 사용되었다는 것을 확인할 수 있을 것입니다.

그리고 뒤에 있는 'Domini'보이시죠. 원래 dominus라는 의미는 '주인'이라는 의미이지만, 대문자로 사용하게 되면 '주님/하나님'의 의미를 가지게 됩니다. 여기에서는 명사가 명사를 수식해야 하므로 소유격형태인 속격으로 변형해 사용한 것입니다. '주님의 이름' 다시말해, '이름(명사/대격)+주님(속격)'구조라는 것입니다. dominus 변화는 규칙인 2변화형 남성입니다.

《단수형태》

주 **dominus**   여 **domino**   탈 **domino**

속 **domini**   대 **dominum**

위에서 보시듯, 속격형태입니다. 저희가 서기 '○○○년'이라고 할 때, AD = Anno Domini 여기에서도 직역하면, '주님의 해(에)'라는 의미이죠.

(3) Dei tui 너의 하나님의

이 말은 앞에 있는 Domini의 동격을 Dei tui로 본 것입니다.

동격이라고 함은, 같은 사용목적임으로 그 격도 동일하게 맞춰 줘야 합니다. 앞에서 Domini가 속격이었음으로 동격인 Dei이 또한 속격이 되어야 하죠.

Deus는 '하나님'의 의미이고, 이 단어의 소문자 형태인 deus는 '(일반적인) 신'을 의미합니다. 대문자는 고유명사화 하는 유일신을 의미하는 것이지요. 변화형은 2변화 남성으로 dominus와 동일합니다.

그리고 뒤에 tui의 경우는 '너의'란 의미이기 때문에 인칭대명사의 속격을 사용한 것입니다. 앞에서 보셨겠지만 한 번 더 살펴볼게요.

<'너' 격변화형>

| 주 | tu | 여 | tibi | 탈 | te |
| 속 | tui | 대 | te | | |

(4) in vanum 헛됨 속으로

vanum어휘는 '헛됨, 허영'이라는 의미의 중성 2변화 어휘입니다. 그런데, 여기에서 형태를 보시면 전치사에 있는데, 대격형태를 취하고 있음을 보실 수 있습니다. 전치사의 경우는 '이탈' 의미를 가지는 경우에 탈격명사를 취하고, '몰입/집중'의 의미를 가지는 경우에 대격명사를 취하는 것이 정해져 있습니다. 그러나 전치사 in은 두 가지 형태를 다 취할 수 있는 특이한 전치사로 탈격이 올 때는 'in'의 의미이고, 대격이 올 때는 'into'의 의미를 취합니다.

여기에서는 대격이 사용되었음으로 '헛됨 속으로' 끌어당긴다는 의미가 강하게 내포되어 있습니다.

• 십계명 네 번째

Memento ut diem sabbati sanctifices.
[메멘토 웃 디엠 삽바티 산티피체스]
안식일을 거룩하게 해야 하기 때문에, 기억하라.

(1) Memento... [너는] 기억하라

예전에 개봉한 영화의 제목인데, 기억나실까 모르겠네요.

이 어휘의 경우는 아주 특이한 형태입니다. 기본적으로 현재형을 가지고 있지 않은 형태의 어휘입니다. 원형은 meminisse(기억하다)라는 의미로, 특이하게 짧은 의미 과거(완료과거)형을 현재형처럼 사용합니다. 이유는 의미상 바로 직전과거의 의미가 강조되는 어휘이기 때문이라고 생각하세요. 그 변화형은 다음과 같습니다.

<현재취급 완료과거>

	단수	복수
1인칭	memini	meminimus
2인칭	meministi	meministis
3인칭	meminit	memenerunt

그런데, 명령형은 다음과 같습니다.

2인칭단수로, **memento**
2인칭복수로, **mementote**

일반적인 동사들의 명령형은 원형에서 –re를 떼어내면 2인칭단수이고, 복수형은 단수형 뒤에 –te를 붙입니다.

[예] **amare** 사랑하다
　　ama 너는 사랑해라
　　amate 너희들은 사랑해라

(2) ut + 접속법동사 : ~때문에

접속사 ut는 역할이 많습니다. 가장 일반적인 것이 '~처럼, ~같이, ~로써'입니다. 상황에 따라 사용 범위가 넓고 영어의 as처럼 사용된다고 이해하시면 좋을 듯합니다. 여기에서 접속법동사가 무엇인지 어렵죠. 고대라틴어에서 비롯한 이 분류는 현대라틴어계열인 스페인어, 프랑스어, 이탈리아 등에도 그대로 적용된 분류인데, 동사를 크게 두 가지로 나누는 직설법(Indicative)과 접속법(Subjunctive)인데, 그 쓰임을 언급하면 다음과 같습니다.

직설법 … 사실, 현실 관련 표현
접속법 … 상상, 희망, 절망, 공손 존대법

그 변화형은 어렵기 때문에 아주 짧게 요령을 알려드리면,

1변화 동사(-are)는 어미를 -ere동사처럼 변화하는 것, 2 · 3 · 4변화동사(-ere, -ire)는 어미를 -are동사처럼 변화한다고 생각하세요. 변화의 자세한 것은 이후에 자세히 공부하시죠.

여기에서 사용된 동사는 sanctificare(거룩하게 하다, 신성하게 만들다/1변화동사)입니다.

이것의 변화는 직설법에서는 우리가 이전에 공부했던 방식으로,

<직설법 어미형>

	단수	복수
1인칭	-o	-amus
2인칭	-as	-atis
3인칭	-at	-ant

이것을 접속법으로 바꾸면 다음과 같습니다.

<접속법 형태>

	단수	복수
1인칭	sanctificem	sanctificemus
2인칭	sanctifices	sanctificetis
3인칭	sanctificet	sanctificent

〰 어떠세요? 정말 -ere동사와 비슷하게 변화하죠. 물론 1인칭단수는 형태가 조금 다릅니다. 여기에서는 접속법을 사용해서 '바람, 희망'의 의미를 나타내는 것입니다.

(3) diem sabbati 안식의 날을

여기에서 diem은 5변화명사 남성입니다.
그 형태가 다음과 같습니다.

	단수	복수
주격	dies	dies
속격	diei	dierum
여격	diei	diebus
대격	diem	dies
탈격	die	diebus

여기에서 보시듯, diem은 대격입니다. 그 뒤에 명사인 sabbatum(안식일)은 중성 2변화 명사이며, 명사가 명사를 수식할 때는 기억하시죠. 속격을 사용하는 것이요. 그래서 sabbati형태로 사용한 것입니다. 무한반복 변화 연습을 위해 다시 한 번 보여 드릴까요?

	단수	복수
주격	sabbatum	sabbata
속격	sabbati	sabbatorum
여격	sabbato	sabbatis
대격	sabbatum	sabbata
탈격	sabbato	sabbatis

속격 단수형 보이시죠? 안식(일)의 날, 안식일을 지키라는 의미인 것이죠.

상식 안식일이 무슨 요일이죠?

현대 스페인어에서 토요일을 Sabado라고 합니다. 그렇듯이 안식일은 토요일을 의미합니다.

Sabbatum Sanctum 성스러운 안식일: 성스러운 토요일 이란 의미입니다.

〰 마지막으로 다시 정리

Ut 뒤쪽에 있는 것을 먼저 해석 해서, '~때문에'라고 해야 합니다.

Ut sanctifies diem sabbati
너는 안식일의 날을 성스럽게 하기 위해서는

Memento
너는 기억하라

Honora patrem tuum et matrem tuam.

[호노라 파트렘 투우움 엣 마트렘 투암]

너의 아버지와 너의 어머니를 공경하라.

(1) honora (너는) 공경하라

1변화 동사 honorare의 변화는 기존에 알고 있는 변화형처럼 규칙변화를 합니다.

	단수	복수
1인칭	-o	-amus
2인칭	-as	-atis
3인칭	-at	-ant

제가 이미 여러 번 말씀드린 대로, 모든 어휘의 원형에서 -re부분을 떼어 버리면, 명령형이 되는 것입니다. 복수명령형은 거기에 또 '+te'를 붙이면 됩니다.

honorare … 공경하다 -원형

honora … (너는) 공경해라, 존경해라-단수명령형

honorate … (너희들은) 공경해라, 존경해라-복수명령형

(2) patrem, matrem 아버지를, 어머니를

3변화 어휘로, pater(아버지), mater(어머니)는 그 변화형은 남성, 여성이지만, 변화형이 동일합니다. 3변화의 경우는 남성/여성 격변화는 동일하고, 중성만 조금 다르다고 기억해 두세요.

	단수	복수
주격	pater / mater	-tres
속격	patris / matris	-trum
여격	-tri	-tribus
대격	-trem	-tres
탈격	-tre	-tribus

(3) patrem tuum/matrem tuam

아버지와 어머니를 수식하는 '소유형용사'는 수식받는 명사의 성과 격에 따라 그 변화를 맞춰줘야 하겠죠.

(너의) **tuus, tua, tuum**

위의 형용사를 규칙 1 · 2변화 명사처럼 변화시킬 수 있는 것이며, 수식받는 명사의 격에 맞춰 변화를 하셔야 합니다.

남성 단수 대격 … **patrem + tuum**
여성 단수 대격 … **matrem + tuam**

(4) 연결사에 해당하는 et(그리고)

영어의 'and'를 의미하는 것을 기억하시죠. 비슷한 유형의 단어들을 함께 기억해두면, 이용하기 편할 것입니다.

영어 → 라틴어
and → **et**
or → **aut**
but → **sed**

성경 '10계명'의 라틴어 버전은
어떨까요? [여섯 번째 계명 ~ 열 번째 계명]

• 십계명의 여섯 번째

Non occides.
[논 옥치데스]
(너는) 죽이지 말지어다.

특이한 것은 동사의 형태입니다. occidere(3변화 동사)가 '죽이다'의 의미가 된 상황. 일반적으로 우리가 occidental 하면, '서양'을 의미하는데, 이것이 어떻게 '떨어지다, 죽다; 죽이다'에서 의미가 만들어지게 되었을까요??

그것은 '해가 지고, 사라진다'에서 유래한 것입니다. 반대로 '해가 뜨는 곳'을 의미할 때, oriental 이라고 하는 것도 동사 orior(오르다)의 의미에서 나온 말입니다.

변화형을 보시면 다음과 같습니다.

〈occidere 3변화동사〉

	단수	복수
1인칭	occido	occidimus
2인칭	occidis	occiditis
3인칭	occidit	occidunt

→ occidere의 의미([해가] 지다, 떨어지다)에서 유래된 occidental.

여기의 십계명 여섯 번째 등장하는 어휘는 미래형입니다. 형태를 보면 다음과 같습니다.

<미래형>

	단수	복수
1인칭	occidam	occidemus
2인칭	occides	occidetis
3인칭	occidet	occident

영어 Oriental의 어원이 되는 orior(오르다)어휘를 보면, 이 어휘는 수동형 모양을 갖는 Deponent어휘로, 그 변화형은 수동형 변화가 되는 것입니다. 참고로 소개합니다.

<수동형 현재 변화>

	단수	복수
1인칭	orior	oriemur
2인칭	orieris	oriemini
3인칭	orietur	orientur

→ orior의 의미([해가] 뜨다)에서 유래된 oriental.

∿ 파이널 정리

이 문장은 단 두 단어로 되어 있습니다.

Non occides.
너는 죽이지 말지어다.

✔ 특이한 것은 한국의 성경에는 목적어를 '사람'으로 넣어서 번역을 해서 '살인하지 말라'라고 되어 있고, 천주교의 성서에도 살인으로 되어 있습니다. 그래서 제가 잠깐 스페인어 성경도 찾아보았는데, 목적어가 없었습니다.

제 생각으로는 번역을 성경의 다른 부분과 연계해서 context측면에서 '사람'이라는 목적어를 추가했을지는 모르겠습니다만, 그냥 이 문장으로 보면 '죽이지 말라=살생하지 말라'라는 의미로 모든 생물을 죽이지 말라는 말이 아닐까 생각됩니다. 저의 개인적인 생각입니다. 이렇게 다양한 의미로 해석되는 것이 복잡하면서도 참 재미있죠?

• 십계명 일곱 번째

Non moechaberis.

[논 모에카베리스]

너는 간음하지 말지어다.

간단한 어휘지만, 그 변화형이 또한 어려움을 드릴 수 있을 것입니다. 이 어휘의 원형은 moechari (1변화 수동형으로만 존재하는 deponent어휘입니다.)

 여기서 잠깐 〈depanent 어휘설명 부분 따짐〉

> 앞에서부터 deponent어휘라는 것이 나와 이게 뭐지? 라고 하셨을 수 있습니다. 이 어휘는 수동형으로 변화하는 어휘이지만, 능동형처럼 목적어를 가질 수 있는 어휘이므로, 일반적 어휘가 아니라는 의미입니다. 다시 말해, 형태는 수동형이지만, 능동처럼 번역하고, 사용한다는 것입니다.

이번 어휘의 현재형은 '수동형'이 기본입니다.

〈직설법 현재 moechari〉

	단수	복수
1인칭	moechor	moechamur
2인칭	moecharis	moechamini
3인칭	moechatur	moechant

→ 이 문장에서 나온 어휘 형태는 계속 앞에서도 십계명에서 사용한 것처럼 미래형을 사용하고 있습니다.

〈직설법 미래 moechari〉

	단수	복수
1인칭	moechabor	moechabimur
2인칭	moechaberis	moechabimini
3인칭	moechabitur	moechabuntur

〰 정리 시간

Non moechaberis.

너는 간음하지 말아야 한다.

목적어는 문맥적으로 십계명의 여섯 번째 계명과 마찬가지로 생략이 되었다고 할 수 있습니다.

• 십계명 여덟 번째

Non furtum facies.

[논 푸르툼 파치에스]

넌 도둑질을 하지 마라.

(1) Non facies... 너는 ...하지 말아라

십계명 두 번째에 나왔던 facies를 앞쪽에서 살펴 보시면 설명이 자세히 나옵니다. facere(3변화/만들다, 하다)의미이죠. 3변화의 현재형 변화를 다시 한 번 보겠습니다.

\<facere 현재 변화\>

	단수	복수
1인칭	facio	facimus
2인칭	facis	facitis
3인칭	facit	faciunt

그런데, 여기에 나온 형태는 미래형입니다. 1 · 2변화의 미래형은 앞쪽에서 보았던 것 처럼 어간에 -bi-가 들어갑니다. 하지만, 동사의 3 · 4변화형의 경우는 그 어미형이 완전히 다르다는 것을 다시 한번 소개합니다.

\<3·4변화 미래형 동사어미\>

	단수	복수
1인칭	-am	-emus
2인칭	-es	-etis
3인칭	-et	-ent

\<facere 미래형\>

	단수	복수
1인칭	faciam	faciemus
2인칭	facies	facietis
3인칭	faciet	facient

(2) furtum 도둑질/2변화 중성명사

여기에서는 주어가 이미 Tu로 되어 동사변화가 나와 있기 때문에 앞쪽에 있지만, furtum은 대격형태가 되어야 합니다. 규칙형태이지만 다시 한 번 같이 보세요.

	단수	복수
주격	furtum	furta
속격	furti	furtorum
여격	furto	furtis
대격	furtum	furta
탈격	furto	furtis

　동사의 변화가 바로 앞쪽에 있던 것들이 모두 수동형인 것에 비해, 능동형이라 쉬웠을 것이라 봅니다.

• 십계명의 아홉 번째

Non loqueris contra proximum tuum falsum testimonium.
[논 로쿠에리스 콘트라 프록시뭄 투우움 팔숨 테스티모니움]
넌 너의 이웃에 대해 잘못된 증언을 말하지 마라.

(1) Non loqueris 넌 말하지 말아라

　앞에서 보셨던 deponent어휘가 또 나왔습니다. 다시 말씀드리지만, 변화형은 수동으로 변화하지만, 능동처럼 목적어를 가질 수 있는 어휘를 말합니다. 물론 능동의 형태는 존재하지 않습니다. 그리고 동사들은 4변화까지 존재해서, 몇 변화라고 말하는데, loquor는 약간 독불장군처럼 변화형을 명시하지 않지만, 2변화형 수동형에 가깝다고 보시면 변화형이 거의 일치합니다.

<직설법 현재 loquor>

	단수	복수
1인칭	loquor	loquimur
2인칭	loqueris	loquimini
3인칭	loquitur	loquuntur

여기서 어려운 점이 있습니다. 직설법현재형 2인칭단수형 변화가 'loqueris'이죠. 이 형태는 미래의 2인칭 단수 형태와 동일해서 다소 혼동을 일으킬 수 있습니다.

⟨직설법 미래 **loquor**⟩

	단수	복수
1인칭	loquar	loquemur
2인칭	loqueris	loquemini
3인칭	loquetur	loquentur

2인칭 형태가 똑같죠? 명령형을 나타낼 때는 미래형으로 나타내는 경우가 많기 때문에 다른 십계명과 마찬가지로 미래형으로 보는 것이 좋을 듯합니다.

(2) Contra proximum tuum 너의 이웃에 대해(대항해)

전치사 contra는 뒤에 대격 명사를 가지고 오는 형태입니다.

뒤에 따라오는 proximum은 대격 형태로, 원래는 형용사 proximus/proxima/proximum의 형태로 '~의 옆에'라는 형태인데, 라틴어에서는 수식하는 명사가 없이 단독으로 형용사가 되는 경우는 '일반적인 의미의 사람 또는 사물'로 명사가 있다고 가정하고 형용사를 명사화해서 번역을 합니다. 여기에서는 populus(사람들)이라는 일반적인 영어의 people의 의미가 있다고 가정하고, 대격으로 사용한 것으로 보시면 좋을 듯합니다. 그리고, 소유형용사인 tuus/tua/tuum(너의)의 경우는 수식받는 명사인 proximum에 맞춰 tuum을 사용하였다고 보시면 됩니다.

〰 문장을 첨부해서 다시 보면,

Contra [populum] **proximum tuum**
너의 옆에 있는 사람들에 대해서....

(3) falsum testimonium 잘못된 증거[증언]을

명사 testimonium은 대격으로 사용된 것입니다. 물론 2변화 중성 명사입니다. 성경에서 신약, 구약 이라고 할 때도 Testimonium Novum, Testimonium Vetustum이라고 하죠.

testimonium은 '증언, 증거'라는 의미로 사용되고, 그 명사를 수식하는 falsus, falsa, falsum(거짓의) 형용사는 중성 대격에 맞춰, falsum을 사용한 것입니다.

〰 모두 정리

Non facies falsum testimonium contra (populum) proximum tuum.
넌 네 이웃들에 대해 잘못된 증언을 하지 마라.

· 십계명의 열 번째

Non concupisces domum proximi tui.

[논 콘쿠피스체스 도뭄 프록시미 투이]
넌 네 이웃 사람들의 집을 욕심내지 마라.

(1) Non concupisces 넌 욕심내지 말아라

concupiscere(욕심내다/3변화동사)로 그 변화형은 미래형 2인칭 단수입니다. 현재형과 미래형 변화를 각각 보겠습니다.

〈직설법 현재형 concupiscere〉

	단수	복수
1인칭	concupisco	concupiscimus
2인칭	concupiscis	concupiscistis
3인칭	concupiscit	concupiscunt

<직설법미래 concupiscere>

	단수	복수
1인칭	concupiscam	concupiscemus
2인칭	concupisces	concupiscetis
3인칭	concupiscet	concupiscent

→ 위에서 보이는 것처럼 2인칭단수 미래형입니다.

(2) domum proximi tui

domum은 '집'이라는 domus의 대격형태입니다. 그런데, 그 뒤에 형용사형이 살짝 특이하시죠? 원래 형용사라면 수식받는 명사의 형태와 동일해야 하는데, 그렇지 않다는 것입니다. proximus/proxima/proximum(~옆의)라는 형용사는 바로 앞의 십계명의 9번째에서 본 것처럼 populus(사람들)이라는 명사가 있다고 가정하고 보셔야 한다는 것입니다.

다시 말해,

domum populi proximi tui
너의 옆에 있는 사람들의 집을.

원래는 이렇게 된 문장에서 일반적 명사인 populi(populus의 속격)가 생략되었다고 봐야 합니다. 명사가 명사를 수식하려면 명사 하나를 속격으로 사용을 해야 하므로 그 형태가 속격으로 되었고, 명사가 생략되어, 그 형용사가 명사화 되어 속격형태를 유지하는 것입니다.

tui(너의)는 수식받는 명사 populi의 형태에 따라 tuus/tua/tuum이 속격 남성단수로 사용이 된 것입니다.

〰 이제야 묵은 숙제를 다 한 느낌이네요. 금방 다 할 줄 알았는데, 역시 글로 쓰니 오래 걸렸습니다.

라틴어와 영어의 수동태 형태가 비슷한데, 의미는 이상한데?

영어의 수동태는 『Be + P.P.』입니다. 중학교를 다닌다면, 이정도 쯤이야하고 공부하던 때가 기억날 것입니다. 라틴어도 영어처럼 『Esse + 과거분사형(-us, -a, -um)』 형태로 보셔도 좋습니다. 하지만, 시제 의미가 다르다(?)는 것입니다.

〰 정의를 하자면, "수동태형이 영어와 딴판이다?"
→ 영어의 'Be + 완료형'으로 쓸 때, '라틴어의 Be동사(Esse)의 시제와 말하는 사람이 의도하는 시제가 다르다'는 것입니다.

일반적으로 영어의 'Be 동사 + pp.'처럼 'Sum + -us/-a/-um'을 쓰면, 수동태가 되는 것은 맞습니다. 하지만, 라틴어는 현재형의 수동태가 별도로 존재하기 때문에 기존에 영어에서 알고 계시던 방식으로 『Sum/Es/Est/Sumus/Estis/Sunt(라틴어 Be동사 현재형) + -us/-a/-um(주어 단수일 때); -i/-ae/a(주어 복수일 때)』를 사용하게 되면, 의미상 '과거형수동태'가 됩니다.

물론 『Eram/Eras/Erat/Eramus/Eratis/Erant(라틴어 Be동사 과거형) + -us/-a/-um(주어 단수일 때); -i/-ae/a(주어 복수일 때)』를 사용하게 되면 '대과거형 수동태'가 되는 것입니다.

예 **amare** 사랑한다 … 능동의 원형
amari 사랑받는다 … 수동의 원형

희한하시죠? 동사가 '수동원형'형태도 있어요!

＜수동 현재형＞

	단수	복수
1인칭	amor	amamur
2인칭	amaris	amamini
3인칭	amatur	amantur

＜수동 과거형＞

단수	1인칭	amatus	amata	amatum + Sum
	2인칭	amatus	amata	amatum + Es
	3인칭	amatus	amata	amatum + Est
복수	1인칭	amati	amatae	amata + Sumus
	2인칭	amati	amatae	amata + Estis
	3인칭	amati	amatae	amata + Sunt

＜수동 대과거형＞

단수	1인칭	amatus	amata	amatum + Eram
	2인칭	amatus	amata	amatum + Eras
	3인칭	amatus	amata	amatum + Erat
복수	1인칭	amati	amatae	amata + Eramus
	2인칭	amati	amatae	amata + Eratis
	3인칭	amati	amatae	amata + Erant

이해하시겠죠? 기존에 알고 있던 Be동사인 Sum동사 시제가 수동태형이 되면, 알고 있던 시제보다 하나씩 과거로 당겨집니다.

예 ＜현재 수동＞

Sanchus amatur.

[산쿠스 아마투르]

산쿠스는 사랑받는다.

Maria et Sanchus amantur.

[마리아 엣 산쿠스 아만투르]

마리아와 산쿠스는 사랑받는다.

<과거 수동>

Sanchus amatus est.

[산쿠스 아마투스 에스트]

산쿠스는 사랑받았다.

Maria et Sanchus amati sunt.

[마리아 엣 산쿠스 아마티 순트]

마리아와 산쿠스는 사랑받았다.

<대과거 수동>

Sanchus amatus erat.

[산쿠스 아마투스 에랏]

산쿠스는 사랑받았었다.

Maria et Sanchus amati erant.

[마리아 엣 산쿠스 아마티 에란트]

마리아와 산쿠스는 사랑받았었다.

·····················

고대에서 가장 유명한 탈출 이야기가 성경의 '출애굽기'라는데?

출애굽기(Exodus)는 이스라엘 사람들이 이집트에서 탈출해, 홍해를 건너고 고난과 하나님이 도움을 받는 과정에서 '십계명'과 같은 율법을 받는 것을 그린 것으로 알고 있습니다. 앞에서 십계명 공부하신 것처럼, 그 내용이 나오는 것이죠. 제가 정확히 설명드릴 수 없으니, 백과사전의 도움을 빌려 내용을 조금 볼까요.

출(出)은 탈출을 의미하며 애굽(埃及)은 이집트를 의미한다. 애굽이라는 표현은 중국식 음차표기이며 한국어로는 '이집트 탈출기'라는 표현이 정확하다. '모세 5경'의 제1서 《창세기》가 이스라엘 민족의 배경을 이루는 가족사(家族史)라고 한다면, 이 책은 민족의 탄생에 관한 사건을 기록하고 있다.

출처: 두산백과사전

출애굽기에 있는 성경 라틴어를 조금 소개해 드립니다.
직역이므로 성경과 조금 다르게 번역되는 점은 이해해주세요.

• 출애굽기 20장 1절

Locutusque est Deus cunctos sermones hos:
Ego sum Dominus Deus tuus, qui eduxi te de terra Aegypti, de domo servitutis.
[로쿠투스쿠에 에스트 데우스 쿵토스 세르모네스 호스:
에고 숨 도미누스 데우스 투우스, 쿠이 에둑시 테 데 테라 아에집티, 데

도모 세르위투티스]
그리고 하나님이 이 모든 말씀을 하셨다.
내가 주인이자, 너의 하나님이다. 너를 이집트 땅으로부터,
노예상태의 집으로부터 나오게 했던 분이다.

〰 내용 점검

(1) Locutusque est Deus cunctos sermones hos.
그리고 하나님이 이 모든 말씀을 하셨다

① Locutus est: 말씀하셨다
→ loquor라고 하는 Deponent 동사인데, 일반적으로 '말하다'라고 번역을 합니다. 왜 Deponent 동사라고 하는가 하면, 그 변화 형태가 '수동형'변화를 취하고 있기 때문입니다. 변화는 수동형 변화지만, 해석은 능동으로 하기 때문에 '약간 이상한' 동사라는 의미를 가지는 것입니다.

→ 수동형은 현재의 변화형을 가지고 있기 때문에 지금과 같이, Be동사에 해당하는 'sum, es, est, sumus, estis, sunt' + '~tus/~ta/~tum'의 형태가 되면 의미적으로는 '과거형'이라고 생각하셔야 합니다. 여기서는 주어가 Deus이기 때문에 "하나님이 말씀하셨다"라고 이해하셔야 합니다.

② Locutusque...[그리고 말했다]: que가 붙으면, 영어의 and에 해당하는 의미를 언급합니다.

③ cunctos sermones hos: 이러한 모든 말씀들을
→ cunctos는 'cunctus' 형용사의 대격 복수형으로 수식

④ sermones(남성 대격복수)임으로 대격복수형태를 맞춰 준 것입니다.

→ 'sermones'는 sermo(말씀, 연설)의미를 가지는 3변화 남성어휘입니다.

〈3변화명사 Sermo〉

	단수	복수
주격	sermo	sermones
속격	sermonis	sermonium
여격	sermoni	sermonibus
대격	sermonem	sermones
탈격	sermone	sermonibus

→ 'hos'의 경우는 영어의 this에 해당하는 것으로 남성형명사를 수식해야함으로 남성변화형(hic)을 변화해야 합니다. 그리고 수식하는 명사가 'sermones'임으로 대격 복수 형태를 나타내야 됩니다. 변화형은 다음과 같습니다.

〈Hic 지시대명사 변화형〉

	단수	복수
주격	hic	hi
속격	huius	horum
여격	huic	his
대격	hunc	hos
탈격	hoc	his

(2) Ego sum Dominus Deus tuus
내가 주인이자, 너의 하나님이다

① 기억하시죠? be동사에 해당하는 sum(Esse)동사의 변화

	단수	복수
1인칭	sum	sumus
2인칭	es	estis
3인칭	est	sunt

② 'Dominus(주님, 주인)'이고 동격으로 'Deus(하나님)'을 설정해 두었습니다. 그리고 뒤에 따라오는 소유형용사 '너의(tuus)'는 수식받는 명사가 Deus(남성 단수형)임으로 Tuus로 사용을 합니다. 이 형태는 남성 형용사이며, 다른 형태인 '여성형 tua', '중성형 tuum'도 있습니다.

(3) qui eduxi te de terra Aegypti
너를 이집트 땅으로부터 나오게 했던 분이다

① 'qui'의 경우는 영어의 관계대명사 'that/who'와 같은 것으로 이 또한 격에 따라 형태가 다르며, 문장에서 주어 역할을 하기 때문에 주격관계대명사 형태입니다.

<관계대명사 단수형>

주 qui   여 cui   탈 quo

속 cuius   대 quem

② 'eduxi'의 경우는 완료과거형(짧은 의미 과거, 정확한 시기를 명시한 시제)을 사용한 것으로 인칭에 따라 다음과 같이 변화합니다. (이 형태는 불규칙형태입니다.)

\<edere 짧은 의미의 과거형\>

	단수	복수
1인칭	eduxi	eduximus
2인칭	eduxisti	eduxistis
3인칭	eduxit	eduxerunt

✔ 여기에서 의아하게 생각할 부분은 3인칭 단수형을 사용하지 않는다는 점인데, 의미적으로 '너를 탈출하게 하는 사람은 바로 나'라는 부분이기 때문입니다.

③ 'te'의 경우는 대격단수 형(관계대명사 단수형)

\<2인칭 대명사 격변화\>

주 tu 　　　 여 tibi 　　　 탈 te

속 tui 　　　 대 te

④ 전치사 de는 '~로부터 (나가는)'(영어의 away from)의 의미를 가집니다. 뒤에 탈격형 명사가 뒤따라와야 함으로, terra의 탈격형이 써 있는 것입니다.

\<Terra 1변화 여성명사\>

	단수	복수
주격	terra	terrae
속격	terrae	terrarum
여격	terrae	terris
대격	terram	terras
탈격	terra	terris

(4) de domo servitutis

노예상태의 집으로부터

① 'de domo'의 경우는 앞에서 본 것처럼 de + (탈격형 명사)를 사용해야 하며, 'domus 집'이라는 의미인데, 영어의 home으로 번역이 됨으로 다소 특이한 변화형을 가질 때도 있습니다. 그런데 여기에서는 2변화 남성 규칙형태로 변화합니다.

<2변화 남성 규칙형 어미>

	단수	복수
주격	-us	-i
속격	-i	-orum
여격	-o	-is
대격	-um	-os
탈격	-o	-is

② 'servitutis'의 형태는 servitus(3변화 남성 변화)형입니다. 명사가 명사를 수식할 때는 소유격으로 만들어 수식해야함으로 속격형태를 띄고 있습니다.

<**servitus** 3변화명사변화>

	단수	복수
주격	servitus	servitutes
속격	servitutis	servitutum
여격	servituti	servitutibus
대격	servitutem	servitutes
탈격	servitute	servitutibus

숫자 8, 9는 10단위부터는 사용하지 않는다.

'라틴어에서 18,19/28.29/38,39...는 윗 단위에서 −2, −1로 표시한다!'

무슨 말인지 통 이해가 안 되시죠? 이렇게 하는 어휘는 현대 프랑스어에 그대로 자취가 남아 있습니다. 우리가 앞에서 숫자를 배웠지만,

> Unus(1), duo(2), tres(3), quattuor(4), quinque(5),
> sex(6), septem(7), octo(8), novem(9), decem(10)

위와 같이 octo, novem 보이시죠. 이 어휘는 이제는 10단위보다 커진다면, 뒤에서 볼 수 없습니다. 다른 숫자는 연결해서 사용을 하지만, 이 두 어휘는 '더 이상 사용하지 않는다'는 것이죠. 예를 들어 18과 19는 다음과 같습니다.

> 18 ··· Duodeviginti [두오데위진티]
> 19 ··· Undeviginti [운데위진티]

다시 말하자면, 조합은 다음과 같습니다.

> Duo(2) + de(away from/minus) + Viginti(20)
> = 18 ··· Duodeviginti
> Un(1) + de(away from/minus) + Viginti(20)
> = 19 ··· Undeviginti

〰 이렇게 응용하자면!

28 … duodetriginta [두오데트리진타]
29 … undetriginta [운데트리진타]

38 … duodequadraginta [두오데콰드라진타]
39 … undequadraginta [운데콰드라진타]

88 … duodenonaginta [두오데노나진타]
89 … undenonaginta [운데노나진타]

98 … duodecentum [두오데첸툼]
99 … undecentum [운데첸툼]

이제, 어렵지 않으시죠?
참고로 10단위는 어떻게 쓰는지도 알아두시면 좋아요.

10 … decem
20 … viginti
30 … triginta
40 … quadraginta
50 … quinquaginta

60 … sexaginta
70 … septuaginta
80 … octoginta
90 … nonaginta
100 … centum

....

로마숫자 표기법(X, M, Ⅳ...?),
도대체 어떻게 사용하는 거지?

아라비아 숫자와는 상관없는 표기로 많은 책들이 책의 순서 표기, 왕이나 여왕의 세대, 즉 가계나 지위의 차례, 또는 왕조의 임금 순위를 나타내는 단위(예: Alfonso X 알폰소 10세, Isabel Ⅳ 이사벨 4세)처럼 고대 로마의 기수법이 지위의 차례나 순위일 경우는 서수처럼 사용되는 경우가 많습니다. 현대에 와서는 일상적인 연산법으로는 사용이 되지 않지만, '책의 목차'나 '왕조 순위'에서는 아직도 아주 흔하게 사용되고 있습니다.

로마표기법이다 보니, 로마의 언어인 라틴어의 글자의 첫 이니셜을 따서 만들지 않았나 생각을 합니다. 그러나 아쉽게도 라틴어 숫자 이니셜과는 상관없이 사용되었으며, 이 부분은 더 전문가적인 분이 있겠지만 라틴어에서 즐겨 사용했던 이 로마 표기법 또한 에트루리안 사람들(Etruscans)이 사용하던 표기법, 즉 로마 이전시대의 다음 글자의 〈I, Λ, X, ⋔, 8, ⊕〉가 로마시대 글자로 자리 잡으면서 〈I, V, X, L, C, M〉으로 자리 잡게 되었다고 전하고 있습니다.

∿ 팩트 체크 및 사용법

(1) 로마 숫자 표기법과 라틴어 숫자의 비교

의미	로마표기	라틴어 숫자
1	I	Unus
5	V	Quinque
10	X	Decem
50	L	Quinquaginta
100	C	Centum
500	D	Quingenti
1000	M	Quingenti

거의 상관없다는 것을 아시겠죠?

라틴어 100단위 표기법을 참고로 알아두세요. 비교를 위해 로마 숫자 표기법도 나란히 보여드릴게요.[괄호 안은 로마 숫자표기법]

100 ··· **Centum [C]**　　　　600 ··· **Sescenti [DC]**

200 ··· **Ducenti [CC]**　　　 700 ··· **Septingenti [DCC]**

300 ··· **Trecenti [CCC]**　　 800 ··· **Octingenti [DCCC]**

400 ··· **Quadringenti [CD]**　900 ··· **Nongenti [CM]**

500 ··· **Quingenti [D]**　　　1,000 ··· **Mille [M]**

(2) 로마숫자 표기법 사용법

① 연속으로 사용할 수 있는 같은 숫자의 배열은 3개.

✔ 연속으로 사용가능 단위 → 1(I), 10(X), 100(C)

I ············· 1　　　**VIII** ······ 8　　　**XXX** ······ 30

III ········ 3　　　**X** ············· 10　　　**L** ············· 50

V ············· 5　　　**XIII** ······ 13　　　**LXXX** ····· 80

C ⋯⋯⋯ 100	*D* ⋯⋯⋯ 500	*MCCC* ⋯⋯ 1300
CXXX ⋯⋯ 130	*DCCC* ⋯⋯ 800	
CCC ⋯⋯ 300	*M* ⋯⋯⋯ 1000	

② 중심이 되는 단위는 5단위 배수.

✔ 중심 단위 → 5(V), 10(X), 50(L), 100(C), 500(D), 1000(M)

V ⋯⋯⋯ 5	*X* ⋯⋯⋯ 10	*L* ⋯⋯⋯ 50
IV ⋯⋯⋯ 4	*IX* ⋯⋯⋯ 9	*XL* ⋯⋯⋯ 40
VI ⋯⋯⋯ 6	*XI* ⋯⋯⋯ 11	*LX* ⋯⋯⋯ 60

③ 중심 단위 숫자 앞으로 가면 마이너스(-), 중심 단위 숫자 뒤로 가면 플러스(+).

✔ 플러스/마이너스로 사용되는 단위 → 1(I), 10(X), 100(C)

IV ⋯⋯⋯ 4	*XL* ⋯⋯⋯ 40	*CM* ⋯⋯⋯ 900
VII ⋯⋯⋯ 7	*LXX* ⋯⋯ 70	*MCC* ⋯⋯ 1200
IX ⋯⋯⋯ 9	*XC* ⋯⋯⋯ 90	
XI ⋯⋯⋯ 11	*CXXX* ⋯⋯ 130	

💬 Quiz

다음 숫자를 로마표기법으로 써보세요.

266 → _____

3283 → _____

1492 → _____

정답:
266: *CCLXVI*, 3283: *MMMCCLXXXIII*, 1492: *MCDXCII*

어머니의 선물 그리고 말씀

세상에서 가장 사랑하는 우리 어머니(원효숙 권사님)께서 제가 처음 집을 샀을 때, 집에 걸어놓으라고 사주신 성경말씀.

마침 교회에서 목사님께서 갈라디아서를 말씀으로 설교해 주셔서, 가슴에 와 닿는 하루였습니다. 하늘에서 바라보시는 어머니가 생각나서 밤에 한번 의미를 되새기고, 라틴어 글을 번역해 봅니다.

**Vivo autem iam non ego. vivit vero in me Christus
quod autem nunc vivo in carne in fide vivo Filii Dei
qui dilexit me et tradidit se ipsum pro me**

[위워 아우템 이암 논 에고 위윗 웨로 인 메 크리스투스 쿠오드 아우템 눈크 위워 인 카르네 인 피데 위워 필리이 데이 쿠이 딜렉싯 메 엣 트라디딧 세 입숨 프로 메]

난 살아있었으나, 하지만 난 이제 살아 있지 않은 것이다.

진실한 내 속에 그리스도가 살아계시고,

그래서 더욱이 이제는 하나님 아들의 믿음 속에 육신으로 살고 있다.

그리스도는 나를 사랑하셨고, 나를 위해 자신을 희생하셨다.

✔ 갈라디아서 2장 20절 내용

(성경 말씀으로 써진 것은 사진으로 대체해봅니다)

(1) Vivo autem iam non ego.

난 살아있다. 하지만, 이제는 난 살아있는 것이 아니다.

① vivere: (3변화 자동사) 살다, 살아있다

<vivere 현재 변화형>

	단수	복수
1인칭	vivo	vivimus
2인칭	vivis	vivitis
3인칭	vivit	vivunt

② aut는 '또는'이지만, autem은 강조의 의미가 더해져서, '한편, 하지만, 더욱이'의 의미강조가 되는 경우입니다.

③ iam: 이제, 지금(부사)

Ego 뒤의 vivo는 생략된 것입니다.

(2) vivit vero in me Christus

그리스도가 참된 내 속에 살아계시다

① Christus vivit...: 예수님이 살아계시다.

② vero in me

『전치사 in + 탈격 명사』가 와야 함으로, 탈격 me가 왔으며, 나를 '남성(사람의 대표단수)'로 보고, verus/vera/verum(진실한, 진리의) 형용사를 격에 맞춰 수식을 해주는 것입니다. 그래서 남성 탈격 단수인 vero를 사용했습니다.

(3) quod autem nunc vivo in carne in fide vivo Filii Dei

그래서, 더욱이 이제 하나님의 아들의 믿음 속, 육신으로 살아 있는 것이다

① Quod는 관계사에서 중성, 단수를 의미하는데, 앞에 있는 내용과 연결해주는 역할로, 영어의 So(그래서)처럼 사용을 하게 됩니다. autem은 앞쪽에서 의미를 알려드렸습니다.

② Nunc vivo in carne: 이제 난 육신 속에서 살고 있다

Nunc는 과거와 다른 현재/지금의 의미인 부사입니다. 과거는 tunc라고 합니다.

in carne는 '육신 속'에서란 의미로, in 전치사 다음에 탈격이 왔습니다. carne는 carnis(3변화 여성/육체, 육, 고기)의 탈격 단수 형태입니다.

〈Carnis 변화형〉

	단수	복수
주격	carnis	carnes
속격	carnis	carnium
여격	carni	carnibus
대격	carnem	carnes
탈격	carne	carnibus

③ in fide vivo Filii Dei: 난 하나님의 아들의 믿음 속에서 살고 있다

in fide에서 fide는 탈격 단수 형태입니다. 물론 in 전치사로 인해, 탈격을 사용하는 것입니다. fide는 fides(신념, 믿음/5변화 여성 명사)입니다. 변화형은 다음과 같습니다.

⟨Fides 변화형⟩

	단수	복수
주격	fides	fides
속격	fidei	fiderum
여격	fidei	fidebus
대격	fidem	fides
탈격	fide	fidebus

✔ 5변화는 영어 day에 해당하는 dies(남성/하루) 기억하시
죠?(Carpe diem) 대표적인 5변화 명사입니다. 5변화 어휘는 숫자
가 많지 않으니 나올 때 외워두시면 편합니다.

④ Filii Dei: 하나님의 아들의

　물론 명사가 명사를 수식하려면 속격을 써야 하죠. 여기서 Filii
는 Fide를 수식하며, Dei는 Filii를 수식합니다.

- ‘아들’이라는 filius의 속격인 Filii
- ‘신’이라는 deus의 속격인 Dei입니다.

✔ 어휘를 대문자로 쓴 것은 모두 유일신이기 때문입니다.

(4) qui dilexit me et tradidit se ipsum pro me
예수님은 나를 사랑하셨고, 그리고 나를 위해 자신을 희생하셨다.

① Qui dilexit me: 그는 나를 사랑했다

　qui는 대명사 영어의 who에 해당하는 것으로 앞에 있는 어휘
인 Filii Dei를 의미합니다. me는 대격인 인칭대명사이고, dilexit
은 diligere(3변화 동사/사랑하다)의 완료과거[짧은 의미 과거] 3인
칭단수형입니다. 특이한 불규칙형태입니다.

<현재형/완료과거형 = 짧은 의미의 과거형>

	단수	복수
1인칭	diligo / dilexi	diligimus / dileximus
2인칭	diligis / dilexisti	diligitis / dilexistis
3인칭	diligit / dilexit	diligunt / dilexerunt

② tradidit se ipsum pro me: 나를 위해 자신을 희생했다

tradidit은 tradere(3변화 동사/데리고 가다, 희생하다)이입니다. 물론 완료과거[짧은 의미 과거]형태는 특이형태입니다.

<현재형/완료과거형>

	단수	복수
1인칭	trado / tradidi	tradimus / tradidimus
2인칭	tradis / tradidisti	traditis / tradidistis
3인칭	tradit / tradidit	tradunt / tradiderunt

③ se ipsum: 자신을

주어가 자신을 지칭할 때, 영어에서는 ~self를 써서, 재귀대명사라고 합니다. 라틴어에서는 그냥 1·2인칭일 경우는 주어와 동일한 대격 목적어를 그냥 써서 재귀대명사형을 사용합니다. 하지만, 3인칭을 eum, eam 등으로 사용한다면, 그것은 다른 '그 또는 그녀'를 의미하는 것이기에 3인칭 단수, 복수 모두 재귀대명사 목적어를 사용할 때는 'se'를 사용합니다!

그리고 그 뒤에 있는 ipsum은 영어에서 I myself, he himself처럼 강조방법 아시죠? 그것처럼 ipse/ipsa/ipsum이라는 형태로 각각, 남성/여성/중성을 두고, 그 수식받는 명사 바로 뒤에 써서 강조를 해주는 역할을 합니다. 여기에서는 se ipsum은 3인칭 남성단수 대격 강조라는 것을 의미합니다. 만약에 여성 3인칭을 강조하는 경우는 se ipsam이 되겠죠?

④ pro me...: 나를 위해

『전치사 pro + 탈격 명사』는 전치사 for와 같은 역할을 하며, 의미로는 '~위해, ~의 앞에, ~를 대신하여'로 사용이 됩니다.

동사이야기: Esse 동사의 적용범위는 전방위적이다?

동사 이야기를 하기 전에, 일반 동사의 기본형태 외에 특이한 형태의 동사를 하나씩 소개해드리려고 해요. 특이형태 동사 중 단연, 가장 중요하고, 제일 많이 사용되는 동사는 영어의 Be동사에 해당하는 Esse 동사라고 할 수 있습니다.

〰 일반적으로 영어의 Be동사처럼 사용하는 것 이외에 문법적으로 그 적용의 범위에 중요 역할은 크게 세 가지로 볼 수 있습니다.

(1) 동사 변화 + 과거분사형 = 수동형

예 **Sum amatus.** 난 사랑받았다(남성)

　Sum amata. 난 사랑받았다(여성)

유의사항

　여기에서 특이한 것은 '현재형(esse) + 과거분사형'은 '짧은 과거의미의 수동동사'입니다. Esse동사의 문법시제보다 의미적으로는 하나 더 앞선 과거의미를 형성하는 것입니다.

(2) '동사변화형'어미 역할

일반동사의 〈대과거, 미래완료〉 어미에 붙여 시제를 만들어주는 역할을 합니다.

예 **amaveram** 사랑했었다(대과거)

　amavero 사랑할 것이다(미래완료)

미래완료로 변화를 할 때, 3인칭 복수의 esse동사 형태가 변형
이 되어 붙어야 합니다. 즉, erunt (X) 〉〉 erint (O)

(3) 다른 의미의 어두음과 결합해 합성의미 동사로 만들어주는 역할
물론 다른 동사도 그런 역할을 할 수 있지만, 더 많이 사용되는
재료가 됩니다.

> **Potsum** ~할 수 있다(영어의 can / 원형 posse)
> **Absum** 결석한다.(영어의 be away / 원형 abesse)
> **Adsum** 출석하다(영어의 present / 원형 adesse)

결론은 꼼꼼하게, Be동사에 해당하는 Esse동사의 변화형을 암
기하고 있는 것이 적용하기에 아주 좋습니다. 동사 시제의 수는
아주 많지만, 직설법에 해당하는 것 네 가지만 완벽하게 외워보
시면, 충분히 응용할 수 있습니다.

〈현재 변화형〉

	단수	복수
1인칭	sum	sumus
2인칭	es	estis
3인칭	est	sunt

〈완료과거 = 짧은 의미 과거〉

	단수	복수
1인칭	fui	fuimus
2인칭	fuisti	fuistis
3인칭	fuit	fuerunt

<불완료과거 = 긴 의미의 과거>

	단수	복수
1인칭	eram	eramus
2인칭	eras	eratis
3인칭	erat	erant

<미래 변화형>

	단수	복수
1인칭	ero	erimus
2인칭	eris	eritis
3인칭	erit	erunt

 여기서 잠깐 〈Esse가 활용되어 나타난 Posse〉

영어의 Be able to/can동사의 역할을 하는 Posse

영어의 '~할 수 있다' 조동사 역할을 하는 posse동사는 다음과 같이 라틴어 형용사와 esse동사가 합쳐져서 만들어진 동사입니다.

『potis(할 수 있는) + esse(Be동사)』

Esse동사의 변화에서 모음 첫 글자 앞에서는 [pot+]로 형태가 되고, 자음으로 시작하는 글자 앞에서는 [pos+]가 됩니다. 중요한 것은 영어처럼 '조동사 + 본동사 원형' 어순이 아니라, 자유로운 어순답게 뒤집혀서 나오는 경우가 많습니다.

예 나는 그것을 볼 수 있다.
　Ego id videre possum.

〜 중요 정리

✔ 영어 Can에 해당하는 Posse.

(1) 형용사 potis + Esse로 만들어진 조동사
　pot + 모음 / pos + 자음

(2) 어순은 자유롭기 때문에 동사원형이 먼저오기도 함.

〰 변화형을 Esse와 동일한 시제로 4가지 살펴보겠습니다.

〈현재 변화형〉

	단수	복수
1인칭	possum	possumus
2인칭	potes	potestis
3인칭	potest	possunt

〈완료과거 = 짧은 의미 과거〉

	단수	복수
1인칭	potui	potuimus
2인칭	potuisti	potuistis
3인칭	potuit	potuerunt

〈불완료과거 = 긴 의미의 과거〉

	단수	복수
1인칭	poteram	poteramus
2인칭	poteras	poteratis
3인칭	poterat	poterant

〈미래 변화형〉

	단수	복수
1인칭	potero	poterimus
2인칭	poteris	poteritis
3인칭	poterit	poterunt

　　Esse동사의 변화형과 상당히 비슷하죠? 기본으로 나오는 동사
들이니 외워두셔야 합니다.

라틴어 단어를 사전에서 어떻게 찾지?

언어별로 언어의 속성을 모르고 그냥 사전만 던져준다면, 어떻게 단어를 찾아야할지 모르는 경우가 많습니다. 동사의 현란한 변화를 보고, 어렵게 원형을 알아내서 찾아보았지만 라틴어 사전을 찾으면서 "어? 없네?"라며 경험한 분들이 많을 것입니다. 물론 일반적인 언어들 동사의 경우는 사전에서 동사원형으로 찾아야 합니다. 하지만, 라틴어는 그렇지 않은 거죠.

〰 사전 찾기부터 해볼까요?

(1) 라틴어 단어 찾기 : 동사

현대어에서 동사는 '동사원형'으로 찾습니다. 하지만, 라틴어는 그 많은 변화형 중에 직설법 현재 1인칭 단수로만 어휘를 찾을 수 있습니다.

예 amare(사랑하다) → amo
   esse(Be동사) → sum

보이시나요? Amo를 찾으셔야 amare동사를 찾으신 것입니다. ➡

amō

am·ō -āre -āvī -ātus *tr* to love, like, be fond of; to fall in love with; **amābō (tē)** *(coll)* please **‖** *intr* to be in love
amoenē *adv* charmingly, pleasantly
amoenit·ās -ātis *f* charm
amoen·us -a -um *adj* charming, pleasan (*esp. to sight*) **‖** *npl* pleasant places
āmōl·ior -īrī *tr* to remove; to put aside, pu away: to get rid of, shake (*a person*): t

(2) Amo, -are, -avi, atus라고 연속해서 4개의 어휘가 위 사진 속 문장 앞쪽에 굵은 글씨로 써 있습니다. 이것들은 무엇일까요? 동사는 모두 이런 순서로 써 있다고 생각하시면 됩니다.

첫 번째는 사전에서 찾을 때, 보이는 Amo, 그 다음은 동사원형이 나와 있습니다. amare(규칙일 때는 앞을 빼고, 뒤에 어미만 쓰죠), 그 다음에는 완료 과거 1인칭 단수 amavi. 여기에서도 규칙일 때는 -avi만 씁니다. 그리고 마지막에는 과거 분사형(P.P.)인 amatus를 사용하는데, 형용사의 의미에서 남성단수의 형태를 보여주고 있습니다. 수식받는 명사에 따라서 그 형태는 바뀔 수 있다는 것입니다.

(3) 명사의 변화와 단어 찾기

명사는 격변화라는 것이 있습니다.

격		단수	복수
주어 ──	주격	-us	-i
소유 ──	속격	-i	-orum
간접목 ──	여격	-o	-is
직접목 ──	대격	-um	-os
전치 ──	탈격	-o	-is

격변화라는 것은 그 쓰임을 말하는 것인데, 일반적으로 라틴어의 명사는 단수/복수가 변화를 해서 10개로 변화한다고 생각하시면 됩니다. 순서는 위의 그림과 같죠. 주격, 속격, 여격, 대격, 탈격... 의미는 빨간색 글씨와 같고요, 주어/소유격/간접목적어/직접목적어/전치사(이탈)의 목적어 형태입니다.

그럼 사전은 "어떤 것으로 찾아야 할까요?" 결론은 '주격단수형'으로 찾는다는 것입니다.

(4) 1변화 여성명사와 2변화 남성명사

주격단수형이 -a로 끝나는 것이 일반적으로 1변화 여성 명사이고, 주격단수형이 -us로 끝나는 것이 일반적으로 2변화 남성명사입니다.

위에 보시는 것처럼 2변화 남성형 어미가 변화를 하는데요.

1인칭 단수 〈직설법〉

equus	—	-i
-i	—	-orum
-o	—	-is
-um	—	-os
-o	—	-is

1변화 여성명사는 없어서 아래에 소개해 드립니다.

<1변화 여성형 어미>

	단수	복수
주격	-a	-ae
속격	-ae	-arum
여격	-ae	-is
대격	-am	-as
탈격	-a	-is

<Rosa로 적용>

	단수	복수
주격	rosa	rosae
속격	rosae	rosarum
여격	rosae	rosis
대격	rosam	rosas
탈격	rosa	rosis

물론 남성변화형은 앞쪽에 있지만 다시 정리하면,

<equus 변화형>

	단수	복수
주격	equus	equi
속격	equi	equorum
여격	equo	equis
대격	equum	equos
탈격	equo	equis

영화 『죽은 시인의 사회』에서 나온 'Carpe Diem' 기억하시나요?

Carpe diem
[카르페 디엠]
하루를 잡아라; 현실을 즐겨라

영화 〈죽은 시인의 사회〉에서 나오면서, 세계적으로 유명해진 이 말은 호라티우스(Quintus Horatius Flaccus)가 쓴 송시(Odes) 1권에 나오는 어구입니다. 그 부분을 발췌해서 알려드려요. 기존의 사설 등에서 이 어구를 이용할 때, 모두 영어의 해석에 의존해서 사용하시는 것 같아 다시 소개합니다.

dum loquimur, fugerit invida aetas:
carpe diem, quam minimum credula postero.
[둠 로쿠이무르, 푸제릿 인위다 아에타스:
카르페 디엠, 쿠암 미니뭄 크레둘라 포스테로.]
우리가 이야기하는 동안, 선망하던 시간은 사라졌을 것이다:
그 하루를 잡아라, 그에 비해서 세월의 나중은 믿을 만하지 못하다.

〰 문장 분석

(1) Dum + 문장 : ~하는 동안(영어의 While)

(2) loquimur (우리는 말한다: Deponent 어휘)

이 어휘는 특이하게 수동태의 형태를 가졌으나, 목적어를 사용할 수 있는 어휘로, 일반적으로 Deponent 동사라고 합니다. 변화형이 수동형으로 변화하고, 능동형처럼 번역하시면 됩니다.

<현재형 변화>

	단수	복수
1인칭	loquor	loquimur
2인칭	loqueris	loquimini
3인칭	loquitur	loquuntur

(3) fugere 도망가다, 사라지다(3변화 동사)

여기에서 변화는 접속법 짧은과거(완료과거)형태로, '~해버렸을 것이다'로 번역하셔야 합니다. 어려운 접속법에, 그것도 과거라니 암기하려고 하지마시고, 아이쇼핑하듯 쓱 살펴보세요.

<현재 변화형/직설법>

	단수	복수
1인칭	fugio	fugimus
2인칭	fugis	fugitis
3인칭	fugit	fugiunt

→ 3변화 변화형이 4변화에 아주 근접하게 변화하는 형태입니다.

<과거 변화형/접속법>

	단수	복수
1인칭	fugerim	fugerimus
2인칭	fugeris	fugeritis
3인칭	fugerit	fugerint

(4) invida aetas 선망하던 시간(세월)이

① 형용사 invidus/invida/invidum(부러워하는, 선망하는)에서 여성형 주격인 aetas에 맞춰서 수식을 해줍니다.

② aetas: 세월, 시간(3변화 여성형)

〈변화형〉

	단수	복수
주격	aetas	aetates
속격	aetatis	aetatum
여격	aetati	aetatibus
대격	aetatem	aetates
탈격	aetate	aetatibus

(5) Carpe diem 하루를 잡아라

① carpere (붙잡다; 3변화 동사)

〈현재 변화형〉

	단수	복수
1인칭	carpo	carpimus
2인칭	carpis	carpitis
3인칭	carpit	carpunt

→ 여기 문자에서는 명령형을 사용했습니다. 동사 명령형 만드는 방법은 동사원형에서 '~re'를 떼어 내면 명령형입니다.

② dies(하루; 5변화명사 남성)

<변화형>

	단수	복수
주격	dies	dies
속격	diei	dierum
여격	diei	diebus
대격	diem	dies
탈격	die	diebus

(6) quam minimum credula postero.
그에 비해서 다음날은 최소한으로만 믿는 시간[세월]이다.

① quam: 그것에 비해서
　'quam'은 영어의 than처럼 사용되는 경우 또는 as처럼 사용되는 경우가 가장 흔하기는 하지만, 접속사로 '시간의 흐름(비교의 의미를 가지고)'으로 사용이 됩니다.

② minimum credulus/credula/cedulum: 최소한으로 믿을 만한
　부사인 minumum(최소)은 형용사를 꾸며주는 역할을 합니다. 물론 반대로 최대치를 말할 때는 maximum을 사용합니다. 뒤에 형용사 credulus는 수식받을 명사 aetas(여성, 주격)에 맞춰 credula를 사용한 것입니다. 물론 이 문장은 앞에 나온 aetas가 생략되었고, 동사 또한 영어의 be동사에 해당하는 esse동사가 생략되었다고 보시면 됩니다.

③ postero: (시간부사/미래)다음날
　원래 posterus/postera/posterum은 수식받는 명사에 따라 변화하는 형용사입니다. 하지만, 시간을 지칭하는 '미래; 다음 날; 이후'라는 의미를 가질 때는 중성 탈격 형태를 유지해, 시간부사로

사용이 됩니다.

"Hodie, Carpe diem!!!"

오늘, 하루를 즐기세요!!

라틴어는 의문문을 어떻게 만들지? 물음표만 붙이면 될까?

영어를 공부할 때, 의문문을 만들려면 조동사가 앞으로 가고, 아니면 의문사를 앞쪽에 붙이거나 Be동사가 앞으로 가기도 하고... 여하튼 영어를 처음 배울 때 느꼈던 복잡했던 기억이 되살아나시지 않나요? 그럼 라틴어는 앞쪽에서 "어순이 없다!"라고 단호하게 말했던 것을 생각하신다면 "음? 뭐지? 어떻게 하라는 거지?"라는 생각이 드실 것입니다.

라틴어는 더 세밀한 방법도 있지만, 의문문을 만드는 방법은 기본적으로 크게 3가지가 있다고 생각하시면 됩니다.

> 의문사가 없는 경우, 동사로만 의문문 만들기
> 의문사가 있는 경우, 의문문 만들기
> 의문사가 없는데, 부정적 의문문 만들기

〰 위의 3가지를 각각 설명과 예문을 만들어 보겠습니다.

(1) '동사 + ne'로 의문문 완성

예 **Sanchus est magister.** 산쿠스는 선생님이다.
→ **Estne Sanchus magister?** 산쿠스는 선생님인가요?

Maria amat Sanchum. 마리아가 산쿠스를 좋아한다.
→ **Amatne Maria Sanchum?** 마리아가 산쿠스를 좋아하니?

(2) 의문사가 명사일 경우 격에 따라 형태가 변화합니다.

물론 의문 부사는 부사가 절대 변화하지 않는 것처럼 변화하지 않죠.

- 영어의 의문사로 맞춰서 하나씩 보겠습니다.

Who ······ Quis(명사)   How ······ Quomodo(부사)

What ····· Quid(명사)   When ····· Quando(부사)

Where ··· Ubi(부사)   Why ······ Cur(부사)

위에서 Quis와 Quid만 명사이고 나머지는 부사입니다. 그럼 두 의문사만 변화하겠죠. 다 알아보는 것은 머리아픈 일이니 일단, Who에 해당하는 Quis를 변화하겠습니다.

〈Quis 단수변화형〉

주 quis   여 cui   탈 quo

속 cuius   대 quem

→ 의문사의 경우는 단수 변화형만을 대부분 사용합니다.

- 각각의 격변화에 해당하는 의문사 예문을 보도록 하겠습니다.

예 주 Quis amat Sanchum? 누가 산쿠스를 좋아하니?

속 Cuius filia est Maria? 누구의 딸이 마리아냐?

여 Cui das pecuniam? 넌 누구에게 돈을 주니?

대 Quem amat Sanchus? 산쿠스는 누구를 좋아하니?

탈 Quocum est Maria? 마리아는 누구와 함께 있니?

의문사도 변화한다는 것을 알고만 있었을 뿐, 적용된 것을 보고 나니 어질어질 하시죠. 일단, "이렇게 변화하는 구나"라고만 보세요.

참고 Quid 격변화형 보기

<Quid 단수변화형>

- 주 quid
- 속 cuius
- 여 cui
- 대 quid
- 탈 quo

(3) Non + ne 동사...

부정부사인 Non 뒤에 ne를 붙이면 간단히 부정의문문을 만드는 것이 됩니다. 참 간단한 방법이죠.

예 **Sanchus non est alumnus.** 산쿠스는 학생이 아니다.
→ **Nonne est Sanchus alumnus?** 산쿠스는 학생이 아닌가요?

Sanchus non amat Mariam. 산쿠스는 마리아를 좋아하지 않는다.
→ **Nonne amat Sanchus Mariam?**
산쿠스는 마이라를 좋아하지 않니?

어떠세요? 어렵지 않죠? 의문사가 격 변화한다는 것이 조금 더 적응이 필요한 부분이고, 일반동사와 부정부사(Non)에 의문문을 만드는 것은 어렵지 않으리라 믿습니다.

KEYWORD 061

라틴어 기초 회화 수준의 대화문, 한번 구경해볼까요?

▶참고동영상

　　　조금씩 배워오던 문법지식을 조금 실전에 적용시켜 보고 싶은 생각이 막 드시죠? 막 떨어져 있는 문법들을 모아서 문장으로 나타나는 것을 살펴보는 종합적인 공부가 될 듯합니다.

〰 그럼, 대화문을 보면서 함께 음미해 볼까요?

A: Quis, Galba, est Diana?

B: Diana, Iulia, est pulchra dea lunae et silvarum.

A: Cuius filia, Galba, est Diana?

B: Latonae filia, Iulia, est Diana?

A: Quid Diana portat?

B: Sagittas Diana portat.

A: Cur Diana sagittas portat?

B: Diana sagittas portat, Iulia, quod malas feras silvae magnae necat.

A: Amatne Latona filiam?

B: Amat, et filia Latonam amat.

A: Quid filia tua parva portat?

B: Coronas pulchras filia mea parva portat.

A: Cui filia tua coronas pulchras dat?

B: Dianae coronas dat.

A: Quis est cum filia tua? Estne sola?

B: Sola non est; filia mea parva est cum ancilla mea.

∿ 문장 분석

가급적 간략하게 설명을 붙여보겠습니다.

(1) Quis, Galba, est Diana?

[쿠이스, 갈바 에스트 디아나?]

갈바야, 누가 디아나니?

① Quis: 누구 (인칭의문사 주격 단수형. 영어의 who에 해당함.)

② Galba: 갈바야! (호격- 사람을 부를 때 사용함. 형태는 여성이지만, 남성 어휘)

✔ 호격을 사용할 때는 문장 맨 앞에 쓰고 쉼표를 찍고 문장을 쓰거나, 문장 중간에 올 때는 어휘 앞·뒤에 쉼표를 찍는 것이 일반적임.

③ est: ~이다(영어의 be동사. 3인칭 단수 형태)

④ Diana: 디아나(사람 이름. 주격 단수 형태)

(2) Diana, Iulia, est pulchra dea lunae et silvarum.

[디아나, 이울리아, 에스트 풀크라 데아 루나에 엣 실와룸]

이울리아야, 디아나는 아름다운 달의 여신이자 숲의 여신이란다.

① Iulia: 이울리아야!(호격. 호격은 남성어미 ~us/~ius로 끝나는 형태를 ~e/~i로 바꾸어 주는 것 이외에는 사용하는 주격형태를 그대로 호격으로 사용함.)

② pulchra: 아름다운 (pulcher 형용사의 여성형, 주격 단수형태)

③ dea: 여신 (1변화 여성명사. 주격 단수형태)

④ lunae: 달의 (1변화 여성명사 luna. 속격 단수형태)

⑤ et: 그리고 (접속사. 영어의 and)

⑥ silvarum: 숲들의 (1변화 여성명사 silva. 속격 복수형태)

(3) Cuius filia, Galba, est Diana?
[쿠이우스 필리아 갈바, 에스트 디아나?]
갈바야, 디아나는 누구의 딸이니?

① cuius: 누구의 (인칭의문사 quis의 속격 단수 형태)

② filia: 딸(1변화 여성명사. 주격 단수 형태.

(4) Latonae filia, Iulia, est Diana?
[라토나에 필리아 이울리아, 에스트 디아나?]
이울리아야, 디아나는 라토나의 딸이니?

① Latonae: 라토나의(사람이름. 1변화여성 명사형. 속격 단수형태)

② Filia(딸), Diana 어휘는 주격 단수 형태입니다.

(5) Quid Diana portat?
[쿠이드 디아나 포르탓?]
디아나는 무엇을 가지고가니?

① Quid: 무엇을(중성 의문사 quid의 대격 단수형태. 영어의 what에 해당함.)

② portat: 운반하다(1변화 동사 portare. 현재 3인칭 단수형태)

(6) Sagittas Diana portat.
[사지타스 디아나 포르탓]
디아나는 화살(들)을 가지고 간다.

① sagittas: 화살들을 (1변화 여성명사 sagitta. 대격 복수 형태)

(7) Cur Diana sagittas portat?
[쿠르 디아나 사지타스 포르탓?]
왜 디아나는 화살(들)을 가지고 가니?

① cur: 왜 (의문 부사로 영어의 why에 해당함.)

(8) Diana sagittas portat, Iulia, quod malas feras silvae magnae necat.
[디아타 사지타스 포르탓, 이울리아, 쿠오드 말라스 페라스 실와에 마그나에 네캇.]
이울리아야, 디아나는 화살(들)을 가지고 간다. 왜냐하면, 커다란 숲의 못된 짐승들을 죽인단다.

① quod: 왜냐하면 (원래는 영어의 관계사 that에 해당하지만, 의미적으로 because의 역할을 하면서, 접속사역할을 함.)

② malas: 나쁜 (malus 형용사의 여성형. 대격복수 형태)

③ feras: 짐승들을 (1변화 여성명사 fera. 대격복수 형태)

④ silvae: 숲의(1변화 여성명사 silva. 속격단수 형태)

⑤ magnae: 큰(magnus 형용사의 여성형. 속격단수 형태)

⑥ necat: 죽이다(1변화 동사 necare. 3인칭 단수형태)

(9) Amatne Latona filiam?
[아맛네 라토나에 필리암?]
라토나는 딸을 사랑하니?

① Amat: 사랑하다(1변화 동사 amare. 3인칭 단수형태)

② ~ne: ~하나? (의문문 만드는 접미사. 의문사가 없을 때, 동사 뒤에 붙여 의문문을 만드는 문법적 역할의 접미사.)

③ filiam: 딸을 (1변화 여성명사 filia. 대격 단수형태)

(10) Amat, et filia Latonam amat.
[아맛, 엣 필리아 라토남 아맛]
사랑하지, 그리고 딸도 라토나를 사랑한다.

① Amat...: 라틴어의 경우는 앞쪽 문장에서 언급한 내용은 뒤에서는 생략하는 경우가 일반적이고 그래서 인칭대명사를 사용하기보다는 그냥 생략하기 때문에 문맥적으로 이해해야합니다.

② Latonam: 라토나를 (사람 이름. 1변화 여성 명사형. 대격 단수형태)

(11) Quid filia tua parva portat?
[쿠이드 필리아 투아 파르와 포르탓?]
너의 작은 딸은 무엇을 가지고 가니?

① tua: 너의 (소유 형용사 tuus의 여성형. 주격 단수형태)

② parva: 작은 (형용사 parvus의 여성형. 주격 단수형태)

(12) Coronas pulchras filia mea parva portat.
[코로나스 풀크라스 필리아 메아 파르와 포르탓]
아름다운 화관[꽃장식관](들)을 나의 작은 딸이 운반한다.

① coronas: 화관들을(1변화 여성명사 corona. 대격복수 형태)
✔ corona는 일반적으로 '왕관'으로 사용되는데, 여기에서는 서로 축하하고 선물하는 개념으로 사용되기 때문에 꽃 장식으로 만든 관인 화관(花冠)을 의미합니다.

② **pulchras**: 아름다운(pulcher 형용사의 여성형, 대격 복수형태)

③ **mea**: 나의(소유 형용사 meus의 여성형. 주격 단수형태)

(13) *Cui filia tua coronas pulchras dat?*
[쿠이 필리아 투아 코로나스 폴크라스 닷?]
누구에게 너의 딸이 아름다운 화관(들)을 주니?

① **cui**: 누구에게 (인칭의문사 quis의 여격 단수형태. 영어의 to whom 의미)

② **dat**: 주다 (1변화 동사 dare. 3인칭 단수형태)

(14) *Dianae coronas dat.*
[디아나에 코로나스 닷]
디아나에게 화관(들)을 준다.

① **Dianae**: 디아나에게 (사람이름. 1변화 여성형. 여격 단수형태)

(15) *Quis est cum filia tua? Estne sola?*
[쿠이스 에스트 쿰 필리아 투아? 이스트네 솔라?]
누가 너의 딸과 함께 있니? 혼자 있니?

① 전치사 cum + 탈격: ~와 함께

② **filia**: 딸(과 함께). 전치사 cum 뒤에 위치하기 때문에 탈격 단수 형태합니다.

③ **tua**: 너의(소유 형용사 tuus의 여성형. 탈격 단수형태)

④ **sola**: 혼자의(형용사 solus의 여성형. 주격 단수형태)

(16) Sola non est; filia mea parva est cum ancilla mea.

[솔라 논에스트; 필리아 메아 파르와 에스트 쿰 안칠라 메아.]

혼자가 아니다. 나의 작은 딸은 나의 여종(하인)과 있다.

① non: 아닌 (부정어. 부사. 영어의 not 또는 no에 해당함)

② ancilla: 여종(과 함께). 1변화 여성 명사로 전치사 cum 뒤에 위치하기 때문에 탈격 단수형태입니다.

③ mea: 나의(소유 형용사 meus의 여성형. 탈격 단수형태)

〰 동영상을 보시면서, 설명을 좀 들어보시는 것이 좋겠죠? 지면으로 설명하기는 매우 긴 글이 되었습니다.

> ### '생일 축하해!'를 라틴어로 어떻게 표현할까?

축하한다는 표현은 정말 많이 사용하는 표현입니다. 어떤 상황에서도 사용할 수 있는 '축하해!'부터 힘들어하는 상대를 격려하는 '기운 내!' 등등 사람의 기분을 좋게 만들어주는 축하와 응원의 말은 많이 있을 것입니다. 가장 많이 사용하는 '생일 축하'부터 일반적인 '축하', 그리고 '기운 내'라고 응원하는 용어까지 쭉 살펴보도록 하겠습니다.

• 생일을 축하할 때

Felix dies natalis!
[펠릭스 디에스 나탈리스]

생일 축하합니다!

① Felix는 형용사로 3변화형을 가지는 어휘입니다.

변화형은 수식받는 명사에 따라 형태를 가지게 되며, 이 형태는 남 · 여성 명사의 형태는 동일하고 중성형태만 차이가 있습니다.

〈Felix의 변화형〉

	단수		복수	
	남 · 여성	중성형	남 · 여성	중성형
주격	Felix	Felix	Felices	Felicia
속격	Felicis	Felicis	Felicium	Felicium
여격	Felici	Felici	Felicibus	Felicibus
대격	Felicem	Felix	Felices	Felicia
탈격	Felici	Felici	Felicibus	Felicibus

② dies (5변화형 남성명사) 하루, 날, 일

〈dies 변화형〉

	단수	복수
주격	dies	dies
속격	diei	dierum
여격	diei	diebus
대격	diem	dies
탈격	die	diebus

③ natalis (3변화형 형용사) 탄생의, 출생의

명사로도 사용되며, '생일'이라는 남성명사입니다. 이 문장에서는 명사의 속격으로 보셔도 되고, 형용사로 보셔도 아무 문제 없습니다.

〈3변화 남성변화 natalis〉

	단수	복수
주격	natalis	natales
속격	natalis	natalium
여격	natali	natalibus
대격	natalim(natalem)	natales
탈격	natali(natale)	natalibus

〰 Fortuna, dies natalis!의 경우는,

Fortuna라는 명칭을 별도로 사용하였다고 보여집니다. 명사로 '행운'이라는 의미이기 때문에

"행운이 함께하는 생일이 되렴!" 정도로 보시면 좋을 듯합니다.

• 일반적인 '축하'의 메시지

■ 축하해!

　어떤 상황에서도 사용할 수 있는 '축하'의 경우는 아래의 어휘를 사용합니다.

gratulatio … (3변화 여성명사) 축하, 감사
congratulatio … (3변화 여성명사) 축하, 경하

변화형은 위 어휘들이 동일합니다.

〈gratulatio 변화형〉

	단수	복수
주격	gratulatio	gratulationes
속격	gratulationis	gratulationum
여격	gratulationi	gratulationibus
대격	gratulationem	gratulationes
탈격	gratulatione	gratulationibus

■ 성공해라!/소원대로 되라!

prosperitas … (3변화 여성명사) 번창, 번영, 소원성취

〈prosperitas 변화형〉

	단수	복수
주격	prosperitas	prosperitates
속격	prosperitatis	prosperitatum
여격	prosperitati	prosperitatibus
대격	prosperitatem	prosperitates
탈격	prosperitate	prosperitatibus

■ (종교적) 영원한 복이 있길!

Beatitudo ... (3변화 여성명사) 행복, 행복한 생활, 영복(永福)

\<beatitudo 변화형\>

	단수	복수
주격	beatitudo	beatitudines
속격	beatitudinis	beatitudinum
여격	beatitudini	beatitudinibus
대격	beatitudinem	beatitudines
탈격	beatitudine	beatitudinibus

✔ 위의 용어들을 '어떻게 사용하느냐'에 따라 그 격 변화는 여러 가지로 사용될 수 있습니다.

① 『난 너에게 '축하'를 보낸다』는 문장을 만들 때,
   당연히 '축하'는 대격형태가 되어야 합니다. 물론 다른 말들은 생략이 가능할 것이며, '축하'라는 말은 단수형/복수형 모두 가능할 것입니다. 일반적으로 축하하는 말은 복수로 많이 사용합니다.

[예] **Ego tibi 'gratulationem(= gratulationes)' do.**
   나는 너에게 '축하를' 건네준다.

② 『너는 '번창함'을 가져라』라는 문장을 만들 때,
   역시 '번창함'은 대격형태가 될 수 있습니다. 축복의 말은 물론 복수로도 사용이 가능함을 알아두세요.

[예] **Tu, habe 'prosperitatem(= prosperitates)'.**
   넌, '번창함'을 가지렴.

③ 『'행복함'이 너와 함께 있어라』라는 문장을 만든다고 하면,
   '행복함'을 주어로 만들 때, 주격 형태가 될 것이며, '너'를 주

어로 해서 '행복함'과 함께 있도록 문장을 만든다면 탈격을 사용
할 것입니다.

[예] 'Beatitudo' tecum erit.
'행복함'이 너와함께 있길.

Tu eris cum 'beatitudine'.
너는 '행복함'과 함께 있길.

• 격려하는 말

Macte animo!

[막테 아니모]

용기를 내렴!

① macte: (부사) 〈축하, 격려 등의 감탄사〉 아~,
부사는 변화가 없습니다.

② animo는 animus의 탈격형태입니다.
animus (2변화 남성명사) 정신, 의식, 신념.
→ '기운을 차리다, 원기를 회복해라'라는 말로 사용이 됩니다.

[예] (Tu es cum) animo! 힘내!

〈2변화 남성변화 어미〉

	단수	복수
주격	-us	-i
속격	-i	-orum
여격	-o	-is
대격	-um	-os
탈격	-o	-is

Macte virtute!

[막테 위르투테]

오, 멋지다!

① virtus: (3변화 여성명사) 품성, 덕성, 덕행

탈격을 사용해서 언급한 것입니다. 생략한 것입니다.

→ (당신은) 멋진 품성(을 가지셨군요.)

예 (Tu es cum) virtute!

<virtus의 변화형>

	단수	복수
주격	virtus	virtutes
속격	virtutis	virtutum
여격	virtuti	virtutibus
대격	virtutem	virtutes
탈격	virtute	virtutibus

〰 참고로, 영어의 'Good!'은 라틴어로 'Bonus!'라고 아주 많이 사용을 합니다.

크리스마스와 관련된 성경이야기는 무엇일까?

크리스마스만 되면, 교회나 성당에 가서 반짝 거리는 크리스마스 트리를 보고, 즐거운 생각도 있지만, TV에서 빠지지 않는 것이 마굿간과 관련된 크리스마스에 관한 이야기나 영화 등입니다. 우리가 일반적으로 보고 있는 성경에서 크리스마스에 관련된 이야기는 어디에 있는지 한번 살펴보겠습니다. 먼저 '메리 크리스마스' 라틴어로 써볼까요? 그리고 이야기에 관해 누가복음의 내용을 소개해 드립니다.

메리크리스마스(보내세요!)

Felicem diem Nativitatis

[펠리쳄 디엠 나티위타티스]

(1) Felicem (형용사) 행복한, 즐거운

- 대격 단수 형태로, 대격 단수 명사를 수식하고 있습니다.
- 형용사 Felix로 변화는 3변화 명사형태로 변화합니다.

Felix 변화형 --- <Felix의 남 · 여성 변화형>

	단수	복수
주격	Felix	Felices
속격	Felicis	Felicium
여격	Felici	Felicibus
대격	Felicem	Felices
탈격	Felici	Felicibus

✔ 중성형 변화는 단수 대격, 복수 주격과 대격에서 차이가 있습니다.

(2) dies 하루, 날
– 5변화 남성 명사

<dies 변화형>

	단수	복수
주격	dies	dies
속격	diei	dierum
여격	diei	diebus
대격	diem	dies
탈격	die	diebus

(3) Nativitatis 출생의, 탄생의
– 3변화 여성명사 nativitas의 속격 단수 형태.
– 기독교나 카톨릭에서 대문자로 사용하는 것은 예수님의 탄생과 관련된 날이기 때문에 고유명사화 하기 때문입니다.

<Nativitas의 변화형>

	단수	복수
주격	Nativitas	Nativitates
속격	Nativitatis	Nativitatum
여격	Nativitati	Nativitatibus
대격	Nativitatem	Nativitates
탈격	Nativitate	Nativitatibus

참고 누가복음 2장 8절에서 21절까지

✔ 주석으로 단어를 소개해드려요. 한번 해석해보세요.

08. et pastores[1] erant in regione[2] eadem vigilantes[3] et
custodientes[4] vigilias noctis[5] supra[6] gregem[7] suum

09. et ecce[8] angelus[9] Domini stetit[10] juxta illos et claritas[11]
Dei circumfulsit[12] illos et timuerunt[13] timore magno

10. et dixit illis angelus nolite timere ecce enim[14] evangelizo[15]
vobis gaudium[16] magnum quod erit omni populo

11. quia natus est vobis hodie salvator[17] qui est Christus
Dominus in civitate[18] David

12. et hoc vobis signum[19] invenietis[20] infantem[21] pannis
involutum et positum in præsepio[22]

13. et subito[23] facta est cum angelo multitudo militiæ
cælestis[24] laudantium Deum et dicentium

한국어 번역

8. 그 지역에 목자들이 밤에 밖에서 자기 양 떼를 지키더니

9. 주의 사자가 곁에 서고 주의 영광이 그들을 두루 비추매 크게 무서워하는지라

10. 천사가 이르되 무서워하지 말라. 보라 내가 온 백성에게 미칠 큰 기쁨의 좋
은 소식을 너희에게 전하노라

11. 오늘 다윗의 동네에 너희를 위하여 구주가 나셨으니 곧 그리스도 주시니라

12. 너희가 가서 강보에 싸여 구유에 뉘어 있는 아기를 보리니 이것이 너희에게
표적이니라 하더니

13. 홀연히 수많은 천군이 그 천사들과 함께 하나님을 찬송하여 이르되

14. gloria[25] in altissimis Deo et in terra pax[26] in hominibus bonæ voluntatis[27]

15. et factum est ut discesserunt ab eis angeli in cælum pastores loquebantur[28] ad invicem transeamus usque Bethleem et videamus hoc verbum quod factum est quod fecit Dominus et ostendit[29] nobis

16. et venerunt et invenerunt Mariam et Joseph et infantem positum in præsepio

17. videntes autem cognoverunt[30] de verbo quod dictum erat illis de puero hoc

18. et omnes qui audierunt mirati sunt et de his quæ dicta erant a pastoribus[31] ad ipsos

19. Maria autem conservabat omnia verba hæc conferens in corde[32] suo

20. et reversi[33] sunt pastores glorificantes et laudantes Deum

---

14. 지극히 높은 곳에서는 하나님께 영광이요 땅에서는 하나님이 기뻐하신 사람들 중에 평화로다 하니라

15. 천사들이 떠나 하늘로 올라가니 목자가 서로 말하되 이제 베들레헴으로 가서 주께서 우리에게 알리신 바 이 이루어진 일을 보자하고

16. 빨리 가서 마리아와 요셉과 구유에 누인 아기를 찾아서

17. 보고 천사가 자기들에게 이 아기에 대하여 말한 것을 전하니

18. 듣는 자가 다 목자들이 그들에게 말하는 것들을 놀랍게 여기되

19. 마리아는 이 모든 말을 마음에 새기어 생각 하니라

20. 목자들은 자기들에게 이르던 바와 같이 듣고 본 그 모든 것으로 인하여 하나

in omnibus quæ audierant et viderant sicut[34] *dictum est ad illos*

21. *et postquam*[35] *consummati sunt dies octo ut circumcideretur vocatum est nomen*[36] *ejus Jesus quod vocatum est ab angelo priusquam*[37] *in utero conciperetur*

님께 영광을 돌리고 찬송하며 돌아 가니라

21. 할례 할 팔일이 되매 그 이름을 예수라 하니 곧 잉태하기 전에 천사가 일컫는 바러라

---

1) **pastor, -oris** (3) 목자, 목동
2) **religio, -onis** (3) 종교, 경외, 신성함
3) **vigilans, -antis** [현재분사](3) 깨어있는, 주의 깊은, 경계하는
4) **custodiens, ~entis** [현재분사](3) 지키고 있는, 준수하고 있는, 감시하고 있는
5) **nox, noctis** (3) 밤, 야간
6) **supra** [+대격] ~위에, ~더 위로
7) **grex, gregis** (3) 짐승 떼, 무리, 군중
8) **ecce** 보라!; 봐라!
9) **angelus, -i** (2) 천사, 사자
10) **sto, steti, statum, stare** (1) 서있다, 일어서다; 뛰어나다
11) **claritas, -tatis** (3) 밝음, 명확성
12) **circumfulcio, -ivi, -itus, -ire** (4) 주위를 둘러싸다, 둘레를 버티다
13) **timeo, -ui, -etus, -ere** (2) 두려워하다, 무서워하다
14) **enim** 물론, 그렇지만; 왜냐하면
15) **evangelizo, -avi, -atum, -are** (1) 복음을 전파하다
16) **gaudium, -i** (2) 즐거움, 환희
17) **salvator, -oris** (3) 구세주, 구원자
18) **civitas, -tatis** (3) 도시, 국가, 시민공동체
19) **signum, -i** (2) 신호, 기호, 조짐; 상징
20) **invenio, -veni, -ventum, -venire** (4) 발견하다, 찾아내다
21) **infans, -ntis** (3) 아기의, 말할 줄 모르는

22) **praesepium**, -i 구유, 여물통

23) **subito** 갑자기, 홀연히

24) **caelestis**, -is (3) 하늘의, 천상의

25) **gloria**, -ae (1) 영광, 명성, 영예

26) **pax**, -cis (3) 평화, 평정

27) **voluntas**, -tatis 의지, 의사, 희망

28) **loquor**, -queris, locutus sum, -qui 말하다, 이야기하다

29) **ostendo**, -tendi, -tensum, -ere (3) 앞에 내놓다, 과시하다

30) **cognosco, cognovi, cognitum, cognoscere**
    (3) 알다, 알아보다; 인정하다

31) **pastor**, -oris (3) 목자, 목동

32) **cor, cordis** (3) 심장, 마음

33) **reverto**, -verti, -versum, -ere (3) 돌아가다, 되돌아가다

34) **sicut** ~와 같이, ~처럼, ~하는 듯이

35) **postquam** ~한 후에, ~하고

36) **nomen, nominis** (3) 이름

37) **priusquam** ~하기 전에, ~하기보다 먼저

부산항을 들썩이게 했던 붉은 개미, 라틴어 학명은?

　한때, '붉은 개미'가 부산항을 떠들썩하게 만들었던 것 기억하시죠? 얼마 전 그 생명체의 라틴어 학명이 궁금해서 찾아보았습니다. 이름부터 반갑지 않은 느낌이 팍 드네요.

Solenopsis invicta

[솔레놉시스 인윅타]

정복되지 않는 항상 보이는 존재

〰 어휘 분석

① solen + opsis

〰 solens는 solēre(2변화동사, 늘~하다)의 현재 분사형입니다.
　변화를 한다면 다음과 같이 변화를 합니다. 현재분사의 변화형은 명사 3변화 형태와 같이 변화를 합니다.

	단수	복수
주격	solens	solentes
속격	solentis	solentum
여격	solenti	solentibus
대격	solentem	solentes
탈격	solente	solentibus

〰 opsis 일반적으로 학명 뒤에 많이 사용되는데,

oculus … 눈(目)

opticus … 눈의/광학의

의미를 가지고 있으며, 고대 그리스어의 'ὄψις/광경>보이는 것>존재하는 것'이라는 의미에서 라틴어로 넘어오게 된 어휘입니다.

〰 따라서 solensopsis는 '늘 보이는 것(늘 존재하는 것)'이라는 의미입니다.

✔ 번역의 다른 의견: solen은 그리스어에서 유래한 어휘로, pipe(관, 튜브)를 뜻하기도 하며, 그러므로 solenopsis 는 '관 모양'이라 보는 관점도 있습니다.

② invictus (형용사) 지지 않는, 정복되지 않는

victoria '승리'의 어휘와 '어미 in'이 붙어 반대 의미가 되었다고 보시면 간단합니다. 물론 형용사의 형태가 과거분사형태이므로 수동의 의미를 갖게 됩니다.

〰 앞에 있는 어휘가 solenopsis가 여성어휘이므로 형용사를 invicta가 되겠죠.

이름만 보았을 때, '정복되지 않는 늘 보이는 존재' 어이쿠, 당국이 잡았다고 했는데, 이름만 봤을 때는 절대 안 잡힐 생명체인데, 걱정이네요.

영화 『검은 사제들』에 나오는 강동원이
부른 노래 OST 「Victimae Paschali Laudes」의
의미는?

2015년 개봉한 영화 『검은 사제들』의 OST 'Victimae Paschali Laudes'를 들으며, "강동원, 아! 노래를 잘 부르네?"라고만 생각하는 것이 아니라, 저것은 무슨 의미지? 천주교 미사 때 들리는 노래 같은데, 라고 생각하셨을 것입니다. 쭉 한번 의미를 함께 살펴보도록 하죠.

▶ 참고 동영상

Victimae paschali laudes,
[윅티마에 파스칼리 리우데스]
파스카의 희생을 찬미하라,

immolent Christiani.
[임몰렌트 크리스티아니]
제사를 바치는 그리스도인들아.

Agnus redemit oves:
[아그누스 레데밋 오웨스:]
어린 양이 큰 양떼를 구원했으니

Christus innocens Patri
[크리스투스 인노첸스 파트리]
순결한 그리스도께서 그의 성부께

reconciliavit peccatores.
[레콘칠리아윗 펙카토레스]
죄 지은 자들을 대속하셨음이라.

Mors et vita duello

[모르스 엣 위타 두엘로]

죽음과 생명이

conflixere mirando:

[콘플릭세레 미란도]

서로 묘히 겨루는 가운데

dux vitae mortuus,

[둑스 위타에 모르투우스]

죽었던 생명의 왕께서

regnat vivus.

[레그낫 위우스]

부활하여 다스리시노라.

Dic nobis Maria,

[딕 노비스 마리아]

말하라, 마리아여,

quid vidisti in via?

[쿠이드 위디스티 인 위아?]

길에서 무엇을 보았느뇨?

Sepulcrum Christi viventis,

[세풀크룸 크리스티 위웬티스]

살아계신 그리스도의 무덤을,

et gloriam vidi resurgentis:

[엣 글로리암 위디 레수르젠티스:]

부활하신 분의 영광을 보았으며

Angelicos testes,

[안젤리코스 테스테스]

증인 된 천사들을,

sudarium, et vestes.

[수다리움, 엣 웨스테스]

수의와 옷을 보았노라.

Surrexit Christus spes mea:

[수렉싯 크리스투스 스페스 메아]

나의 희망 되신 그리스도께서 부활하시어

praecedet suos in Galilaeam.

[프라에체뎃 수오스 인 갈릴라에암]

그 제자들에 앞서 갈릴리로 향하시나니.

Scimus Christum surrexisse

[스치무스 크리스툼 수렉시스세]

그리스도여, 당신이 부활하심을 우리가 아노니

a mortuis vere:

[아 모르투이스 웨레:]

진실로 죽음 가운데서

tu nobis, victor Rex, miserere.

[투 노비스, 윅토르 렉스, 미세레레]

우리를, 승리의 왕이시여, 불쌍히 여기소서.

Amen. Alleluia.

[아멘. 알렐루이아]

아멘. 주님을 찬미하라.

～ 문장 분석

(1) Victimae paschali laudes 파스카(부활절)의 희생을 찬미하라,

① Victimae: 희생제물에게
- 1변화 여성 명사(victima)/여격 단수형태

② paschali: 부활절(파스카)의
- 형용사(paschalis) 3변화형태의 여격단수형태
→ 수식받는 명사에 따라 격이 결정.

③ laudes: 찬미(칭찬)를
- 3변화 여성명사(laus)/대격 복수형태
→ 문장에서 '행하다(facere), 주다(dare)' 등의 동사는 생략되었습니다.
직역 부활절의 희생에 칭찬을 (보내라).

(2) immolent Christiani. 제사를 바치는 그리스도인들아.

① immolent: 동물을 잡아 제물로 받쳐야 한다
- 1변화 동사(immolare)/접속법 현재 3인칭 복수형태

② Christiani: 크리스챤(그리스도인)들은
- 2변화 남성 명사(Christianus)/주격 복수형태
직역 그리스도인들인 제사를 바쳐야 한다.

(3) Agnus redemit oves 어린 양이 큰 양떼를 구원했으니

① agunus: 어린양은
- 2변화 남성명사(agnus)/주격 단수형태
직역 어린양은 태어난 지 1년 미만의 양을 말합니다.

② redemit: 몸값을 치르고 구해냈다, 대가를 치르고 면하게 했다
- 3변화동사(redimere)/짧은 의미과거 3인칭 단수형태

③ oves: 양들을
- 3변화 여성명사(ovis)/대격 복수형태

직역 어린양이 양들을 구했다.

(4) Christus innocens Patri 순결한 그리스도께서 그의 성부께

① Christus: 그리스도(예수)가
- 2변화 남성명사(Christus)/주격 단수형태

② innocens: 순결한, 무죄한
- 형용사(innocens) 3변화형태의 주격단수형태
→ 영어의 ~ing형태 현재분사 느낌의 형용사입니다.

③ Patri: 아버지(하나님)에게
- 3변화 남성명사(Pater)/여격 단수형태
→ 대문자로 사용했기 때문에 '하나님 아버지'의 의미임. 소문자의 경우는 일반 명사의 '아버지' 의미입니다.

직역 순결한 예수가 아버지 하나님에게

(5) reconciliavit peccatores. 죄 지은 자들을 대속하셨음이라.

① reconciliavit: 화해시켰다, 회복했다, 되찾았다, 다시 얻었다
- 1변화 동사(reconciliare)/짧은 의미과거 3인칭 단수형태

② peccatores: (범)죄인들을
- 3변화 남성명사(peccator)/대격 복수형태

✔ 앞 (4)와 연결해서
직역 예수가 범죄자들을 하나님 아버지에게 화해시켰다.

(6) Mors et vita duello 죽음과 생명이

① Mors: 죽음이
- 3변화 여성명사(**mors**)/주격 단수형태

② vita: 삶이, 생명이
- 1변화 여성명사(**vita**)/주격단수

③ et : 그리고(접속사)

④ duello: 결투(전쟁) 속에서
- 2변화 중성명사(**duellum**)/탈격 단수
→ 탈격 앞에서 cum/in/ab 등의 전치사가 생략될 수 있습니다.
  여기에서는 in(안에서) 또는 ab(~로부터)로 번역될 수 있습니다.
직역 전쟁 속에 있는 죽음과 삶이

(7) conflixere mirando 서로 묘히 겨루는 가운데

① conflixere: 충돌하다, 맞부딪치다
- 3변화 동사(**conflixere** = **confligere**)/동사원형
→ 동사원형은 명사역할을 할 수 있으며, 주격과 대격으로 사용이 가능합니다.

② mirando: 기이한, 이상한
- 형용사(**mirandus**) 규칙변화형태로 수식받는 탈격 단수 명사를 수식
→ duello를 수식하는 형용사

✔ 앞 (6)과 연결해서
직역 기이한 전쟁 속에 있는 죽음과 삶이 충돌하는 것(이)

(8) dux vitae mortuus 죽었던 생명의 왕께서

① dux: 안내자, 지도자, 통솔자, 장군, 공작, 왕
- 3변화 남성명사(**dux**)/주격 단수형태
→ 죽었던 왕이라 함은 예수님이 부활한 것을 지칭합니다.

② vitae: 생명의
- 1변화 여성명사(**vita**)/속격 단수형태

③ mortuus: 죽은
- 형용사(**mortuus**) 규칙변화형태로 수식받는 주격 단수 명사를 수식
→ dux를 수식함.
<u>직역</u> 죽은 생명의 왕(예수)이

(9) regnat vivus. 부활하여 다스리시노라.

① regnat: 왕권을 누리다, 다스리다, 권세를 부리다
- 1변화동사(**regnare**)/현재 3인칭 단수형태

② vivus: 살아있는 (사람)
- 형용사(**vivus**) 규칙변화형태 또는 2변화 남성명사 주격단수형태
→ 형용사가 수식하는 명사 없이 사용될 경우, 일반 사람 또는 사물로 명사를 취급해 의미합니다.
<u>직역</u> 살아있는 (부활한 지도자/예수가) 통치를 한다.

(10) Dic nobis Maria, 말하라, 마리아여,

① Dic: 말해라
- 3변화 동사(**dicere**)/특이한 2인칭 단수 명령형태

② nobis: 우리에게
- 1인칭복수형(**nos**)의 여격형태

③ Maria: 마리아여
- 호격형태

직역 마리아여 우리에게 말하라!

(11) quid vidisti in via? 길에서 무엇을 보았느뇨?

① quid: 무엇을(영어의 what)
- 중성의문대명사(**quid**)/대격 단수형태

② vidisti: (너는) 봤다
- 2변화동사(**videre**)/짧은 의미과거 2인칭 단수형태

③ in: ~안에서(전치사)
- 전치사 **in** + 탈격명사

④ via: 길(에서)
- 1변화 여성명사(**via**)/탈격 단수형태

직역 넌 길에서 무엇을 봤느냐?

(12) Sepulcrum Christi viventis, 살아계신 그리스도의 무덤을,

① Sepulcrum: 무덤을
- 2변화 중성명사(**sepulcrum**)/대격 단수형태

② Christi: 예수(그리스도)의
- 2변화 남성명사(**Christus**)/속격 단수형태

③ viventis: 살아있는
- 형용사(**vivens**) 3변화형태의 속격단수형태
→ 수식받는 명사는 Christi(속격단수) 어휘.

직역 살아있는 예수의 무덤을

(13) et gloriam vidi resurgentis 부활하신 분의 영광을 보았으며

① gloriam: 영광을
- 1변화 여성명사(**gloria**)/대격 단수 형태

② vidi: (나는) 봤다
- 2변화동사(**videre**)/짧은 의미과거 1인칭 단수형태

③ resurgentis: 부활하신 (예수의)
- 형용사(**resurgens**) 3변화형태의 속격단수형태
→ 수식받는 명사는 Christi(속격단수)로 생략되어 있는 어휘.
직역 부활하신 (예수의) 영광을 나는 보았다.

(14) Angelicos testes, 증인 된 천사들을,

① angelicos: 천사들을
- 2변화 남성명사(**angelicus**)/대격 복수형태

② testes : 증인들을
- 3변화 남성 · 여성명사(**testis**)/대격 복수형태
→ testes와 angelicos는 동격 형태임.
직역 증인인 천사들을

(15) sudarium, et vestes. 수의와 옷을 보았노라.

① sudarium: 수의를, 손수건을
- 2변화 중성명사(**sudarium**)/대격 단수형태

② vestes: 옷(들)을
- 3변화 여성명사(**vestis**)/대격 복수형태
직역 수의와 옷을

(16) Surrexit Christus spes mea
나의 희망 되신 그리스도께서 부활하시어

① Surrexit: 부활했다
- 3변화 동사(**surgere**)/짧은 의미과거의 3인칭단수 형태

② Christus : 예수(그리스도)는

③ spes: 희망은
- 5변화 여성명사(**spes**)/주격 단수형태
→ spes와 Christus는 동격임.

④ mea: 나의
- 소유형용사(**meus/mea/meum**) 규칙변화형태로 명사 **spes**를 수식합니다.
직역 나의 희망인 예수가 부활했다.

(17) praecedet suos in Galilaeam. 그 제자들에 앞서 갈릴리로 향하시나니.

① praecedet: 앞서서 가다, 우위이다, 뛰어나다
- 3변화 동사(**praecedere**)/3인칭 단수형태
→ 3변화 동사이기 때문에 원래 형태는 praecedit이 되어야 합니다.
  단, 고어체의 경우, 단음 e인 경우는 가능함.

② suos: 그의 (제자들)을
- 소유형용사(**suus/sua/suum**) 규칙변화형태로 수식하는 명사가 생략되어 있습니다.
→ 생략된 명사는 제자들을 일컬어집니다.

③ 전치사 in + 대격: ~로, ~안으로

④ Galileam : 지명인 '갈릴레이(Galilea)'의 대격 단수형태
직역 (예수가) 그들의 (제자들을) 앞서서 갈릴레이로 간다.

(18) Scimus Christum surrexisse

그리스도여, 당신이 부활하심을 우리가 아노니

① scimus: (우리는) 알고 있다.
- 4변화 동사(**scire**)/1인칭 복수형태

② Christum: 그리스도가
- 2변화 남성명사(**Christus**)/대격단수형태
→ 동사원형의 주어는 대격형태로 사용함.

예 **Sanchum dicere Mariam est bonum.**
    산쿠스가 마리아를 말한다는 것은 좋은 것이다.

→ 동사원형 dicere의 앞에 있는 대격이 주어역할, 뒤에 있는 대격이 직접목적어 역할을 하며, 동사원형이 주어역할을 하기 때문에 그 주어를 수식해주는 형용사(주격보어)는 중성인 bonum으로 처리함. 동사원형은 성별 언급이 불가능함으로 중성 단수 취급합니다.

③ surrexisse: 부활했다는 것(을)
- 3변화 동사(**surgere**)/과거의미 동사원형
→ 라틴어는 동사원형도 현재형과거형 미래형이 별도로 존재하며, 능동형과 수동형도 별도로 존재합니다. 어의없을 수 있지만, 조동사 뒤에 사용되거나 동사원형만 써서 시제를 구별한다는 편리함(?)도 있을 수 있습니다.

- 현재동사원형: surgere   · 수동 현재원형: surgi
- 과거동사원형: surrexisse   · 수동 과거원형: surrectum esse
- 미래동사원형: surrecturum esse · 수동 미래원형: surrectum iri

직역 우리는 예수가 부활했다는 것을 알고 있습니다.

(19) a mortuis vere 진실로 죽음 가운데서

① 전치사 ab + 탈격명사: ~로부터, ~에 의해
■ ad는 뒤에 따라오는 명사가 모음으로 시작하는 경우에, a는 뒤에 따라오는 명사가 자음으로 시작하는 경우에 사용합니다.

② mortuis: 죽은 사람들(로부터)
■ 형용사(mortuus) 규칙변화형태로 수식받는 명사가 생략되어서 '(불특정다수) 사람들'로 번역하면 됩니다.

③ vere: 진실로(부사)
직역 진실로 죽은 사람들로부터

(20) tu nobis, victor Rex, miserere.
우리를, 승리의 왕이시여, 불쌍히 여기소서

① tu: 인칭대명사 주격 '너는'

② nobis: 인칭대명사 여격 '우리에게'
→ miserere(불쌍히 여기다) 어휘는 직접목적어로 여격을 사용합니다.
   그래서 여기에서 '직접목적어'의미를 가집니다.

③ Victor: 승리자여
■ 3변화 남성명사(victor)/호격형태

③ rex: 왕이여
■ 3변화 남성명사(rex)/호격형태
→ victor와 rex는 동격으로 사용됩니다.

④ miserere: 불쌍히 여기는 것
■ 2변화 동사(miserere)/동사원형 형태

→동사원형을 명령형처럼 사용함. 의무에 해당하는 조동사 'debere(~해야한다)' 뒤에 따라오는 동사원형으로 취급해야함. Tu nobis miserere debes!

직역 왕이자 승리자여, 너(당신은) 우리를 불쌍히 여겨야 합니다.

(21) Amen. Alleluia. 아멘. 주님을 찬미하라.

① Amen: 아멘
→ 기도 끝에 하는 말로 '참으로, 진실로, 그렇게 되소서'정도의 부사

② Alleluia: 할렐루야
→ '주를 찬양하라' 의미의 감탄사

토마스 아퀴나스가 말한 '진리(Veritas)'는 무엇일까?

Tomas Aquinas의 명제 중, Sententiae. th. I, I, 16, 1 부분의 내용에서 Veritas(진리)부분을 쓴 문장을 한번 살펴보겠습니다.

Veritas est adaequatio rei et intellectus.

[웨리타스 에스트 아다에콰시오 레이 엣 인텔렉투스]

진리는 사물과 인지함의 일치이다.

참 맞는 말 같으시죠. 의미론에서 생각하는 사물의 명명함, 인지에 관련된 의미가 내포되어 있는 말 같아 아주 생각을 많이 하게 합니다.

〰 내용 분석

(1) Veritas (3변화 여성명사. 물론, 여기에서는 주격단수 형태)

3변화라는 것은 남성과 여성의 변화는 일치합니다. 중성만 주격과 대격의 형태가 조금 다르게 변화한다고 알고 계시면 됩니다. 앞에서 말씀드렸겠지만, 변화형을 파악하시려면, 속격단수형의 어미를 보시면 됩니다. 속격변화형인 -tis로 끝나게 되는데, 이형태를 가지고 변화하시면 됩니다.

⟨Veritas 변화형⟩

	단수	복수
주격	veritas	veritates
속격	veritatis	veritatum
여격	veritati	veritatibus
대격	veritatem	veritates
탈격	veritate	veritatibus

위에서 보시듯, 속격의 형태를 보고 나머지형태를 만드시면 된다는 것입니다.

(2) est (Be동사에 해당하는 esse동사의 3인칭단수형태)

	단수	복수
1인칭	sum	sumus
2인칭	es	estis
3인칭	est	sunt

✔ 사전에서 찾으실 때는 동사의 경우는 현재 1인칭 단수 형태로 찾으셔야 하고, sum으로 찾으셔야만 보실 수 있습니다.

(3) adaequatio (3변화 여성 주격 단수/부합, 적합, 합일)

3변화는 그 어미의 형태가 엄청나게 많기 때문에 3변화를 알아보는 방법은, 오히려 1·2·4·5변화가 아닌 것으로 판단해야 할 때가 많습니다. 그런데도 그 많은 형태들 중에도 일련의 공통점이 있는데, 어미가 -tas로 끝나거나 -tio로 끝나는 경우는 여성 어휘가 많다고 알아두시면 편리하게 파악할 수 있습니다.

	단수	복수
주격	adaequatio	adaequationes
속격	adaequationis	adaequationium
여격	adaequationi	adaequationibus
대격	adaequationem	adaequationes
탈격	adaequatione	adaequationibus

위에서도 역시나 속격을 기준으로 바뀌는 형태를 잘 보세요.

(4) rei et intellectus 사물의, 그리고 이해의

두 형태는 5변화와 4변화의 속격형태입니다.

4변화와 5변화는 그 전체 어휘의 숫자가 몇 개 되지 않기 때문에 나올 때마다 익숙해지면 오히려 더 좋을 수 있습니다. 특히 4변화의 경우는 형태가 2변화 남성처럼 -us로 어미가 되어 있어서, 암기해두지 않으면 착각하는 수도 있습니다.

✔ 4변화 남성 intellectus(지능, 지혜, 이해)

	단수	복수
주격	intellectus	intellectus
속격	intellectus	intellectuum
여격	intellectui	intellectibus
대격	intellectum	intellectus
탈격	intellectu	intellectibus

어미의 변화를 잘 보시면, 그 형태의 공통점을 아실 수 있고, 이 또한 3변화처럼 남녀 변화의 차이는 없으며, 중성일 경우는 주격과 대격의 형태가 일치하며, 약간 다른 모양을 가지고 있다고 알아두시면 됩니다.

✓ 5변화 여성 res(사물, 일, 상황)

	단수	복수
주격	res	res
속격	rei	rerum
여격	rei	rebus
대격	rem	res
탈격	re	rebus

　5변화의 경우는 중성이 거의 존재하지 않으니, 남성과 여성의 변화가 같은 형태로 바뀐다는 것을 알아두고, 그 형태의 변화를 몇 개 되지 않으면 좋을 듯합니다.

어린왕자를 라틴어 버전으로 살펴볼까요? [1부]

Quodam die, cum sex annos natus essem,
imaginem praeclare pictam in libro de silva quae integra
dicitur vidi.

[쿠오담 디에, 쿰 섹스 안노스 나투스 에스셈,

이마지넴 프라에클라레 픽탐 인 리브로 데 실와 쿠아에 인테그라

디치투르 위디]

내가 6살 때 어느 날,

(사람들이) 말하는 내가 본 숲에 관한 책에서 멋진 그림을

형상화해보겠다.

〰 문장 분석 위에 밑줄 친 부분만 1부에서 설명해주는 것.

① Quodam die 어느 날(부사구처럼 사용: 시간은 탈격으로 처리함)

■ **Quodam** 어떤(형용사)

〈단수형〉

	남성	여성	중성
주격	quidam	quaedam	quiddam
속격	cuiusdam	cuiusdam	cuiusdam
여격	cuidam	cuidam	cuidam
대격	quendam	quandam	quiddam
탈격	quodam	quadam	quodam

<복수형>

	남성	여성	중성
주격	quidam	quaedam	quaedam
속격	quorundam	quarundam	quorundam
여격	quibusdam	quibusdam	quibusdam
대격	quosdam	quasdam	quaedam
탈격	quibusdam	quibusdam	quibusdam

- **dies** 하루, 날(5변화 남성명사)

	단수	복수
주격	dies	dies
속격	diei	dierum
여격	diei	diebus
대격	diem	dies
탈격	die	diebus

② cum sex annos natus essem,: 내가 6살이 되었을 때,

전치사 cum은 뒤에 명사가 탈격형태로 오는 경우를 말하며, 여기에서 cum은 전치사가 아니라 관계부사가 되는 것입니다. 영어의 When/As의 역할을 하는 것입니다. Cum다음에는 동사가 '접속법(Subjucntive)'이 오게 됩니다.

✔ 접속법: P.180 참고하세요.

- **Be**동사의 접속법 과거에 해당하는 **Essem**

	단수	복수
1인칭	essem	essemus
2인칭	esses	essetis
3인칭	esset	essent

- **natus**는 영어의 **Born**에 해당하는 '과거분사형'입니다.

  주어가 남성단수임으로 natus입니다.

  주어가 여성단수인 경우는 nata가 됩니다.

- **sex annos** 6살

  나이를 물어볼 때와 대답할 때

A: Quot annos natus es?
B: Undecim annos natus sum.
A: 너는 몇 살이니.
B: 난 11살이야.

  위에서처럼 대격복수의 형태를 사용해 나이를 이야기합니다.

  이때, 전치사 Per(~동안)가 생략된 형태로 보는 것이 좋습니다.

〰 다른 의견

  책에 선명하게 그려진 형상을 내가 보았다

  imaginem praeclare pictam in libro는 vidi의 목적절입니다.

de silva quae integra dicitur
사람들이 가보지 않았다고 알려진 숲에 관한

이 절은 imaginem을 설명하거나 libro를 설명하는 것일 수 있습니다.

어린왕자를 라틴어 버전으로 살펴볼까요? [2부]

Quodam die, cum sex annos natus essem,
imaginem praeclare pictam in libro de silva quae integra
dicitur vidi.
[쿠오담 디에, 쿰 섹스 안노스 나투스 에스셈,
이마지넴 프라에클라레 픽탐 인 리브로 데 실와 부아에 인테그라
디치투르 위디]
내가 6살 때 어느 날,
원시림에 관한 책에서 멋진 그림을 보았다.

〰 (사람들이) 말하는 내가 본 숲에 관한 책에서 멋진 그림을 형상화해보겠다.

• 첫 번째 해석 방법

두 가지 해석이 있는데, 영어에서 한 해석과 제가 라틴어 버전에서 이해한 해석이 있어서 두 가지를 모두 소개하도록 하겠습니다.(기존의 해석: 아마도 영어책에서 번역한 해석입니다)

imaginem praeclare pictam in libro de silva quae integra
dicitur vidi

① imaginem praeclare pictam: 멋지게 그려진 모양을

- **imago** 형상 (여성, 3변화)

	단수	복수
주격	imago	imagines
속격	imaginis	imaginium
여격	imagini	imaginibus
대격	imaginem	imagines
탈격	imagine	imaginibus

- **pictus/picta/pictum** 형용사, 과거분사의 의미(pictured)

수식받는 명사가 imaginem임으로 여성 대격 단수형태인 pictam으로 수식했습니다.

- **praeclare**(매우 멋지게)는 부사입니다.

일반적으로 부사는 형용사의 ~clarus의 형태를 보았을 때, 어미의 -us를 -e로 바꾸어주면 부사가 되는 경우가 많습니다.

② in libro de silva quae integra dicitur:

사람들이 말하는 발견되지 않은 숲에 관한 책 속에서

- **in libro** 책 속에서

전치사 in + 탈격명사입니다. liber(책, 2변화, 남성)

	단수	복수
주격	liber	libri
속격	libri	librorum
여격	libro	libris
대격	librum	libros
탈격	libro	libris

- **de silva** 숲에 관한

  전치사 de + 탈격명사. silva 숲(1변화, 여성)

	단수	복수
주격	silva	silvae
속격	silvae	silvarum
여격	silvae	silvis
대격	silvam	silvas
탈격	silva	silvis

- **quae integra dicitur** 발견되지 않은 (숲으로) 언급된

  관계사 quae는 영어의 who, which의 의미로 여성 주격단수형을 수식하는 관계대명사입니다. 물론 관계대명사도 명사이기 때문에 그 변화형을 가지고 있습니다. 여성명사를 수식하는 관계사의 변화형 알려드려요.

	단수	복수
주격	quae	quae
속격	cuius	quarum
여격	cui	quibus
대격	quam	quas
탈격	qua	quibus

  integra의 경우는 형용사로 integer/integra/integrum(전체의, 미지의, 발견되지 않은)의 형태입니다. 여기에서는 silva를 수식함으로 탈격 단수 명사(여성)임으로 integra의 형태로 수식을 해야 합니다.

  dictur는 영어의 to be said의 어휘로 원래는 말하다(dicere 4변화어휘로 변화를 하는 어휘이지만, 수동형으로 사용된 어휘입니다). 수동변화 알려드려요.

	단수	복수
1인칭	dicor	dicimur
2인칭	diceris	dicimini
3인칭	dicitur	dicuntur

〰 문법적 주어를 3인칭단수인(silva)로 보았으니, 3인칭 단수의 수동형으로 만들어집니다. 참고로 수동형이란, 의미상 주어를 생략하는 경우는 모두(대화상의 주체들)에게 알려진 사실을 말하는 경우입니다. 또한 라틴어의 의미상 주어를 써야할 경우는 전치사 'Ab + 탈격'으로 한다는 것도 알고 있어야 합니다.

③ vidi: 나는 (아주 멋지게 그려진 형상을) 보았다

문장 처음의 대격단수를 목적어로 두고 있는 동사 videre(보다, 2변화)의 '완료 과거 1인칭 단수'형입니다. 짧은 의미의 완료과거형을 변화를 보도록 하겠습니다.

	단수	복수
1인칭	vidi	vidimus
2인칭	vidisti	vidistis
3인칭	vidit	viderunt

• 두 번째 해석 방법

imaginem praeclare pictam in libro de silva quae integra dicitur vidi.

(사람들이) 말하는 내가 본 숲에 관한 책에서 멋진 그림을 형상화해보겠다.

① imaginem praeclare pictam in libro de silva:

나는 숲에 관한 책속에서 멋지게 그림을 형상화 해보겠다.

■ **imago**(형상화하다)를 동사로 볼 때, 1변화 동사의 접속법 현재의 변화형은 다음과 같습니다.

✔ 접속법의 경우는 다소 확정적이지 않은 미래의 일을 언급할 때 사용할 수 있습니다.

	단수	복수
1인칭	imaginem	imaginemus
2인칭	imagines	imaginetis
3인칭	imaginet	imaginent

■ 물론 부사인 **praeclare**는 동사를 수식하는 기능을 할 수 있습니다.

■ **pictam**[= picturam] 그림 (1변화 여성, 대격 단수)

② quae integra dicitur vidi.

■ **quae integra, dictur, vidi** 사람들이 말하는 내가 본 모든 (숲에 관한)

  -dictur의 경우는 대화문에서 자주 나오는 것처럼 지칭으로 봐서, '내가 본 것 = 사람들이 언급한 것'을 동격으로 봤었습니다.

〰 해석은 보는 사람의 관점에 따라 변화가 있죠?

  여기에서 한계점을 알려드리자면,

① imaginare라는 동사와 imago라는 명사가 흔한 어휘가 아니기 때문에 동사로 보거나 형용사로 보는 착각을 일으켰을 수 있습니다. 우연히 또한 imaginem의 동일한 형태가 있었다는 것입니다.

② pictura의 어휘가 과거 문헌에서 장음의 규칙에 의해 picta로 사용된 경우가 있는데, 현대어에서 '서사시'로 사용하는 문장을 차용하지 않았기 때문에 변형해 줄이지 않았다고 본다면 '영어식'번역 즉, 현대식 작문법에 의해 picta를 차용하면 안됩니다.

③ 대화문이 아니라, 일반문장이라면 dictur가 삽입구처럼, 사용되지 않았을 테니 혼용의 번역이 나오지 않겠지만 어린왕자 자체가 워낙 대화문의 형태이기 때문에 이 또한 혼동의 형태라고 할 수 있겠습니다.

이래서 라틴어의 여러 해석이 OPEN Ending기법처럼 해석을 해서 착각을 일으키게도 하겠죠. 그래서 어떤 방법이 더 옳은지는 여러분들이 판단해보시길 바랍니다.

처방전이나 기록지에 나온 'PRN'도 라틴어인가요?

'PRN'은 병원 처방전이나 기록지에 많이 쓰이며, (정기적으로 쓰이는 것이 아니라) 필요한 경우에만 쓰라는 의미인데요, 원어가 'pro re nata'라고 하네요. 정확한 라틴어의 뜻은 뭘까요? 한번 알 아볼까요?

정확한 사전적 의미는 다음과 같습니다.

p.r.n./PRN = **pro re nata**

필요시, 수시로, 필요한 때에, 응급 시

〰 어휘 분석

① res: 일, 사건 (5변화 여성명사)

natus, nata, natum 태어난, 나타난(형용사)

■ **res nata** '상황, 발생한 일, 존재하고 있는 사건' 이라고 해석이 됩니다.

② 전치사 'Pro'라는 어휘는 '~이전에, ~면전에서, ~상황에서'라 는 의미로 명사는 탈격명사와 함께 오게 됩니다. 그래서 pro re nata가 되는 것입니다. 문자 그대로 상황을 해석하면, '발생한 상 황 앞에서'라는 의미로 직역되면 될 것입니다.

〈**res**(5변화 여성)의 변화형〉

	단수	복수
주격	res	res
속격	rei	rerum
여격	rei	rebus
대격	rem	res
탈격	re	rebus

위에서 보시면 탈격 단수 re를 사용합니다.

③ natus: '나타난'(형용사)은 여성형태로 명사를 수식하며, 이 문장에서는 탈격단수 형태입니다.

	단수	복수
주격	nata	natae
속격	natae	natarum
여격	natae	natis
대격	natam	natas
탈격	nata	natis

위의 형태는 명사에 맞춰주는 형용사형으로 탈격단수인 nata가 re를 수식하는 것입니다.

〰 의미로만 보았을 때, 자주 일어나는 일반적인 것이 아니라, '발생한 상황 앞에서만' 사용하라는 것으로 해석이 됩니다.

'헤라클래스' 어릴 적 모습을 묘사한 라틴어 짧은 글 ①

• 그리스로마 신화의 라틴어: 어린 헤라클래스 01

Di grave supplicium sumunt de malis,

sed ii qui legibus deorum parent, etiam post mortem curantur.

illa vita dis erat gratissima quae homnibus miseris utilissima fuerat.

[디 그라웨 숩플리치움 수문트 데 말리스,

셴 이이 쿠이 레지부스 데오룸 파렌트, 에시암 포스트 모르템 쿠란투르.

일라 위타 디스 에랏 그라티시마 쿠아에 홈니부스 미세리스 우틸리시마 푸에란트]

신들은 나쁜 사람들에게 엄중한 형벌을 가한다.

하지만, 신들의 율법을 따르는 이들은 그렇게 사후에도 보살핌을 받는다.

신들에게는 그러한 삶은 최고의 즐거움이었고,

불쌍한 인간들에게는 최상의 이로움이었다.

① Deus: 신, 하나님, 제우스(2변화 남성)

	단수	복수
주격	Deus	Dei(=Di)
속격	Dei	Deorum
여격	Deo	Deis(=Dis)
대격	Deum	Deos
탈격	Deo	Deis(=Dis)

Di는 주격복수의 특이형태입니다.

② Grave는 형용사 gravis(무거운, 묵직한)의 중성 대격 단수 형태입니다.

	단수		복수	
	남·여	중성	남·여	중성
주격	Gravis	Grave	Graves	Gravia
속격	Gravis	Gravis	Gravium	Gravium
여격	Gravi	Gravi	Gravibus	Gravibus
대격	Gravem	Grave	Graves	Gravia
탈격	Gravi	Gravi	Gravibus	Gravibus

③ supplicium: 기도, 애원, 제사(2변화 중성)

(2변화 중성변화 어미)

	단수	복수
주격	-um	-a
속격	-i	-orum
여격	-o	-is
대격	-um	-os
탈격	-o	-is

④ sumunt: 차지하다, 가지다, 택하다(sumere/3변화동사)

	단수	복수
1인칭	sumo	sumimus
2인칭	sumis	sumitis
3인칭	sumit	sumunt

⑤ de malis: 전치사 de + 탈격

기존에 'de + 탈격: ~로부터/~의' 의미를 갖습니다.

하지만, 'sumere supplicium de + 대상: ~대상에게 형벌을 가하다' 방식으로 숙어처럼 활용하시면 됩니다.

⑥ sed ii qui legibus deorum parent:

하지만, 신들의 율법을 따르는 사람들은

- **sed** 그러나
- **ii** (지시대명사, 3인칭 남성주격복수)

	단수	복수
주격	is	ei(= ii)
속격	eius	eorum
여격	ei	eis(= iis)
대격	eum	eos
탈격	eo	eis(= iis)

- **qui** (관계대명사 복수 주격)

남성형

	단수	복수
주격	qui	qui
속격	cuius	quorum
여격	cui	quibus
대격	quem	quos
탈격	quo	quibus

- **parere** 복종하다, 따르다 (2변화 동사)

어미변화

	단수	복수
1인칭	-eo	-emus
2인칭	-es	-etis
3인칭	-et	-ent

>>> **parere**의 '직접목적어'는 여격을 가지고 사용합니다.

- **lex** (3변화여성) 법, 율법

  복수여격 형태 사용

	단수	복수
주격	lex	leges
속격	legis	legium
여격	legi	legibus
대격	legem	leges
탈격	lege	legibus

*deorum은 위 쪽의 Deus의 변화형을 참고하세요.

⑦ etiam post mortem curantur.

- **etiam** (부사) 그렇게

- **post** (전치사) ~후에 + 대격

- **mors** (3변화 여성) 죽음

  대격 단수 형태 사용

	단수	복수
주격	mors	mortes
속격	mortis	mortum
여격	morti	mortibus
대격	mortem	mortes
탈격	morte	mortibus

⑧ curare: 돌보다 (1변화 동사)

	단수		복수	
	현재능동형	현재수동형	현재능동형	현재수동형
1인칭	curo	curor	curamus	curamur
2인칭	curas	curaris	curatis	curamini
3인칭	curat	curatur	curant	curantur

⑨ illa vita dis erat gratissima quae homnibus miseris utilissima fuerat:

그러한 삶은 신들에게는 너무도 큰 즐거움이었다. 그러한 삶은 불쌍한 인간들에게는 아주 유용한 것이었었다.

■ illa (지시사/그[것])로 대명사 역할과 형용사 역할을 모두 할 수 있는데, 여기에서는 vita(여성 1변화 명사/삶, 생명)를 수식하고 있습니다.

	단수	복수
주격	illa	illae
속격	illius	illarum
여격	illi	illis
대격	illam	illas
탈격	illa	illis

■ gratus 즐거운(형용사)

형용사는 -us/-a/-um으로 형태가 정해지는데, 수식받는 명사에 따라 그 형태가 여성형태이므로 'grata'로 형태를 취하게 됩니다. 최상급 형태로 '-issimus/-issima/-issimum'형태로 취할 수 있게 됩니다. 이 어휘의 대상에 되는 경우는 '여격'을 취하게 됩니다.

》》 illa vita erat gratissima dis(=deis)

그러한 삶이 신들에게는 최고의 즐거움이었다.

⑩ quae homnibus miseris utilissima fuerat:

그러한 삶은 불쌍한 인간들에게는 매우 유용했었다.

- quae(관계대명사 여성 주격단수형)

  여성형

	단수	복수
주격	quae	quae
속격	cuius	quarum
여격	cui	quibus
대격	quam	quas
탈격	qua	quibus

이 문장에서 quae는 'illa vita'를 수식합니다.

- utilis (형용사/유용한) 3변화형태를 취하는 어휘

	단수		복수	
	남·여	중성	남·여	중성
주격	utilis	utile	utiles	utilia
속격	utilis	utilis	utilium	utilium
여격	utili	utili	utilibus	utilibus
대격	utilem	utile	utiles	utilia
탈격	utili	utili	utilibus	utilibus

이 문장에서는 최상급형태로 '-issimus/-issima/-issimum'형태로 취할 수 있게 됩니다. 이 어휘의 대상이 되는 경우는 '주격단수형'을 취하게 됩니다.

- **homnibus meseris** 불쌍한 사람들에게

	단수	복수
주격	homo	homines
속격	hominis	hominum
여격	homini	hominibus
대격	hominem	homines
탈격	homine	hominibus

- 형용사 **miser** 변화는 다음과 같이 변화합니다.

  misera(1변화여성)/miser(2변화남성)/miserum(2변화중성)

〈단수형〉

	여성	남성	중성
주격	Misera	Miser	Miserum
속격	Miserae	Miseri	Miseri
여격	Miserae	Misero	Misero
대격	Miseram	Miserum	Miserum
탈격	Misera	Misero	Misero

〈복수형〉

	여성	남성	중성
주격	Miserae	Miseri	Misera
속격	Miserarum	Miserorum	Miserorum
여격	Miseris	Miseris	Miseris
대격	Miseras	Miseros	Misera
탈격	Miseris	Miseris	Miseris

⑪ fuerant

Esse동사의 '대과거형'은 이렇게 만들 수 있습니다.

완료(짧은 의미)과거 어미 + sum동사 불완료형

이 원칙에 따라 fuerant의 대과거형을 만들어보면,

fui + sum동사 불완료형

이러한 형태가 되겠죠.

	단수	복수
1인칭	fueram	fueramus
2인칭	fueras	fueratis
3인칭	fuerat	fuerant

'헤라클래스' 어릴 적 모습을 묘사한 라틴어 짧은 글 ②

그리스로마 신화의 라틴어: 어린 헤라클래스 02

Omnium autem praemiorum summum erat immortalitas.

Illud praemium Herculi datum est.

Herculis pater fuit Iuppiter,

mater Alcmena, et omnium hominum validissimus fuisse dicitur.

[옴니움 아우템 프라에미오룸 숨뭄 에랏 임모를탈리타스.

일룬 프라에미움 헤르쿨리 다툼 에스트.

헤르쿨리스 파테르 푸잇 유피테르,

마테르 알크메나, 엣 옴니움 호미눔 왈리딧시무스 푸잇세 디치투르.]

한편 모든 선물 중의 최고의 선물은 불멸이었다.

그 선물을 헤라클래스가 받았다.

헤라클래스의 아버지는 주피터[제우스]였고, 어머니는 알크메나였다.

그리고 모든 사람들 중에 가장 용맹했던 존재라고 일컬어졌다.

〰 문장 분석

(1) Omnium autem praemiorum summum erat immortalitas.
한편, 모든 선물 중에 최고의 선물은 불멸이었다.

① autem: (접속사)그러나, 한편으로는

② Omnium praemiorum summum
(모든 선물들 중에서 최고의 선물 ››› Summum [praemium] Omnium praemiorum)

-명사 + 복수속격 >>> ~중에 '명사'...로 번역이 될 수 있습니다.

- **praemium** (2변화 중성) 선물, 노획물, 특권

	단수	복수
주격	praemium	praemia
속격	praemii	praemiorum
여격	praemio	praemiis
대격	praemium	praemia
탈격	praemio	praemiis

- **omnis** 형용사

	단수		복수	
	남성/여성	중성	남성/여성	중성
주격	Omnis	Omne	Omnes	Omnia
속격	Omnis	Omnis	Omnium	Omnium
여격	Omni	Omni	Omnibus	Omnibus
대격	Omnem	Omne	Omnes	Omnia
탈격	Omni	Omni	Omnibus	Omnibus

- **summus** (형용사) 가장 높은, 꼭대기의

Summus/~a/~um[규칙변화]

③ erat immortalitas

- **erat**은 **esse**동사[영어의 **Be**동사]의 불완료 과거형입니다.

	단수	복수
1인칭	eram	eramus
2인칭	eras	eratis
3인칭	erat	erant

■ **immortalitas** (3변화 여성) 불사, 불멸

	단수	복수
주격	immortalitas	immortalitates
속격	immortalitatis	immortalitatium
여격	immortalitati	immortalitatibus
대격	immortalitatem	immortalitates
탈격	immortalitate	immortalitatibus

(2) Illud praemium Herculi datum est.

그 선물은 헤라클래스에게 주어졌다.

① Illud praemium: 그 선물은

■ **illud**(중성)

	단수	복수
주격	illud	illa
속격	illius	illorum
여격	illi	illis
대격	illud	illos
탈격	illo	illis

■ **praemium** (앞쪽 내용 참고하세요)

② Herculi datum est.

-Hercules 헤라클래스 (3변화형)

주 Hercules   여 Herculi   탈 Hercule

속 Herculis   대 Herculem

››› 여격으로 '헤라클래스에게'로 사용되었습니다.

■ **est datum**

수동태 현재는 별도의 형태가 존재하고, 'Sum(Esse)동사 현재형 + datus, ~a, ~tum' 형태를 붙이게 되면, 완료(짧은 의미)과거형이 되는 것을 알고 계셔야 합니다.

물론 동사의 dare동사가 과거분사형이 될 때는 주어의 형태인 Praemium에 맞춰, 중성단수형을 사용했다는 것을 챙겨두시면 되겠습니다.

(3) Herculis pater fuit Iuppiter, mater Alcmena, et omnium hominum validissimus fuisse dicitur.

① Herculis pater fuit Iuppiter:
헤라클래스의 아버지는 주피터였다.

■ **Herculis** (속격, 소유격) 헤라클래스의
■ **Pater** (3변화 남성) 아버지

	단수	복수
주격	pater	patres
속격	patris	patrum
여격	patri	patribus
대격	patrem	patres
탈격	patre	patribus

■ **Fuit(Esse 동사/완료과거 3인칭단수)**

	단수	복수
1인칭	fui	fuimus
2인칭	fuisti	fuistis
3인칭	fuit	fuerunt

- **Iuppiter** 주피터, 제우스의 다른 이름
  변화형이 특이하니 알아두세요.

㊐ Iuppiter   ㊐ Iovi   ㊐ Iove
㊐ Iovis   ㊐ Iovem

② mater Alcmena,
>>> [Herculis] mater [fuit] Alcmena
헤라클래스의 어머니는 알크메나였다.

③ et omnium hominum validissimus fuisse dicitur:
  그리고, 모든 사람들 중에 최고로 용맹한 사람이었다고 일컬어
진다.
- **et** (접속사) 그리고
- 맨 앞 쪽에서 설명 드린 것과 같은 '~중에서 [명사]'

Validissimus [homo] omnium hominum
모든 인간들 중에 가장 용기 있는 인간

- **Fuisse**는 **Be**동사에 해당하는 **Esse**의 과거 원형입니다.
  이것이 무슨 소리인가 하실 것입니다. 라틴어는 현재능동의 원
형, 수동의 원형, 과거의 원형, 미래의 원형이 나눠져 있습니다.
물론 Be동사이기 때문에 수동의 원형은 없습니다.

\<동사원형\>
현재원형 ··· **Esse**   미래원형 ··· **Futurus esse**
과거원형 ··· **Fuisse**

〜 왜 그럴까요? 조동사 뒤에서 사용되는 동사원형이나, 명사로
사용되는 원형의 형태를 나눠두고, 그 시제를 가늠케하는 방법을
취하는 것입니다.

- **dicitur** (dicere 말하다/수동 3인칭단수)

<능동, 현재형>

	단수	복수
1인칭	dico	dicimus
2인칭	dicis	dicistis
3인칭	dicit	dicerunt

<수동, 현재형>

	단수	복수
1인칭	dicor	dicimur
2인칭	diceris	dicimini
3인칭	dicitur	dicuntur

NYU가 뉴욕에만 있는 거 아니었나요? 학교Motto도 라틴어인가요?

우리나라의 배우 이서진 씨가 졸업한 학교로 더 친숙해진 NYU(New York University 뉴욕대학교)라고 있습니다. 그런데, 한국에서 말하는 경우에 '뉴욕주립대'라고 하는 것과 헷갈려하는 사람들이 많습니다. 주립대학은 뉴욕주에서 운영하는 공립대학의 성격으로 State University of New York이라고 해서 줄여서 SUNY라고 하며, 64개의 캠퍼스를 운영하고 있어서 그 규모가 엄청나게 큽니다. 한국의 송도에 들어와 있는 것은 SUNY의 한 캠퍼스가 들어와 있다고 생각하시면 됩니다.

NYU는 사립대학으로 뉴욕 한복판에 수많은 건물과 뒤엉켜있다고 생각하시면 됩니다. 대학을 구별하는 방법은 보라색 형태/ 간혹 흰색의 보라색 그림으로도 되어 있는 대학의 깃발이 건물 앞에 게양되어 있는데, 그것을 보고 구별하시면 됩니다.

Motto: Perstare et praestare
[페르스타레 엣 프라에스타레]
꿋꿋이 서있고, 그리고 앞에서라(출충해져라).

규모가 엄청나게 큰 대학으로 18개 단과대학이 있는데, 그중에 비즈니스(Stern School of Business)와 수학(Courant Institute of Mathematical Science) 그리고 로스쿨이 유명하며, 역시나 뉴욕에 있다보니 예술분야에서도 두각을 나타내고 있습니다. 물론 이외에도 공대나 의대 등 많은 분야에서 상위권에 랭크되는 학과가 많이 있습니다.

요즘은 뉴욕에 있는 대학보다도 아부다비캠퍼스와 중국 상하이캠퍼스가 점점 두각을 나타내고 있는데, 이중에 아부다비의 경우는 전체 학생을 100% 장학금과 생활비 전액을 지원하며, 최소 1년 이상을 해외에서 공부할 수 있도록 전액을 다 보조합니다. 그래서 요즘 한국 학생들도 NYU 아부다비에 들어가려는 경쟁이 점점 치열해지고 있습니다. 아부다비의 경우 1년에 200명의 학생만 선발하고 있습니다.

〜〜 동사원형을 연속해서 쓴 모토의 어휘를 살펴보면,

(1) Stare

stare(서있다, 두드러지다)라는 1변화 어휘를 가지고 있고, 그 앞에 전치사(어두음 해당)로 사용되는 per(Through, ~통해서), prae(Before, ~앞에)라는 의미를 담고 있는 전치사를 어두음으로 붙여 의미를 확장시킨 형태입니다. 변화형은 물론 stare의 형태와 동일하게 변화합니다. 이 어휘가 현대 영어의 (to stand)의 의미라는 것도 참고하세요.

<stare의 현재형 변화>

	단수	복수
1인칭	sto	stamus
2인칭	stas	statis
3인칭	stat	stant

(2) et은 영어의 and 의미입니다.

(3) Persto : [Per + Sto] 꿋꿋이 서 있다, 움직이지 않고 서 있다
1변화 동사(persto, perstiti, perstitum, perstaturus, perstare)

Praesto : [Prae + Sto] 앞에 서다, 우수하다, 출중하다

1변화 동사(praesto, praestiti, praestitum, praestaturus, praestare)

라틴어 슬로건을 가지고 있는 군대가
있다고 하던데?

Per Ardua ad Astra.

[페르 아르두아 아드 아스트라]

난관들을 헤치고 별을 향해 (가라).

이 모토는 많은 학교에서도 사용하지만, 1차 세계대전 시, 영국 공군부대의 모토로 유명합니다. 물론, 이 모토를 따서 사용하는 학교나 연구소 등등이 엄청 많이 있습니다. 인터넷에 검색해 본다면 사용하는 곳들이 나올 것입니다.

〰 어휘 분석

① Per(전치사/~통해서, 경유해서) + 대격명사

② Ardua(Arduum의 대격 복수형태)

▪ **Arduum** (중성/난관, 험준한 곳)

	단수	복수
주격	Arduum	Ardua
속격	Ardui	Arduorum
여격	Arduo	Arduis
대격	Arduum	Ardua
탈격	Arduo	Arduis

③ Ad(전치사/~로) + 대격 명사

④ Astra(Astrum의 대격 복수형태)

- **Astrum** (중성/별, 하늘, 높은 곳, 최고의 명예)

	단수	복수
주격	Astrum	Astra
속격	Astri	Astrorum
여격	Astro	Astris
대격	Astrum	Astra
탈격	Astro	Astris

〰 이 말과 유사한 말은 서사시인 Aeneid 9권의 641번째 줄에 있는 'Sic itur ad astra...' 와 유사한 형태를 가지고 있다고 보는 학자들이 많습니다.

Sic itur ad astra

[식 이투르 아드 아스트라]

그렇게 별까지 걸어가게 된다./그렇게 별까지 여정

(1) Sic은 '그렇게, 그러므로'의 의미를 갖는 '부사'입니다. 부사는 형태변화가 없죠.

(2) itur에 대한 분석은 두 가지로 하는 경우가 많습니다.
첫 번째는 동사 ire로 보는 경우입니다.
itur의 경우는 ire(to go/가다) 의미를 갖는 특이한 변화의 동사입니다.

〈현재 변화형〉

	단수	복수
1인칭	eo	imus
2인칭	is	itis
3인칭	it	eunt

위와 같이 사용되며, 이 어휘의 경우는 '완전자동사'이므로 수

동형을 사용하기가 어려운 어휘입니다. 그런데, 자신의 의지가 아닌, 다른 의지에 의해서 타의에 의해 움직이게 되는 경우, 수동형으로 사용하는 경우가 있습니다(흔하지 않음).

<수동형 현재/특이형>

	단수	복수
1인칭	eor	imur
2인칭	iris	imini
3인칭	itur	euntur

두 번째는 명사 iter를 실수로 철자를 틀린 경우입니다.
iter(중성 3변화/걸어감, 여정, 여행)

	단수	복수
주격	iter	itinera
속격	itineris	itinerum
여격	itineri	itineribus
대격	iter	itinera
탈격	itinere	itineribus

〰 저는 개인적으로 두 번째 것에 더 마음이 기울기는 합니다.

율리우스 시저가 말한 '주사위는
던져졌다'는 말을 라틴어로 어떻게 할까요?

Iacta alea est.

[이악타 알레아 에스트]

주사위는 던져졌다.

Julius Caesar(율리우스 시저, 라틴어 발음은 '이울리우스 카에사르')
가 군대를 이끌고 루비콘 강을 건너면서 내뱉었다는 이 한마디는
혁명가들 사이에서 자주 언급되면서 사용되는 말이었습니다.

〰 문장을 자세히 들여다볼까요?

(1) alea (주사위; 운명/1변화, 여성명사)

	단수	복수
주격	alea	aleae
속격	aleae	alearum
여격	aleae	aleis
대격	aleam	aleas
탈격	alea	aleis

(2) iacta est는 '수동과거/던져졌다'

✔ 라틴어의 현재수동의 형태는 독립된 형태로 존재합니다.

　iacere(3변화 동사) 던지다

- 현재수동

	단수	복수
1인칭	iacior	iacimur
2인칭	iaceris	iacimini
3인칭	iacitur	iaciuntur

✔ 과거는 두 가지 형태가 존재하는데, 불완료 과거는 다음과 같습니다.

- 불완료 과거 수동형

	단수	복수
1인칭	iaciebar	iaciebamur
2인칭	iaciebaris	iaciebamini
3인칭	iaciebatur	iaciebantur

〰 여기부터 집중하세요! 아주 중요한 부분입니다.

- 완료 과거 수동형

	단수	복수	
1인칭	sum	sumus	주어와 맞춘 어미변화
2인칭	es	estis	iactus, iacta, iactum
3인칭	est	sunt	iacti, iactae, iacta

의미는 esse동사 현재형을 사용하지만, 의미적으로는 과거형입니다.

〰 이 문장에서의 주어는 Alea [+ est iacta.]

돈 키호테 책 표지의 방패 문양에 라틴어가 있다고?

돈 키호테 책 맨 앞표지에 라틴어가 나와 있다고 해서 살펴보니, 돈키호테 1권(1605년)과 돈키호테 2권(1615년)의 표지에 방패 문양의 주변을 감싸고 있는 라틴어 문구가 있습니다.

POST TENEBRAS SPERO LVCEM.

[포스트 테네브라스 스페로 루쳄]

어둠 이후에 나는 빛을 기대한다.

돈 키호테의 1권과 2권의 표지를 장식한 말이지만 알고 보면, 성경의 욥기(Job) 17장 12절에 있는 "noctem verterunt in diem et rursum post tenebras spero lucem(밤을 낮으로 바꿨고, 또 한 번 어둠 이후에 나는 빛을 기다린다)"의 말을 인용했다고 보시면 되겠습니다.

2012년 멕시코에서 나온 영화 〈Post tenebras lux〉라는 타이틀이 있었고, 이 어구를 Motto로 사용하는 곳이 아래와 같이 여러 군데 있습니다.

- American International College (Springfield, Massachusetts)
- Geneva Academy, K – 12 school in Monroe, Louisiana
- The Geneva School (a classical Christian school in Winter Park, Florida)
- Robert College (an American School in Istanbul, Turkey)
- Beyoglu Anadolu Lisesi (an English high school for girls in Istanbul, Turkey)
- University Externado of Colombia University in Bogota, Colombia)
- University of Geneva
- Europa Ventures in the movie "Europa Report"

〰 어구 분석

(1) Post(전치사/~후에) + 대격

(2) tenebras (tenebrae 복수로만 사용되는 1변화 여성형/어둠)

〈복수형만 사용〉

| 주 tenebrae | 여 tenebris | 탈 tenebris |
| 속 tenebrarum | 대 tenebras | |

(3) spero(sperare (1변화 동사) 기다리다, 기대하다, 바라다

	단수	복수(현재형)
1인칭	spero	speramus
2인칭	speras	speratis
3인칭	sperat	sperant

④ LVCEM (=lucem)

lux(3변화 여성) 빛. 어휘의 대격 단수형태

	단수	복수
주격	lux	luces
속격	lucis	lucium
여격	luci	lucibus
대격	lucem	luces
탈격	luce	lucibus

위에서 직접목적어에 해당하는 대격단수형을 사용한 것입니다.

〰 잠깐, 앞에서 잠깐 말씀드린 욥기 성경의 말씀을 조금 분석해 드릴게요.

noctem verterunt in diem et rursum...

(1) noctem

nox(여성 3변화 어휘) 밤

⋙ 대격단수로 사용

	단수	복수
주격	nox	noctes
속격	noctis	noctum
여격	nocti	noctibus
대격	noctem	noctes
탈격	nocte	noctibus

(2) verterunt

vertere 바꾸다, 뒤집다(3변화동사)

>>> 완료과거 3인칭 복수형으로 사용

	단수	복수(단순과거형)
1인칭	verti	vertimus
2인칭	vertisti	vertistis
3인칭	vertit	verterunt

(3) in(전치사) + 대격... (~으로/영어의 into 의미)

(4) diem

dies (낮/5변화 남성)

>>> 대격 단수형태로 사용

	단수	복수
주격	dies	dies
속격	diei	dierum
여격	diei	diebus
대격	diem	dies
탈격	die	diebus

(5) et rursum

① et (접속사 and)

영어에서 '기타 등등'이라는 말을 사용할 때, 'etc.' 라고 사용하시죠? 그 말은 'et cetera'의 줄임말입니다.

② 여기에서 나오는 cetera는 형용사 ceterus/cetera/ceterum의 형태에서 유래한 말인데, 형용사가 명사를 수식하는데, 명사를 생략하고 형용사를 명사처럼 사용할 때는 사람의 경우는 '(일반적인)~사람 또는 ~사람들'이라고 번역하고, 사물인 경우는 '(통칭의미의) ~것'이라고 해석을 합니다. 그런데, 통칭적인 것을 나머지 것들이라고 사용할 때, '중성적인 의미의 복수형(주격 또는 목적격 복수)'으로 사용해 cetera를 사용하는 것입니다.

다시 말해, ceterum이라는 중성의 변화는 다음과 같습니다.

	단수	복수
주격	ceterum	cetera
속격	ceteri	ceterorum
여격	cetero	ceteris
대격	ceterum	cetera
탈격	cetero	ceteris

③ rursum(부사/반대로; 거듭, 또 한 번)의 의미를 갖습니다. 부사는 형태 변화를 하지 않습니다.

돈키호테 1권의 서문에 나오는 라틴어 세 마디는 무엇일까?

• 돈키호테 I(1604) 서문(Prólogo)에 나온 라틴어 첫 번째

Cervantes(세르반테스)가 돈키호테 1권의 서문을 쓰면서, 스페인어로 쓰는 중에 라틴어를 세 줄을 넣어 두었습니다. **호라티우스가 했음직 했다고 언급하지만, 사실 '이솝우화'에 나오는 말입니다. 자유를 속박하는 문제에 대해서 라틴어로 다음과 같이 썼습니다.

Non bene pro toto libertas venditur auro.

[논 베네 프로 토토 리베르타스 웬디투르 아우로]

모든 금을 대가로 내준 자유가 좋은 것이 아니다.

〰 어구 분석

① Non bene... (좋은... 아니다)

bene는 부사로 '좋게, 좋은(well)' 정도의 의미임.

② pro + 탈격 (~위하여, ~앞에서, ~대가로)

pro toto auro

totus/tota/totum 형용사(모든, all)의 형태로 명사인 aurum(금/2변화중성)의 탈격 형태인 auro를 수식하며 형태를 맞춥니다.

	단수	복수
주격	aurum	aura
속격	auri	aurorum
여격	auro	auris
대격	aurum	aura
탈격	auro	aura

✔ 흔히들 '아우라가 있다'라는 말을 사용합니다. 이 말의 어원은 보시는 것처럼, '금'의 복수형입니다. 있어 보인다는 말이겠죠.

③ libertas: 자유 (3변화 여성)

	단수	복수
주격	libertas	libertates
속격	libertatis	libertatum
여격	libertati	libertatibus
대격	libertatem	libertates
탈격	libertate	libertatibus

④ venditur는 vendere(3변화동사/팔다)의 수동형 현재 3인칭단수 형태입니다.

〈능동형 현재변화〉

	단수	복수
1인칭	vendo	vendimus
2인칭	vendis	venditis
3인칭	vendit	vendunt

<수동형 현재변화>

	단수	복수
1인칭	vendor	vendimur
2인칭	venderis	vendimini
3인칭	venditur	venduntur

여기에서 vendere(팔다)는 수동으로, venditur 팔리게 되다 →
'사다'의미로 쓰였습니다.

• 돈키호테 I(1604) 서문(Prólogo)에 나온 라틴어 두 번째

죽음에 대해서는 다음과 같은 말을 인용했습니다.

✔ 호라티우스의 '송가'에서 인용했습니다.

Pallida mors aequo pulsat pede pauperum tabernas,
Regumque turres.

[팔리다 모르스 아에쿠오 풀삿 페데 파우페룸 타베르나스, 레굼쿠에 투레스.]

창백한 죽음은 똑같은 발걸음[속도]으로 가난한 사람들의
오두막집들이나 왕들의 궁들을 두드린다.

〰 어구 분석

① pallidus/pallida/pallidum: (형용사)창백한, 퇴색한

수식받을 명사 mors(죽음, 여성)에 맞춰 여성형으로 수식을 합
니다.

	단수	복수
주격	mors	mortes
속격	mortis	mortum
여격	morti	mortibus
대격	mortem	mortes
탈격	morte	mortum

② aequo pede: 동등한 발걸음으로

aequus/aequa/aequum 동등한, 평등한, 동일한 (형용사)

이 어휘가 수식받는 명사 pes(발, 3변화 남성)의 탈격형태와 형태를 맞춘 것입니다.

	단수	복수
주격	pes	pedes
속격	pedis	pedium
여격	pedi	pedibus
대격	pedem	pedes
탈격	pede	pedibus

참고로, 자전거의 영어 'pedal'이란 어휘도 라틴어의 pes(발) 어휘에서 유래한 것입니다.

 여기서 잠깐 〈왜 덩그러니 Ablative(탈격)만 있지?〉

일반적으로 문장 안에서 동사나 전치사에 의한 탈격이 아니라, 갑자기 툭 튀어나온 탈격이 있는 경우는 전치사 cum, in, ab 등이 생략된 어휘입니다. 이중에 가장 생략이 많이 되는 것이 cum입니다. 위 문장에서도 cum(영어의 with)가 생략된 것입니다.

③ pulsat: 동사 pulsare(1변화/두드리다)

	단수	복수
1인칭	pulso	pulsamus
2인칭	pulsas	pulsatis
3인칭	pulsat	pulsant

④ pauperum tabernas, Regumque turres: 가난한 오두막들과 왕의 궁궐들을 대격복수로 사용되어, 두 개의 대격이 사용되었습니

다. 일반적으로 A and B를 라틴어로 표현할 때는 A et B, 또는 A Bque로 사용합니다. 여기에서는 후자에 해당하는 것으로 사용했습니다.

- **taberna**(1변화 여성) 오두막집, 선술집

	단수	복수
주격	taberna	tabernae
속격	tabernae	tabernarum
여격	tabernae	tabernis
대격	tabernam	tabernas
탈격	taberna	tabernis

- **turris**(3변화 여성) 왕궁, 요새, 탑

	단수	복수
주격	turris	turres
속격	turris	turrium
여격	turri	turribus
대격	turrem	turres
탈격	turre	turribus

위 변화형들을 보시면, 대격 복수형을 찾으시면, tabernas와 turres를 찾을 수 있습니다.

이 어휘를 수식하는 형용사 또는 명사의 속격을 보면,

- **pauper** (형용사/3변화형) 가난한

그러나 이 어휘를 명사화 하면, '가난한 사람'이라는 일반적 의미의 어휘가 됩니다. 가끔 수식받는 명사 없이 형용사가 단독으로 사용될 때가 종종있는데, 이때는 사람일 때는 '불특정 일반 사람'으로 번역을 하시면 되고, 사물일 때는 '~것'이라는 '불특정 사물'을 의미하는 것으로 해석하시면 됩니다.

	단수	복수
주격	pauper	pauperes
속격	pauperis	pauperum
여격	pauperi	pauperibus
대격	pauperem	pauperes
탈격	paupere	pauperibus

위의 속격복수가 명사를 수식해서, '가난한 사람들의 오두막집들'이라고 번역해야 합니다.

- **rex** (명사/3변화 남성) 왕

	단수	복수
주격	rex	reges
속격	regis	regum
여격	regi	regibus
대격	regem	reges
탈격	rege	regibus

위의 속격복수가 명사를 수식해서, '왕들의 궁들'이라고 번역해야 합니다.

· 돈키호테 I(1604) 서문(Prólogo)에 나온 라틴어 세 번째

변하기 쉬운 우정에 대한 말을 카토의 명언이라 지칭하며 인용했습니다.

✔ 그러나 카토의 명언이 아니라, 오비디우스의 '비가'에 나오는 말입니다.

> Donec eris felix, multos numerabis amicos,
> tempora si fuerint nubila, solus eris.

[도넥 에리스 펠릭스, 물토스 누메라비스 아미코스,
템포라 시 푸에린트 누빌라, 솔루스 에리스]
네가 행복한 동안에는 많은 친구들의 숫자를 셀 수 있을 것이다.
만약 세월이 우울해 진다면, 넌 혼자 있게 될 것이다.

～～ 어구 분석

① Donec...: 접속사(~동안에, ~시기까지)로 부사절을 이끌게 됩니다.

② esse(to be)의 미래형은 다음과 같습니다.

	단수	복수
1인칭	ero	erimus
2인칭	eris	eritis
3인칭	erit	erunt

③ felix는 형용사로 3변화형어휘입니다.

	단수	복수
주격	felix	felices
속격	felicis	felicium
여격	felici	felicibus
대격	felicem	felices
탈격	felice	felicibus

④ multos numerabis amicos: 많은 친구들을 숫자 세게 될 것이다.

■ numerare (숫자를 세다, 1변화 동사)의 미래형 2인칭 단수형입니다.
미래형 변화를 보겠습니다.

	단수	복수
1인칭	numerabo	numerabimus
2인칭	numerabis	numerabitis
3인칭	numerabit	numerabunt

- **multus/multa/multum** '형용사/많은'의 의미로 수식받는 amicos에 맞춰 남성 복수 대격형태로 바꾸어주면 됩니다.
- **amicus** 친구 (2변화 남성 대격 복수)

	단수	복수
주격	amicus	amici
속격	amici	amicorum
여격	amico	amicis
대격	amicum	amicos
탈격	amico	amicis

⑤ tempora si fuerint nubila: 만약 시간들(세월)이 우울해진다면,
- **si...** (만약~라면)

si... (만약~라면) 의미의 가정법을 만드는 형태로 영어의 'if'와 같은 역할을 합니다. 그러나 뒤에 미래완료형 시제가 사용된 것이 영어와 많이 다른 점입니다. 여기서는 '미래에 대한 가정'을 하는 경우입니다.
- **tempus** (시간/3변화 중성)으로 복수로 사용될 경우 '세월'의 의미도 갖습니다.

	단수	복수
주격	tempus	tempora
속격	temporis	temporium
여격	tempori	temporibus
대격	tempus	tempora
탈격	tempore	temporibus

✔ 이 문장에서는 주격 복수의 형태로 사용되었습니다.

- **fuerint**는 esse동사의 미래완료형태로 영어로 표현하면, 'will have + pp.'를 의미합니다.

미래완료형 만들기 방법을 소개해드리면,

Esse동사 단순과거형 = 어근/어간 + **Esse** 동사 미래형

'Fui/Fuisti/Fuit...' → Fu(어근/어간)
'ero/eris/erit...' → Esse 미래형

	단수	복수
1인칭	fuero	fuerimus
2인칭	fueris	fueritis
3인칭	fuerit	fuerint

✔ 3인칭 복수의 어미 '-rint'라는 것이 미래형과 조금 차이가 있습니다.

⑥ nubilus/nubila/nubilum(형용사/구름 낀, 우울한, 그늘진) 형태입니다. 주어 명사가 tempora(중성 주격 복수)에 맞춰 nubila로 형태가 됩니다.

⑦ solus eris: 넌 혼자이게 될 것이다.
　Esse동사의 미래형은 ②번을 참고하세요.
　solus는 형용사 solus/sola/solum(혼자만의, 홀로의, 유일한)의미를 갖습니다.

해리포터 작품에 나오는 마법학교
Motto와 라틴어 주문 Best 10

HARRIUS
POTTER
et Camera Secretorum

J. K. ROWLING

Translated by Peter Needham

✔ '해리포터'는 영국의 작가 J.K. Rowling이 쓴 판타지 소설로, 1997년에 출판되고, 각 나라의 언어로 번역되며 영화로까지 제작되었습니다. 게다가 라틴어로 번역되어 출간까지 된 작품입니다. 이 작품에 나오는 마법학교(호그와트 심볼)의 엠블럼에도 라틴어가 사용되어 있습니다. 일단, 엠블럼에 있는 라틴어를 보고, 작품에 나오는 라틴어 주문 Best 10을 보도록 하겠습니다.

마법학교 **Motto** : Draco Dormiens Nunquam Titillandus

[드라코 도르미엔스 눈쾀 티틸란두스]

절대로 잠자고 있는 용을 간지럽히지 마라.

(1) Draco [남성/3변화어휘] 용(龍); 큰 구렁이

　주격단수로 사용이 되었습니다. 위의 문장해석에서는 목적어임으로 목적격을 사용할 것같지만, 수동형으로 직역을 하면 '절대 잠자고 있는 용은 건드려져서는 안된다'라는 의미이기 때문에 주격을 사용합니다.

	단수	복수
주격	Draco	Dracones
속격	Draconis	Draconum
여격	Draconi	Draconibus
대격	Dracones	Dracones
탈격	Dracone	Draconibus

(2) Dormiens → dormire(자다, 잠을 자다)의 현재분사형 형용사

　진행형 의미를 갖는 형용사(영어의 ~ing)로 변화형은 다음과 같습니다.

　형용사이으로 수식받는 명사의 격과 성에 맞춰 사용을 합니다.

	단수	복수
주격	-iens	-ientes
속격	-ientis	-ientum
여격	-ienti	-ientibus
대격	-ientem	-ientes
탈격	-iente	-ientibus

(3) Numquam = Nunquam [부사] 절대로~않다. 영어의 Never

　부사는 형태가 변화하지 않기 때문에 사용이 편합니다.

(4) Titillandus → titillo(간지럽히다)

미래 수동형 형용사로 일반 수동형형용사와는 차이가 있습니다.

일반적으로 동사 −are(1변화동사)의 수동형 형용사의 어미는 −atus/-ata/-atum의 형태로 변화하는데, 미래형 수동형용사의 경우는 −andus/-anda/-andum으로 형태가 변화합니다.

단, 영어의 'Be + 수동형형용사(P.P.)'처럼 라틴어의 'esse + 수동형 형용사(-atus/-ata/-atum)'을 사용하는데, esse동사가 현재형 변화를 할 때는 '과거 시제'의 수동형의미를 갖게 되며, 미래형으로 만들기 위해서는 esse동사를 그대로 현재형으로 사용하면서 뒤에 '미래 수동형형용사'를 사용하셔야 합니다.

✔ 직역을 위해 어순을 바꾸었습니다.

Dormiens Draco Nunquam (est) Titillandus

직역 잠자고 있는 용은 절대로 간지럽혀져서는 안 될 것이다.

<해리포터 주문 베스트 10>

01. Accio, ivi[ii], itum, -ire : 불러오다, 불러내다

✔ 4변화 동사 현재 1인칭 단수형태를 보여주고 있으며, 발음은 [악치오]이지만 영화에서는 '아씨오'로 나오게 됩니다.

> 소환 마법. 먼 곳에 있는 물건을 소환할 땐 '아씨오 XX'라고 소환할 물건의 이름을 대야 하며, 가까운 곳에 있는 물건은 그냥 삿대질만 하면 날아온다.
> 4권 '불의 잔' 드래곤(용)과 싸울 때, 자신의 빗자루를 부를 때 사용함.

02. Expecto patronum : 나는 보호자를 기다린다.

① ex(s)pecto, avi, atum, -are: 기다리다, 고대하다

✔ 1변화 동사 현재 1인칭 단수형을 사용했으며, 발음은 [엑스펙토]입니다.

② patronus: 평민 보호를 담당하던 귀족, 보호자

→ 대격 단수형: Patronum

✔ 동사 뒤에 대격형태로 2변화 남성어휘(patronus)의 대격단수형을 사용하며, 발음은 [파트로눔]입니다.

> 일종의 소환수인 패트로누스(주인을 수호하는 동물형상의 방어마법)를 소환하여 디멘터(행복한 기억을 빨아들이는 나쁜 영혼괴물)에 대항할 때 쓰는 마법이다. 3편 '아즈카판의 죄수'에서 처음 배웠으나, 5편'불사조 기사단' 작품에서 주로 사용하는 마법.

03. Defodio, fodi, fossum, -ere : 파다, 도려내다, 파묻다

✔ 3변화 동사의 현재 1인칭 단수 형태를 보여주고 있음. 발음은 [데포디오]입니다.

> 굴착 마법. 해리, 론, 헤르미온느가 그린고트에 침입했을 때, 지하에 갇혀있던 용을 탈출시키는 것을 돕기 위해 사용했다. 7권 '죽음의 성물'에서 등장한 마법.

04. Deprimo, pressi, pressum, -ere : 내리 누르다, 땅에 깊이 심다, 내려 앉게 하다

✔ 2변화 동사의 현재 1인칭 단수 형태를 보여주고 있음. 발음은 [데프리모]입니다.

> 바닥에 구멍을 뚫는다. 헤르미온느가 제노필리우스 러브굿의 거실 바닥에 사용했다. 7권 '죽음의 성물'에서 등장한 마법.

05. Depulso, -are : 계속 쫓아내다, 밀어내다

✔ 1변화 동사의 현재 1인칭 단수 형태를 보여주고 있음. 발음은 [데풀소]입니다.

> Accio의 반대 주문으로, 지팡이가 겨누고 있는 물체를 저 멀리로 보내버리는 주문. 4편 '불의 잔'에 처음 등장하며, 학교에서 단체로 배우는 아주 간단한 마법임. 5편 '불사조 기사단'에서 사용한 마법.

06. Diffindo, fidi, fissum[fisum], -ere : 쪼개다, 가르다

✔ 2변화 동사의 현재 1인칭 단수 형태를 보여주고 있음. 발음은 [딥핀도]입니다.

> 절단 마법. 눈에 보이지 않는 칼이 대상을 베어내며. 주로 정원 손질이나 빽빽한 풀숲 등에서 길을 낼 때 사용된다.
> 7권 '죽음의 성물'에서 등장한 마법.

07. incendium : 큰불, 불이 번져 나감

✔ 2변화 중성명사로 incendio(탈격 단수형태)로 사용이 되었으며, 발음은 [인첸디오]입니다.

> 화염을 발사하여 공격하는 마법. 벽난로에 불을 붙이는 등 실생활에서도 쓰인다. 7권 '죽음의 성물'에서 등장한 마법으로 호크룩스(영혼조각)을 파괴하는 방법을 몰랐을 때, 이 주문을 사용함.

08. Oculus Reparo : *나는 눈을 고친다.

→ Oculum Reparo. 또는 Oculos Reparo.

① oculus: 눈, 시력

✔ 2변화 남성어휘로 '내가 눈을 고치다'라고 한다면, 대격단수형 태를 사용해야하는데, 작품에서는 주격 단수형태를 사용하고 있음으로 이 형태의 문법적 오류가 있음. 문법적으로 맞춰 다시 사용한다면 「Oculum(단수 대격)/Oculos(복수 대격)」으로 사용하는 것이 맞으며 원문의 oculus 발음은 [오쿨루스]입니다.

② reparo, avi, atum, are: 수선하다, 회복하다

✔ 1변화 동사의 현재 1인칭 단수 형태를 보여주고 있음. 발음은 [레파로]입니다.

> 헤르미온느가 사촌 두들리가 때려서 박살난 해리의 안경을 수리해주는 주문. 1편 '마법사의 돌'에 등장하는 마법.

09. Reducto, -are : (군대를) 철수하다

✔ 1변화 동사의 현재 1인칭 단수 형태를 보여주고 있음. 발음은 [레둑토]입니다.

> 진압을 위해서 사용하는 마법. 볼드모트 추종자(죽음을 먹는자)를 산산조각 내기 위해, 가만히 있는 폭탄을 터지게 하는 마법이다. 5권 '불사조 기사단에서 사용된 마법.

10. Repello, re(p)puli, pulsum, -ere : 물리치다, 떼어놓다

✔ 2변화 동사의 현재 1인칭 단수 형태를 보여주고 있음. 발음은 [레펠로]입니다.

> 어느 한 장소를 적으로부터 방어하기 위해 방어막을 치는 마법. 7권 '죽음의 성물'에서 나오는 가장 하이라이트의 멋진 장면으로 평가됨.

라틴어의 날짜를 말하는 법은 현대 언어와 너무 다르다?

일반적으로 현대 언어에서 날짜를 말하는 방법은 '2월 6일'이라고 한다면, 여섯 번째 날인 영어의 sixth처럼 서수를 쓰거나, 스페인어의 seis처럼 기수를 사용할 수 있을 것입니다. 그런데 라틴어는 이렇게 일반 숫자의 표시법이 아닌, 기준점을 정해서 그 날의 앞뒤로 표시하는 방법을 사용한다는 것이죠. 무슨 말인지 정말 어렵죠?

예를 들어보겠습니다.

2월 4일

Pridie Nonae **Februarieae est**.

→ 기준일(**Nonae** 5일) 전날

4월 14일

Postridie Idus **Apriles est**.

→ 기준일(**Idus** 13일) 다음날

12월 29일

Ante diem tertium Kalendae **Ianuarieae est**.

→ 기준일(**Kalendae** 1일) 3일 전날

〰 날짜 사용하기 방법

(1) 날짜의 일반적 표현

날짜는 무조건 Kalendae(1일), Nonae(5일), Idus(13일) 이렇게 3개의 기준일 가지고, 전날(Pridie), 다음날(Postridie), 그리고 몇

일전(「Ante diem + 목적격 서수」; 또는 「dies 형용사격 서수 + 서수」)으로 계산해서 날짜를 기입합니다.

단, 이 기준이 적용되는 달은 12달 중에 8개 달(1월, 2월, 4월, 6월, 8월, 9월, 11월, 12월)입니다.

(2) 날짜의 다른 4개의 표현

나머지 4개의 달(3월, 5월, 7, 10월)의 기준일은 8개 달과 다릅니다. 용어는 동일하지만 기준일을 보면, Kalendae(1일), Nonae(7일), Idus(15일)입니다. 물론 이 날짜의 앞뒤에 해당하는 전날(Pridie), 다음날(Postridie), 그리고 몇 일전(「Ante diem + 목적격 서수」; 또는 「dies 형용사격 서수 + 서수」) 방식으로 계산해서 날짜를 기입하는 것은 동일합니다.

예 3월 14일 → Pridie **Idus Martiae est**.

4월 14일 → Postridie **Idus Apriles est**.

날짜하나 말하는데도 이렇게 복잡하다니, 얼마나 복잡했겠습니까? 귀족들이 자신들만의 언어를 다른 계층사람이 못 알아듣도록 더 어렵고, 정교하게 만드느라 '고생이 많았구나'라는 생각이 드는 부분이기도 합니다.

달의 명칭

1월 ⋯ Ianuarius

2월 ⋯ Februarius

3월 ⋯ Martius

4월 ⋯ Aprilis

5월 ⋯ Maius

6월 ⋯ Iunius

7월 ⋯ Iulius

8월 ⋯ Augustus

9월 ⋯ September

10월 ⋯ October

11월 ⋯ November

12월 ⋯ December

서수

첫 번째 ⋯ primus

두 번째 ⋯ secundus

세 번째 ⋯ tertius

네 번째 ⋯ quartus

다섯 번째 ⋯ quintus

여섯 번째 ⋯ sextus

일곱 번째 ⋯ septimus

여덟 번째 ⋯ octavus

아홉 번째 ⋯ nonus

열 번째 ⋯ decimus

열한 번째 ⋯ undecimus

열두 번째 ⋯ duodecimus

'오! 마리아여!'에서 감탄사 '오~'는 어떻게 라틴어로 쓰죠?

O Maria!

[오 마리아]

오 마리아여!

• 감탄문 예시

O magna vis veritatis!

[오 마그나 위스 웨리타티스]

오 진리의 위대한 힘이여!

Proh dolor!

[프로흐 돌로르]

아 원통하도다!

Ecce homo!

[엑체 호모]

보라, 이 사람을!

〜〜 감탄문 만들기 방법

① 의문사를 이용해서 감탄문 만들기

■ 의문 대명사 속격 + 명사! : 얼마나 ~한지!

■ 의문 형용사 + 명사! : 얼마나 ~한지!

② 감탄사 앞에 붙이기

■ 주격 또는 호격과 함께 사용하는 감탄사

O(아~)

Proh(아~)

■ 주격과 함께 사용하는 감탄사

Ecce(보라~)

■ 여격과 함께 사용하는 감탄사

Heu(아이고~)

③ Bene(좋게)를 이용한 감탄문

단독으로 사용하거나, 뒤에 여격을 사용해서 감탄문을 만들 수 있습니다.

④ 단독으로 사용될 수 있는 감탄사.

■ **Au!** 오호라!(슬플 때)

■ **Ehem!** 아!(기쁠 때)

■ **Eho!** 이봐요!

■ **Eu!** 아이 좋아!

■ **Euge!** 와 착하다!

■ **Hui!** 저런!

■ **Ohe!** 그만!

■ **St!** 쉿!

■ **Hercle!** 맹세코(남자가 사용)!

■ **Ecastor!** 맹세코(여자가 사용)!

〰 문장 분석

(1) O magna vis veritatis!

① O + 주격 명사: 감탄사 O (오)

② magna: 형용사 Magnus(큰, 위대한)의 여성 주격 단수형

③ vis: 힘, 용기(3변화 여성명사)

④ veritatis: 3변화 여성명사 veritas(진리)의 속격 단수형

\<Vis의 변화형\>

	단수	복수
주격	vis	vires
속격	vis	virium
여격	vi	viribus
대격	vim	vires
탈격	vi	viribus

\<Veritas의 변화형\>

	단수	복수
주격	veritas	veritates
속격	veritatis	veritatum
여격	veritati	veritatibus
대격	veritatem	veritates
탈격	veritate	veritatibus

(2) Proh dolor!

① Proh + 주격 또는 호격 명사 : 감탄사(아~)

② dolor: 고통, 아픔(3변화 남성 명사)

\<Dolor의 변화형\>

	단수	복수
주격	dolor	dolores
속격	doloris	dolorum
여격	dolori	doloribus
대격	dolorem	dolores
탈격	dolore	doloribus

(3) Ecce homo!

① Ecce + 주격 명사 : 감탄사(보아라!)

② homo: 남자, 사람(3변화 남성명사)의 주격 단수형태

\<Homo의 변화형\>

	단수	복수
주격	homo	homines
속격	hominis	hominum
여격	homini	hominibus
대격	hominem	homines
탈격	homine	hominibus

문학 작품 속 라틴어 이야기
(Aeneid 7권 312줄)

『Aeneid』는 Vergilius가 쓴 기원전 작품으로 트로이목마 이야기부터 로마가 그리스에 멸망을 당하여, 떠돌이 생활을 하며 벌어지는 이야기, 그리고 방랑생활을 마치고 다시 라틴제국을 세우는 아에네아스(Aeneas)의 전기를 그린 서사시입니다. 총 12권으로 된 서사시 중 7권의 312번째 줄을 소개해드립니다.

Flectere si nequeo superos Acheronta movebo.

[플렉테레 시 네쿠에오 수페로스 아케론타 모웨보]

만약 내가 하늘(의 신들)을 바꿀 수 없다면, 지옥(의 강)을 옮겨 놓을 것이다.

✔ Aeneid: 7권 312줄.

〰 문장 분석

(1) Flectere (3변화/굽히다, 바꾸다, 돌리다)

작품 속에서는 조동사와 함께 사용되어 동사원형으로 사용됩니다.

<현재형>

	단수	복수
1인칭	flecto	flectimus
2인칭	flectis	flectitis
3인칭	flectit	flectunt

(2) si~ (영어의 if/만약~다면/가정법)

 여기서 잠깐 〈라틴어의 가정법 개념〉

가정법은 조건문이라고 일컬어지는데, 주절에 표시되는 사실이나, 결론이 성립되기 위한 가정이나 제한을 나타내는 종속절을 나타내는 것을 의미한다. 라틴어에서 가정문은 동사의 사용에서 영어나 다른 외국어와는 조금 다름으로 주의해야함. 일반적으로 현재시제에서 가정문을 만드는 것 이외에 다른 시제에서 가정문을 만들 때 의미는 아래와 같다.

· 현재형 예문

Si hoc facit, bene est.
만일 그가 이것을 하고 있다면, 좋다.

① 가정법 미래: 미래의 일에 관계있는 가정문은 만일 그 일이 매우 명확하게 또는 실현 가능한 추측으로 나타내는 경우에 사용한다.

· 미래형 예문

Si hoc faciet, bene erit.
만일 그가 이것을 한다면, 좋을 것이다.

② 가정법 불완료 과거와 부정과거: 과거의 일에 대해 그 전제 조건문 안에 그 조건이 사실인지, 아닌지에 간해서는 아무 것도 내포하고 있지 않는 경우, 귀결문에서 적당한 시제를 사용하는 경향이 있다.

· 불완료와 부정과거

Si hoc faciebat, bene erat.
만일 그가 이것을 하고 있었다면, 좋았다.

Si hoc fecit, bene fuit.
만일 그가 이것을 하였다면, 좋았었다.

③ 가정법과거와 과거 완료
현재와 과거의 일에 대해, 사실에 반대되는 것을 나타내는 전제문을 사용하고, 귀결문에서 반대됨의 아쉬움을 내포하고 있다.

이 가정법에서는 반드시 '접속법'동사를 사용한다는 것에 주의를 해야 한다.

• 과거와 과거완료

Si hoc faceret, bene esset.
만일 그가 이것을 했다면, 좋았을 텐데.

Si hoc fecisset, bene fuisset.
만일 그가 이것을 했었다면, 좋았었을 텐데.

(3) nequire (4변화동사/특이형/~할 수 없다, ~능력이 없다)

<현재형>

	단수	복수
1인칭	nequeo	nequimus
2인칭	nequis	nequitis
3인칭	nequit	nequeunt

'조동사'이기 때문에 동사원형과 함께 올 수 있습니다. 'nequeo + flectere'로 사용되겠네요. 라틴어는 위치가 자유롭기 때문에, 위치는 앞으로 갈 수 있습니다.

(4) superus (형용사/높은 곳의, 천상의, 하늘의)

형용사로, superus, -a, -um으로 사용되는 것이지만, 일반 명사화된 명사로 전용되면서 '하늘 높은 신들'이라는 의미로 사용되었습니다. 문장속에서 대격 복수형태로 사용됩니다.

	단수	복수
주격	superus	superi
속격	superi	superorum
여격	supero	superis
대격	superum	superos
탈격	supero	super

(5) Acheronta (3변화/**특이형/지옥의 강)

대격 단수형태인 'Acherontem'과 같이 특이한 형태로 사용됩니다.

〈변화형〉

	단수	복수
주격	Acheron	Acherontes
속격	Acherontis	Acherontum
여격	Acheronti	Acherontibus
대격	Acherontem	Acherontes
탈격	Acheronte	Acherontibus

✔ 문법적으로는 'Acherontem'이라고 사용해야 하는데, 문학적 '서사시'의 운율을 맞춰야 하므로, (특이한 어형변이로) Acheronta 라고 사용합니다.

(6) Movere (2변화동사/움직이게 하다, 이동 시키다)

　1인칭 단수형·미래시제를 사용.

<미래시제 변화형>

	단수	복수
1인칭	movebo	movebimus
2인칭	movebis	movebitis
3인칭	movebit	movebunt

> 칠레의 노벨상 수상자인 Pablo Neruda의
> 유명한 어구를 라틴어로 하면?

Pablo Neruda는 칠레의 시인이기 때문에 원문은 스페인어입니다. 이 말을 라틴어로 번역하면 다음과 같습니다.

Felicitas est interior, non exterior;
idcirco, non dependet de quo habemus, sed de quo sumus.
[펠리치타스 에스트 인테리오르, 논 엑스테리오르;
이드치르코, 논 데펜뎃 데 쿠오 하베무스, 셋 데 쿠오 수무스]
행복은 외부에서 오는 것이 아니라, 내면에서 나온다.
즉, 우리가 가지고 있는 것들이 우리를 행복하게 하는 것이 아니라
우리가 어떤 사람이냐 그 자체에서 행복은 좌우된다.

〜 어구 풀이

(1) Felicitas (행복, 3변화 여성)
　　주격 단수형 사용

	단수	복수
주격	felicitas	felicitates
속격	felicitatis	felicitatum
여격	felicitati	felicitatibus
대격	felicitatem	felicitates
탈격	felicitate	felicitatibus

(2) est interior...
안쪽에 있다.

> interior는 '남성/여성 형용사', 중성은 interius를 사용합니다.
> 변화는 3변화 명사 변화형태이며, 주격단수 형태입니다.

	단수	복수
주격	interior	interiores
속격	interioris	interiorium
여격	interiori	interioribus
대격	interiorem	interiores
탈격	interiore	interioribus

> ✔ exterior는 interior처럼 3변화 명사형태로 변화함니다

(3) idcirco... '부사'로 '그래서, 그럼으로, 그것을 목적으로'라는 의미입니다.
> 중성대명사 id + 전치사(~주변에) circa의 합성 형태 어휘이죠.

(4) dependere de + 탈격 ~에 의존하다
> dependere는 2변화 동사이며, 3인칭 단수형을 사용합니다.

	단수	복수
1인칭	dependeo	dependemus
2인칭	dependes	dependetis
3인칭	dependet	dependent

(5) quod... 중성 관계대명사

Ego facio quod volo.
나는 내가 원하는 것을 한다.

여기에서 quod는 중성으로 선행사 없이 '~것'을 의미하고, volo(나는 원하다)의 대격역할과 동시에 facio(나는 한다/만든다)의 대격역할을 하는 문장을 이끕니다.

〰 dependet de + 탈격... 의 형태가 되어야 합니다.

quod의 탈격 quo를 사용함. 그 뒤에 '가지다/소유하다'의 habere(2변화동사)와 esse(Be동사)의 1인칭 복수형이 사용되었습니다.

(6) habemus/sumus 변화

〈habere(2변화)〉

	단수	복수
1인칭	habeo	habemus
2인칭	habes	habetis
3인칭	habet	habent

〈Esse(Be동사)〉

	단수	복수
1인칭	sum	sumus
2인칭	es	estis
3인칭	est	sunt

라틴어에서도 ~self 방식 재귀대명사가 있나요?

영어의 ~self형은 어떤 경우는 재귀대명사로, 어떤 경우는 강조부사로 사용합니다. 라틴어에도 같은 역할을 하는 것이 있습니다. 바로 재귀대명사와 강조대명사라는 것입니다. 아래의 예문을 통해서 확인해보겠습니다.

Docetne rhetor se linguam Latinam?

[도첸네 레토르 세 린구암 라티남?]

웅변가를 양성하는 선생님은 스스로에게 라틴어를 가르치나요?-재귀대명사

Docetne rhetor ipse linguam Latinam?

[도첸네 레토르 입세 린구암 라티남?]

웅변을 가르치는 선생님 자신이 라틴어를 가르치시나요?-강조대명사

위에서 차이는 se와 ipse뿐이죠.

영어에서는 목적어를 ~self로 두느냐, 아니면 강조할 명사 뒤에 ~self를 써서 그 어휘를 강조하는 '강조부사'라는 방식으로 사용하는 데, 라틴어와 차이를 잘 살펴보세요.

〰 문장 분석

① 재귀란, 주어와 목적어를 일치시키는 것을 말합니다.

<재귀대명사일 경우>

	단수	복수
1인칭	Ego.....me	Nos.....nos
2인칭	Tu.....te	Vos.....vos
3인칭	Sanchus, Rhetor.....se	Rhetores, Sanchus et Maria.....se

② 강조부사처럼 사용되는 강조대명사는 어떻게 바뀌는지 볼까요? 이 어휘는 인칭에 따라 변화하는 것이 아니라, '남성, 여성, 중성'으로 변화를 합니다. 또한 물론 수식하는 명사의 격에 맞춰줍니다.

<단수>

	남성	여성	중성
주격	ipse	ipsa	ipsum
속격	ipsius	ipsius	ipsius
여격	ipsi	ipsi	ipsi
대격	ipsum	ipsam	ipsum
탈격	ipso	ipsa	ipso

<복수>

	남성	여성	중성
주격	ipsi	ipsae	ipsa
속격	ipsorum	ipsarum	ipsorum
여격	ipsis	ipsis	ipsis
대격	ipsos	ipsas	ipsa
탈격	ipsis	ipsis	ipsis

③ 문장을 분석하면 다음과 같습니다.

■ docetne

docere(2변화 동사, 3인칭 단수형) 가르치다

✔ ~ne 동사 뒤에 붙여 의문문 만들 수 있습니다.

	단수	복수
1인칭	doceo	docemus
2인칭	doces	docetis
3인칭	docet	docent

■ rhetor(3변화 명사 남성) 웅변을 가르치는 선생님

	단수	복수
주격	-tor	-tores
속격	-toris	-torum
여격	-tori	-toribus
대격	-torem	-tores
탈격	-tore	-toribus

■ Iinguam Latinam 라틴의 언어를

lingua(1변화 명사 여성) 언어

Latinus/-a/-um (형용사) 라틴의

〰 1변화 명사어미 변화(오랜만에 볼까요?)

	단수	복수
주격	-a	-ae
속격	-ae	-arum
여격	-ae	-is
대격	-am	-as
탈격	-a	-is

'스승의 날, 졸업식·입학식' 즈음이면
떠오르는 라틴어 어구는?

NON SCHOLAE SED VITAE

　　요즘 세상의 사람들 인식을 대변해주지 않나 싶습니다. 98년부
터 교편을 잡아 지금까지 왔지만 학교 이름을 위해 공부하는 우
리 어린 영혼들이 안타까울 때가 많습니다. 자신이 정말 하고 싶
은 것을 하고, 그것을 누리며 살았으면 좋겠는데요. 이러한 마음
은 기원전에도 그랬던 것 같은 글이 있어 소개합니다.

Non scholae sed vitae discimus.
[논 스콜라에 셋 위타에 디스치무스]
우리는 학교를 위한 것이 아니라 인생을 위해서 배운다.

✔ Gaius Lucilius(기원전 2세기) 풍자시인

〰 문장 분석

① Non~, Sed... (~가 아니고 ...이다)

영어의 Not~ but...의 표현과 동일합니다.

② scholae/vitae (학교에게[위해]/인생에게[위해])

두 어휘 모두 1변화 명사의 여성 규칙형태이며, 여격 단수로 사용되었습니다.

라틴어에서 여격은 영어의 'for +목적어' 또는 'to + 목적어'와 같은 역할을 할 때가 많습니다. 간접목적어라는 원래 역할이 있지만, 그렇지 않고 간접목적어가 나올 수 없는 위치에 여격이 나오게 되면, 'for + 목적어(~에게 있어서는, ~위해)로 번역해주시면 됩니다.

예 **Alumnus bonus est gratus magistro.**

좋은 학생은 선생님에게 있어서는 즐거움이다.

③ discimus(우리는 배운다)는 discere(3변화 동사, 배우다)의 1인칭 복수 형태입니다.

	단수	복수
1인칭	disco	discimus
2인칭	discis	discitis
3인칭	discit	discunt

'지혜로운 왕'에 대한 라틴어
한마디가 있다면?

지혜로운 왕, 즉 한 나라를 이끌어가는 대통령이나 대표를 하는 사람들에 대한 구절을 찾아보았습니다. 성경에 나온 글이 있어, 라틴어로 소개해봅니다.

**Dissipat impios rex sapiens et curvat super eos fornicem.
Misericordia et veritas custodiunt regem et roboratur
clementia thronus eius.**

[디시팟 임피오스 렉스 사피엔스 엣 쿠르왓 수페르 에오스 포르니쳄.
미세리코르디아 엣 웨리타스 쿠스토디운트 레젬 엣 로보라투르 클레멘시아 트
로누스 에이우스]
현명한 왕은 부도덕한 이들을 흩어 사라지게하고,
그들 위로 원형틀을 구르게 한다.
인자함과 진실이 왕을 지켜주며, 관대함을 가진 왕좌는 견고해질 것이다.

✔ 잠언(Proverbia) 20: 26절, 28절

〰 문장 분석

(1) dissipare(흩어지게 하다) 1변화동사의 3인칭단수인 dissipat
<1변화 동사의 규칙 어미>

	단수	복수
1인칭	-o	-amus
2인칭	-as	-atis
3인칭	-at	-ant

(2) impius, ~a, ~um 형용사로 '불경한, 부도덕한' 의미로

수식할 명사가 없는 경우는 불특정 사람 또는 사물을 의미합니다. 여기서는 사람들이라는 남성 대격복수형을 사용했습니다.

(3) rex sapiens(현명한 왕은) 모두 주격이고 rex는 3변화명사 남성입니다.

속격은 참고로 regis입니다. Sapiens 는 형용사로 사용되는 분사형태 어휘로 변화형은 3변화 명사형과 동일합니다. 참고로 속격형태는 sapientis입니다.

〈분사형 변화 단수형〉

주 **sapiens**   대 **sapientem**

속 **sapientis**   탈 **sapiente**

여 **sapienti**

(4) curvare(굽히게 하다, 구르게하다) 1변화 동사이며, curvat은 3인칭단수형입니다.

(5) super eos (그들 위로)

전치사 super 뒤에 대격이주로 오는데, 간혹 탈격을 사용하는 문헌도 목격이 됩니다.

Esos 는 지시사 is(그것, 그사람)의 대격복수 형으로 여기서는 impios를 지칭합니다.

〈**Is**의 변화형〉

	단수	복수
주격	is	ii(= ei)
속격	eius	eorum
여격	ei	iis(= eis)
대격	eum	eos
탈격	eo	iis(= eis)

(6) fornix(원형 물건, 개선문) 3변화 여성형 어휘로 fornicem은 대격단수형
입니다.

	단수	복수
주격	fornix	fornices
속격	fornicis	fornicium
여격	fornici	fornicibus
대격	fornicem	fornices
탈격	fornice	fornicibus

(7) Misericordia et veritas (자비와 진실)

　Misericordia는 1변화 여성명사 규칙형 주격단수이고, veritas
는 3변화 여성명사 주격 단수입니다.

<Veritas의 변화형>

	단수	복수
주격	veritas	veritates
속격	veritatis	veritatum
여격	veritati	veritatibus
대격	veritatem	veritates
탈격	veritate	veritatibus

참고 veritas의 속격은 veritatis입니다.

(8) custodire(4변화동사. 지키다, 경계하다)에서 custodiunt는 3인칭복수형
입니다.

<4변화 동사의 규칙 어미>

	단수	복수
1인칭	-io	-imus
2인칭	-is	-itis
3인칭	-it	-iunt

(9) regem은 rex의 3변화 남성명사 대격단수형입니다.

<Rex의 변화형>

	단수	복수
주격	rex	reges
속격	regis	regum
여격	regi	regibus
대격	regem	reges
탈격	rege	regibus

(10) roborare (1변화동사, 튼튼하게/견고하게 하다) 의 roboratur는 현재수동 3인칭 단수형입니다.

수동	단수	복수
1인칭	roboror	roboramur
2인칭	roboraris	roboramini
3인칭	roboratur	robarantur

(11) Clementia(관대함, 자비/1변화여성명사) 여기에서는 탈격단수형으로 전치사 cum(~와 함께)이 생략된 형태입니다.

(12) thronus (왕좌, 왕권/2변화 남성 명사) 여기에서는 주격단수로 사용이 되어서, 동사가 수동형으로 사용된 것입니다.

(13) eius(그의(왕의)) 여기에서는 지시대명사 is의 속격으로 사용되었습니다.

그래서, '그의 왕권/그의 왕좌'란 의미입니다.

〰 전 세계가 지도자의 말과 행동으로 힘들어하거나, 반대로는 너무 좋아지는 경우가 있습니다. 대한민국도 변화속에 있기 때문에 성경에 있는 말을 찾아보게 되었습니다. 참고로 제 번역은 성경의 의역체가 아니라 직역체라는 것을 양해해주세요.

성경의 사도신경의 라틴어는 어떻게 되어 있을까? ①

교회나 성당을 다니시는 분들은 해석법이 약간 다르겠지만, '사도신경'이라는 것을 보시게 될 것입니다. 일단 모르시는 분들을 위해 한글로 써드리면,

• 사도신경

전능하사 천지를 만드신 하나님 아버지를 내가 믿사오며,
그 외아들 우리 주 예수 그리스도를 믿사오니,
이는 성령으로 잉태하사 동정녀 마리아에게 나시고,
본디오 빌라도에게 고난을 받으사,
십자가에 못 박혀 죽으시고,
장사한지 사흘 만에 죽은 자 가운데서 다시 살아나시며,
하늘에 오르사,
전능하신 하나님 우편에 앉아 계시다가,
저리로서 산자와 죽은 자를 심판하러 오시리라

성령을 믿사오며,
거룩한 공회와,
성도가 서로 교통하는 것과,
죄를 사하여 주시는 것과,
몸이 다시 사는 것과,
영원히 사는 것을 믿사옵나이다.
아멘.

⚠ 라틴어 문장 분석

Credo in Deum Patrem omnipotentem, Creatorem Caeli et terrae

[크레도 인 데움 파트렘 옴니포텐템, 크레아토렘 카엘리 엣 테라에]

나는 하늘과 땅의 창조주이자, 전능하신 아버지 하나님
안으로 들어가 믿습니다

① 'credere in + 대격' 형태

② Deum과 Patrem, Creatorem은 '대격 단수' 동격,

③ omnipotens(주격단수)형용사의 제 3 변화형 대격형태로

〈단수 변화형〉

주 **omnipotens**   대 **omnipotentem**
속 **ominipotentis**   탈 **omnipotente**
여 **omnipontenti**

④ Caelum(하늘)의 속격: Caeli

 Terra(땅)의 속격: Terrae

Et in Iesum Christum, Filium eius unicum, Dominum nostrum,

[엣 인 이에숨 크리스툼, 필리움 데이스 우니쿰, 도미눔 노스트룸]

그리고 우리의 주인이신, 그의 외아들인, 예수님,
우리의 주인 안으로 들어가 믿습니다

① Jesus = Iesus

 Iesum Christum, Filum, Dominum은 대격 단수형태로 동격.

② eius(그의) 3인칭 속격.

③ unicus(유일한, 단일의) 형용사로 unicum은 Filium을 수식하는
대격단수 형태입니다.

④ nostrum은 noster(소유형용사)의 남성 대격단수 형태입니다.

qui conceptus est de Spiritu Sancto, natus ex Maria Virgine,
[쿠이 콘쳅투스 에스트 데 스피리투 상토, 나투스 엑스 마리아 위르지네]
성령으로 잉태되고, 동정녀 마리아로부터 태어난,

① qui는 관계사 who/that으로 앞에 나왔던 Jesus Christus를 의미합니다.

② conceptus는 concipio (붙잡다/받아들이다) 동사의 수동태형 분사로, est conceptus는 '잉태되었다'라는 과거형 수동태로 보시면 됩니다.

③ de Spiritu Sancto
　전치사 de는 out of, from의 의미로 뒤에는 탈격이 와야 합니다.
　spiritu는 spiritus의 탈격 단수형태로 4변화 남성어휘입니다.
sanctus/~a/~um는 형용사로 '거룩한, 성스러운' 의미의 규칙변화 형용사입니다.

<**spiritus**/4변화 남성/영감, 영혼, 생명>

	단수	복수
주격	spiritus	spiritus
속격	spiritus	spirituum
여격	spiritui	spiritibus
대격	spiritum	spiritus
탈격	spiritu	spiritibus

④ natus: 태어난, 출생한
　natus는 nascor(nasceri/출생하다, 태어나다)라는 의미이고, 물론 conceptus처럼 수동형 분사입니다. ex 앞에는 est생략되어 있습

니다. 전치사 ex는 de와 마찬가지로 from, out of의 의미이고, 뒤에 탈격 형태가 나오게 됩니다. ex Maria Virgine에서 Maria는 탈격 단수 형태이고, Virgine는 3변화 여성명사로 Virginitas의 변화형임으로 원래는 Virginitate가 되어야 합니다. 그런데, 일반적으로 음율의 언어인 라틴어의 경우는 그 형태를 임의로 축소시키거나 증대시켜 음율을 맞추는 경우가 있는데, 이 부분은 그렇게 추측이 됩니다.

	단수	복수
주격	virginitas	virginitates
속격	virginitatis	virginitatum
여격	virginitati	virginitatibus
대격	virginitatem	virginitates
탈격	virginitate	virginitatibus

성경의 사도신경의 라틴어는 어떻게 되어 있을까? ②

긴 라틴어 사도신경을 앞 단원에 이어 계속해서 소개해 드립니다.

Passus sub Pontio Pilato,
[파수스 숩 폰시오 필라토]
본디오 빌라도 아래에서 햇볕에 쏘여졌었다

① Passus (est)

pandare의 수동형 분사인 passus는 주어가 남성형 단수 Jesus Christus이기 때문에 남성단수 3인칭 단수 형태인 est와 -us어미를 가지게 됩니다.

앞에도 말씀드린 대로, Be동사에 해당하는 Esse동사의 '현재변화 + 수동형 분사 = 과거의미'라는 것입니다.

햇볕에 쏘여지는 것이 '고난을 받았다'로 번역이 된 것으로 보입니다.

다른 판단 원형은 pati 인 patior 동사의 수동형분사가 동일한 형태의 passus입니다. 이 동사의 의미가 '고통받다'이므로 더 적합한 해석이 가능합니다.

② 전치사 Sub + 탈격

Pontius는 2변화 남성형으로 탈격 어미는 '-o'입니다.

crucifixus, mortuus, et sepultus,
[크루치피수스, 모르투우스, 엣 세풀투스]
십자가에 매달리고, 죽게 되고 그리고 묻히게 되었다

① crucifigere(3변화 동사; 십자가에 매달다/못박다) 어휘의 수동형 분사는 crucifixus(십자가에 매달린)입니다.

② morior(4변화 수동형 동사: 죽다)의 수동형 분사는 mortuus(죽게 된)입니다.

③ sepelire(4변화 동사: 파묻다/화장하다)의 수동형분사 sepultus(묻히게 된)입니다.

descendit ad infernos, tertia die resurrexit a mortuis,
[덴스첸딧 아드 인페르노스, 테르시아 디에 레수렉싯 아 모르투이스]
지옥으로 내려왔고, 3일째에 죽은 사람들로부터 부활했다

① descendit(짧은 의미 과거/완료과거 3인칭 단수 : 내려왔다)

<descendere (3변화동사 현재형/과거형)>

		현재형	과거형
단수	1인칭	descendo	descendi
	2인칭	descendis	descendisti
	3인칭	descendit	descendit
복수	1인칭	descendimus	descendimus
	2인칭	descenditis	descendistis
	3인칭	descendunt	descenderunt

→ 우연하게 3인칭단수/1인칭복수가 현재와 과거형에서 그 형태가 동일합니다.

② ad + 대격

　ad는 영어의 to의 의미가 있으며, 뒤따라오는 명사는 대격을 사용해야 합니다. infernus(지옥)의미의 어휘는 남성으로 사용되는 문헌도 있고, 중성으로 사용되는 문헌도 있어서 infernum(지옥)이

라고 사용되는 경우도 있습니다. 여기에서는 남성으로 사용되었습니다. 여기에서는 복수형으로 사용되었습니다. 복수형으로 사용되는 경우는 '강조 + 큰 규모'의 경우를 나타냅니다.

③ tertia die(3번째 날에)

일반적으로 dies(day 하루, 날)의 의미는 남성으로 사용되어야 합니다. 그런데, 문헌 중에서는 드물게 여성으로 취급해서 사용하는 경우가 있습니다. 이러한 것 때문일지 모르지만, 스페인어의 경우는 el día(남성이지만 여성형태로 사용되는 형태)로 보이기도 합니다.

<dies의 경우는 5변화 명사>

	단수	복수
주격	dies	dies
속격	diei	dierum
여격	diei	diebus
대격	diem	dies
탈격	die	diebus

✔ 날짜/연도 등을 사용할 때는 관사 없이 탈격형태로 사용합니다. 그래서 '세 번째 날 : tertio die (tertia die)'라고 사용된 것입니다.

④ resurrexit(짧은 의미 과거/완료과거 3인칭단수)로 resurgere(3변화동사/다시 일어서다, 부활하다)의 과거형입니다.

〈resurgere(3변화동사 현재형/과거형)〉

		현재형	과거형
단수	1인칭	resurgo	resurrexi
	2인칭	resurgis	resurrexisti
	3인칭	resurgit	resurrexit

복수	1인칭	resurgimus	resurreximus
	2인칭	resurgitis	resurrexistis
	3인칭	resurgunt	resurrexerunt

⑤ a mortuis

전치사 'ab(a) + 탈격'형태는 영어의 by의미도 있지만, from, out of의 의미도 있습니다. 여기에서는 뒤쪽 from, out of의 의미를 가지게 됩니다. 뒤의 mortuis의 경우는 형용사 형태에는 mortuus를 명사화 시켜, '죽게된 사람'의 의미인데, 이때, 복수 탈격을 사용해서 '죽게 된 사람들'로 부터의 의미를 가지게 되는 것입니다.

ascendit ad caelos, sedet ad dexteram Dei Patris omnipotentis,

inde venturus est iudicare vivos et mortuos.

[아스첸딧 아드 카엘로스, 세뎃 아드 덱스테람 데이 파트리스 옴니포텐티스, 인데 웬투루스 에스트 이우디카레 위오스 엣 모르투오스]

하늘에 오르셨고, 전능하신 아버지 하나님의 오른편에 앉아계셨을 것이다.

그곳으로부터, 오시는 것은 산 사람들과 죽은 사람들을 평가하는 것이다.

(1) ascendit ad caelos,

① ascendit(ascendere/오르다, 올라가다/3변화 동사, 완료과거 3인칭 단수)

〈짧은 의미의 과거형〉

	단수	복수
1인칭	ascendi	ascendimus
2인칭	ascendiste	ascendistis
3인칭	ascendit	ascenderunt

② ad caelos(하늘로)

일반적으로 하늘은 중성 caelum을 사용해서 단수로 사용하는데, 여기서 복수 대격으로 사용한 것은 '큰 하늘'의 느낌을 주고 있습니다.

(2) sedet ad dexteram Dei Patris omnipotentis

① sedet(sedare/앉다/1변화 동사, 접속법 현재 3인칭단수)

<접속법 현재변화형>

	단수	복수
1인칭	sedem	sedemus
2인칭	sedes	sedetis
3인칭	sedet	sedent

② ad dextram Dei
- 전치사 **Ad**(~로) + 대격
- **dextra**(1변화 명사/여성) 오른편 >> **dextram** 대격단수
- **Deus** (2변화 명사/남성) 유일신, 하나님 >> **Dei** 속격

③ Patris omnipotentis

앞에 있는 Dei와 동격이므로 모두 속격이 되어야 합니다.
Pater(아버지/3변화 명사) → 속격 단수 Patris

	단수	복수
주격	pater	patres
속격	patris	patrum
여격	patri	patribus
대격	patrem	patres
탈격	patre	patribus

(3) inde venturus est iudicare vivos et mortuos.

① inde 부사(시간/장소)

그때로부터, 거기로부터

② venturus

라틴어는 동사원형이 아주 다양합니다.

→ (esse) venturus는 venire(오다)의 미래형의 원형이 됩니다.

번역은 '올 것이다'

〰 잠깐 라틴어 동사원형을 살펴볼까요?

예 amare 사랑하다

	능동의 원형	수동의 원형
현재	amare	amari
과거	audivisse	esse auditus
미래	esse auditurus	iri auditum

참 요란하다고 생각되시죠? 하지만 이러한 원형이 가끔은 더 편리할 때도 있습니다.

③ iudicare vivos et mortuos

▪ iudicare (심판하다, 평가하다)

동사원형은 명사의 역할을 할 수 있습니다.

▪ **Venturus est indicare** (오시는 것은 [~를] 심판하는 것이다)

▪ **Videre est credere** (보는 것은 믿는 것이다)

④ vivos et mortuos

▪ vivus, ~a, ~um 살아있는

▪ mortuus, ~a, ~um 죽어 있는

형용사는 명사를 수식하는 것인데, 명사가 없는 경우는 일반적인 사물 또는 사람이라는 의미가 생략된 것으로 보셔야 합니다. 여기서는 '살아있는 사람들'과 '죽어있는 사람들'이라는 의미입니다.

Credo in Spritum Sanctum, sanctam Ecclesiam chatholicam, sanctorum communionem remissionem peccatorum, carnis resurrectionem, vitam aeternam. Amen
[크레도 인 스피리툼 산크툼, 산크탐 엑클레시암 카톨리캄, 산크토룸 콤무니오넴, 레밋시오넴 펙카토룸, 카르니스 레수렉시오넴, 위탐 아에테르남. 아멘]
난 거룩한 영혼, 카톨릭의 거룩한 교회, 거룩한 친교모임, 수많은 죄의 면제, 육체의 부활, 영원한 생명을 믿습니다. 아멘

(1) credo (credere 믿는다 3변화 동사)
　1인칭 단수형으로 사용

	단수	복수
1인칭	credo	credimus
2인칭	credis	creditis
3인칭	credit	credunt

① credere 어휘는 뒤에 여격을 직접목적어처럼 사용하는 동사입니다. 또한 뒤에 '전치사 in'과 함께 올 때는 대격을 사용하는 동사입니다.

Credo amico meo. 난 나의 친구를 믿는다.
Credo in amicum meum. 난 나의 친구를 믿는다.

(2) credo in Spritum Sanctum
난 거룩한 영혼을 믿는다

① credere in + 대격

② Spritus(정신, 영혼)의 대격은 Spritum입니다.

③ Sanctus/-a/-um (형용사/성스러운, 거룩한)

(3) sanctam Ecclesiam chatholicam
카톨릭의 거룩한 교회를 믿습니다

① 'in + 대격'의 형태를 계속 연결하고 있습니다.

② Ecclesia(교회, 집회/1변화 여성명사)를 대격단수로 Ecclesiam 이라고 하며, 그것에 맞춰 형용사인 sanctus/-a/-um (형용사/거 룩한, 성스러운)를 명사의 앞쪽에서 수식하고 있고, 뒤쪽에서는 chatholicus/-a/-um (형용사/카톨릭의)를 가지고 수식하고 있습 니다.

(4) sanctorum communionem 거룩한 공동체

① 'in + 대격'의 형태를 계속 연결하고 있습니다.

② communio(여성 3변화 명사/공동체, 친교모임, 공유)의 의미입 니다.

	단수	복수
주격	communio	communiones
속격	communionis	communionum
여격	communioni	communionibus
대격	communionem	communiones
탈격	communione	communionibus

여기에서 대격단수인 communionem을 사용했으며, 형용사 '성 스러운/거룩한'(Sanctum)으로 연결하였습니다.

(5) remissionem peccatorum 수많은 과오의 면제

① 'in + 대격'의 형태를 계속 연결하고 있습니다.

② remissio(여성 3변화/송환, 누그러짐, 면제)의 의미이며, 뒤에 명사 peccatum(중성 2변화 명사/죄, 과오)로 여기에서는 복수 속격을 사용해 remissionem(대격 단수형)을 수식하고 있습니다. 여기에서 속격을 복수로 사용한 이유는 죄를 한번만 진 것이 아니기 때문에 '수많은'의 의미를 갖는 것입니다.

(6) carnis resurrectionem 육체의 부활

① 'in + 대격'의 형태를 계속 연결하고 있습니다.
→ 여기에서는 carnis(속격 단수)형태로 뒤에 오는 명사를 수식하였습니다. 뒤에는 대격 단수형태인 resurrecionem(부활)이 있습니다.

② caro(여성 3변화명사)육체, 고기

	단수	복수
주격	caro	carnes
속격	carnis	carnum
여격	carni	carnibus
대격	carnem	carnes
탈격	carne	carnibus

③ resurrectio (여성 3변화명사)부활

	단수	복수
주격	resurrectio	resurrectiones
속격	resurrectionis	resurrectionum
여격	resurrectioni	resurrectionibus
대격	resurrectionem	resurrectiones
탈격	resurrectione	resurrectionibus

(7) vitam aeternam 영원한 삶/생명

① 'in + 대격'의 형태를 계속 연결하고 있습니다.

② vita(1변화 여성/생명, 삶)의 대격단수인 vitam을 사용하였으며, aeternus/-a/-um (형용사/영원한)에서 여성대격 단수 형태로 명사에 맞춰 수식하였습니다.

생활 영어에서 많이 나오는 라틴어 ①

• i.e. 즉, 다시 말하면

→ id est.

　id는 영어의 it에 해당하는 중성의 3인칭 단수입니다. est는 영어의 be동사 중 3인칭 단수에서 사용하는 영어의 is에 해당하는 것이죠. 이 어휘를 줄여, i.e. 라고 합니다.

• etc 기타 등등

→ et cetera

　et은 영어의 and에 해당합니다. 현대어에서 프랑스에서 그대로 사용하고 있죠. cetera는 부사로 '나머지들/다른 것들'이란 뜻을 가진 어휘입니다. 이 두 단어를 줄여서 etc라고 하죠.

• P.M./A.M. 오후, 오전

→ Post Meridiem/Ante Meridiem

　전치사 post(~후에), ante(~전에)라는 어휘는 뒤에 대격(직접목적격) 명사가 따라오게 됩니다. meridies는 '반나절', '정오'라는 뜻을 가진 어휘입니다. 이 어휘를 가만히 보면, meri(>middle) + dies(>day)입니다. 그래서 이 어휘는 5변화 명사임으로 변화형에서 대격이 meridiem이 되는 것입니다. 그래서 정오보다 전(Ante Meridiem), 정오보다 후(Post Meridiem)가 되는 것입니다.

　**Carpe diem 기억하시죠. Catch(=Seize) the day... 여기에서

diem도 마찬가지로 직접목적어이므로 형태가 똑같은 것입니다.

• AD 서기

→ Anno Domini

여기에서 Anno는 Annus(해, 연도)를 의미하는 탈격형태의 어휘입니다. 시간, 날짜의 경우는 탈격으로 사용해서 부사처럼 사용하는 것인데, 그래서 Annus의 변화형을 Anno로 바꾸는 것입니다. 그 뒤에 Domini는 Dominus(하나님/주인님)이라는 의미의 어휘를 속격(소유격)형태로 만든 변화형입니다. 그래서 직역하면, 하나님의 해(하나님을 기억하는 해)라는 의미로 사용되는 것입니다.

• Persona non grata 기피인물

→ persona는 '사람'이란 의미의 명사입니다.

non은 영어의 no에 해당하는 부정부사이구요. 그리고 뒤에 있는 grata는 형용사 gratus(좋아하는, 호감가는)의 변화형으로 수식하는 명사에 맞춰 grata(여성형 주격) 형태로 사용한 것입니다. 그래서 직역하면 '좋아하지 않는 사람'이란 뜻입니다.

생활 영어에서 많이 나오는 라틴어 ②

· Alibi 알리바이

→ alius + ibi

alius는 형용사로 'another, other'의 의미를 가지고 있는 어휘와 ibi는 영어 장소부사인 there의 의미를 가지고 있습니다. 다시 말하면, '또 다른 곳의 장소'라는 의미에서 현대에서 사용하는 '알리바이'라는 것이 된 것입니다.

· Modus Vivendi 합의점, 협정, 타협

→ modus는 '방식, 방법'이라는 의미를 가지고 있습니다.

vivendi의 경우는 vivere(영어의 live/be alive)라는 뜻을 가진 동사원형을 영어의 ~ing와 같은 형태로 사용해 vivens라는 형태로 변형이 됩니다. 이변화형을 격변화할 때, 속격(소유격)의 형태가 vivendi의 형태를 갖게 되는데, 의미로 보자면 '살아갈 방식/방법'으로 해석하시면 되겠습니다.

· de facto 사실상, 실상

→ de의 경우는 전치사로 from, out of, away from의 의미

뒤에 명사를 사용할 때는 '탈격'명사를 뒤에 두게 됩니다. 의미로는 장소일 경우와 다르게, 상황일 경우는 '상황으로부터, 상황에서'라는 의미로 사용되는 경우가 많습니다. facto의 경우는 factus의 탈격으로 기존에 facere(to make) 의미의 동사에서 파생

한 과거분사형의 형용사이기도 하며, 명사화될 경우는 중성으로 factum이라는 형태로 '도덕적 행위, 동작'이란 의미로 사용을 합니다. 물론 factum명사의 탈격은 facto이며, de facto라는 의미는 '진실된/참의미의 사실로부터'라는 의미입니다.

• Curriculum vitae 이력서

→ curriculum 은 '경주 트랙'이란 뜻

단어를 가만히 들여다보면 currere라는 어휘는 '뛰다'라는 동사이기도 하며, currus 명사는 '마차/자동차'라는 의미를 가지고 있습니다. 달리거나 차가 달리는 길이라는 의미로 curriculum을 사용하는 것입니다. vitae의 경우는 vita의 의미가 '삶/생명'이라는 life의 의미를 가지고 있습니다. 그 형태는 속격(소유격)형태로 '삶의 트랙/삶의 경주로'라는 의미에서 이력서로 사용되는 것입니다.

• ibid [=ibidem] (논문 등에서) 같은 책에, 같은 장소에

→ ibi의 경우는 위에서 나온 것처럼 영어의 there(그곳)이란 부사입니다.

이것에 뒤에 idem이란 것은 의미상 '동감, 동의'라는 의미를 갖는 말로써 일반적으로 영어의 that에 해당하는 것이 라틴어에 is, ea, id 즉, '남성/여성/중성의 그것'이란 지시사를 의미합니다. 지시사를 말하면서 '그것과 같은 것'이란 말을 만들 때 지시사 뒤에 + dem을 붙여서 사용해 그 형태를 만듭니다. 그런데, 자음과 자음이 올 때는 그 앞에 있는 자음의 소리 값이 소리가 나지 않기 때문에 사라지는 것이 언어학적 증거라고 볼 때, isdem, eadem, iddem 이라는 형태로 처음에는 만들어지겠지만, 그 언어학적 증거에 따라 첫 번째 남성은 s탈락으로 idem, 두 번째 여

성은 그대로 eadem, 세 번째 중성은 dd가 하나로 단순화/단일화 (simplification)현상에 의해 하나로 합쳐져 idem이 됩니다. 그런데 남성과 중성이 같은 모양으로 생각하는 경우가 있는데, 제가 발음에서 말씀드렸던 음절의 구성현상에서 모음 뒤에 자음으로 끝나는 경우 그 모음이 장음화 된다는 것을 말씀 드린 대로 남성의 idem의 경우는 장음 i의 모음을 볼 수 있습니다.

✔ 설명이 너무 길었죠? 다 잊으시고, 그냥 'ibi + idem = 그곳의 그것과 같은 것'이라고 알아두시면 됩니다. 논문에서 상당히 각주의 '항, 절' 등 같은 것을 표시할 때 많이 사용합니다.

생활 영어에서 많이 나오는 라틴어 ③

• missa 미사[천주교 종교행사]

→ missa는 일반적으로 천주교 신도들이 종교행사를 하러 간다는 의미로 많이 사용

이것에 대한 의견은 너무도 분분하지만, 저도 하나의 의견을 내드리면, 동사원형 중에 mittere(보내다, 가게 하다)라는 의미를 가지고 있는데, 이 어휘의 과거 분사형이자 형용사형은 missus입니다. 이 어휘에 종교적으로 '참석하는 종교'라는 의미로 religio missa라는 어휘 속에서 보여지는 missa라는 의미도 있고, 종교는 포교라는 의미로 '포교하러 갔다'는 의미로 'Religio est missa'라는 어휘가 사용이 됩니다. 그래서 일반적으로 missus라는 어휘의 영어의 뜻은 'letting go(보내지는 것)'라는 의미가 있음으로 그렇게 어원을 찾아야 되지 않나 생각을 합니다.

• Ubiquotus 유비쿼터스

→ Ubiquotus[영어식 발음에 의해 Ubiquitous 형태로 변화]는 '언제 어디서나 존재하는 것'이라는 의미

현실세계를 가상세계와 연결해 어디서든지 있을 수 있는 것을 얘기할 때 많이 사용하는 개념입니다. 그런데, 이 어휘의 경우는 신조어로 Ubi([의문사] 어디/[관계사]~때)라는 의미를 가진 부사이며, quotus는 영어의 사물을 의미하는 의문형용사인 what 또는 which를 언급하는 것으로 명사화 하면 '무엇/어떤 것'이라는 의

미로 합성이 된 것으로 '어디/언제 + 무엇/어떤 것'이 합쳐져서 만들어진 어휘라고 생각하시면 됩니다. 물론 제가 앞에서 말씀드렸듯 이 어휘는 -us로 끝났기 때문에 남성어휘라는 것입니다.

• Post mortem 사후의, 검시, 부검, 사후평가
→ Post는 전치사로 '~의 후에'라는 의미

전치사 뒤에는 대격 어휘를 명사로 가지고 와야 합니다. 그리고 mors(죽음)이라는 어휘의 대격 변화형(mortem)으로, 이 어휘의 경우는 3변화 형태로 조금 특이한 형태로 되어있습니다. 그래서 의미는 '죽음 이후'라는 의미입니다.

<Mors 3변화 여성 명사형>

	단수	복수
주격	mors	mortes
속격	mortis	mortum
여격	morti	mortibus
대격	mortem	mortes
탈격	morte	mortibus

• summa cum laude 최우수[졸업]
→ 한국에서는 고등학생 문제집 제목으로 오히려 더 유명하지만, 실질적으로는 해외의 유명대학의 인문학부의 졸업장에 써져 있는 타이틀로 유명합니다.

■ summa cum laude(1등)
■ magna cum laude(2등)
■ bona cum laude(3등)
■ cum laude(나머지 졸업하는 모든 사람)

여기서 cum의 경우는 영어의 with이며, laude는 '칭찬'이란 의미를 가지고 있습니다. 알다시피 졸업하면 '칭찬을 받으며'라는 자격을 가지기 때문에 모두에게 cum laude를 써주는 것입니다. 여기서 laus(칭찬)이라는 3변화 여성 명사의 탈격 변화형이 laude 입니다.

앞에 칭찬이란 명사를 수식하는 형용사가 summus(최고의), magnus(큰), bonus(좋은)이라는 어휘를 여성명사의 탈격으로 맞춰 summa, magna, bona로 사용하는 것입니다. 위치가 특이하다고 생각되시죠? 라틴어는 위치가 자유롭다!! 반드시 수식하는 명사 뒤나 앞에 붙지 않고 멀리에 놓고 사용하는 경우도 간혹 있습니다.

〈Laus 3변화 여성 명사형〉

	단수	복수
주격	laus	laudes
속격	laudis	laudum
여격	laudi	laudibus
대격	laudem	laudes
탈격	laude	laudibus

· lux 빛, 조도, 럭스

lux는 서울대학교 교표에도, 해외의 유명한 대학의 모토에서도 볼 수 있는 단어이고 불빛의 밝기를 이야기할 때도 많이 사용합니다. 어휘 자체는 lux(빛)이라는 의미의 여성 3변화 명사인데, 3변화는 그 변화형이 특이해서, 그냥 라틴어다! 라고 생각하시죠. 너무 한 번에 많이 외우려면 언어가 싫어집니다! 그래도 궁금해할 분들을 위해 간단히 살펴볼게요.

<Lux 3변화 여성 명사형>

	단수	복수
주격	lux	luces
속격	lucis	lucum
여격	luci	lucibus
대격	lucem	luces
탈격	luce	lucibus

어버이날에 알맞은 라틴어 어구는
뭐가 있을까요?

세월이 흐르면서 느끼는 것이지만 어릴 적에 그렇게 듣기 싫던
부모님의 말씀 "잘 들어서 나쁠 것이 없었구나!?"라는 생각이 나
이가 들면서 깨닫습니다. 이러한 글을 나타낸 말이 라틴어에서도
있는지 찾아보았습니다. 기원전에 한 말인데, 천지가 개벽할 정
도로 세월이 지났지만 사람들의 마음은 다 똑같나봅니다.

Ames parentem si est aequus, si aliter, feras.

[아메스 파렌템 시 에스트 아에쿠우스, 시 알리테르, 페라스]

만약 부모님이 합당하다면, 부모님을 사랑하세요.

만약 의견이 다르다면, 참아내세요.

✔ Publilio Siro 기원전 85. 로마시대 작가

〰 어구 분석

(1) 가정법현재

'Si 현재 직설법, 미래(또는 접속법)'

Si Parens est aequus, ames parentem.

만약 부모님이 공평(합당)하시다면, 부모님을 사랑해라.

(2) parens(3변화 남,여명사)

	단수	복수
주격	parens	parentes
속격	parentis	parentum
여격	parenti	parentibus
대격	parentem	parentes
탈격	parente	parentibus

→ Si[영어의 if] 뒤에 주격단수형태가 생략되어 있고, 여기에서 는 남성형으로 사용되었습니다.

(3) Si es aequuus와 Si aliter

'만약 부모님이 옳다면'과 '만약 다른 의견을 가지고 있다면'

앞 문장의 If절에 해당하는 Si절의 문자에서는 Si (parens) est aequus 형용사 aequus, -a, -um (공평한, 합당한, 평범한)의 형태 에서 남성 단수 주격형태를 맞춰 aequus를 사용했으며, 뒷 문장 의 aliter는 'alis[형용사/다른] + ~iter[부사어미] = 다르게(부 사)'로 사용되었습니다. 앞 문장 Si es aequus(만약 부모가 생각이 일치한다면), Si aliter(만약 '생각이' 다르다면)으로 해석을 하면 됩 니다.

(4) 나머지 Ames parentem/feras

'부모님을 사랑하세요'/'참아내세요'

① 접속법을 사용하는 문장으로 amare(1변화 동사)의 접속법 현재 는 아래와 같습니다.

	단수	복수
1인칭	amem	amemus
2인칭	ames	ametis
3인칭	amet	ament

② feras는 Ferre(불규칙 동사변화/운반하다, 참는다)

여기에서는 접속법 현재로 사용되었습니다. 불규칙이므로, 직설법 현재와 접속법 현재를 함께 보겠습니다.

<직설법현재/접속법현재>

	단수	복수
1인칭	fero / feram	ferimus / feramus
2인칭	fers / feras	fertis / feratis
3인칭	fert / ferat	ferunt / ferant

KEYWORD 091 ·····················

> '네 시작은 미약하였으나 네 나중은
> 심히 창대하리라' 구절이 하나님 말씀이
> 아니라고?

 학생 때 가장 좋아했던 성경 구절인데, 나이가 들어서 찾아보니 이 말이 하나님의 말씀이 아니란 사실에 많이 놀랐던 적이 있습니다. 부분만 보고, 전체인듯 상상하고 맹신하는 점을 조심해야한다는 생각이 듭니다.

✔ 라틴어 성경구절: 욥기 8장 7절 내용

In tantum ut si priora tua fuerint parva et novissima tua multiplicentur nimis.

[인 탄툼 웃 시 프리오라 투아 푸에린트 파르와 엣 노윗시마 투아
물티플리첸투르 니미스]

네 시작은 미약하였으나 네 나중은 심히 창대하리라.

 여기서 잠깐 〈내용이 나오게 된 상황〉

 "네 시작은 미약하였으나 네 나중은 심히 창대하리라"는 이 구절은 욥기 8장 7절에서 인용된 것이다. 그러나 이 말은 하나님이 하신 말씀도 아니고, 욥기의 주인공인 욥이 한 말도 아니다. 하나님의 꾸중을 받은 욥의 친구들 중에서 수아 사람 빌닷이 한 말이다. 욥기에는 하나님의 말씀과 욥의 말 외에, 데만 사람 엘리바스와 수아 사람 빌닷과 나아마 사람 소발과 부스 사람 엘리후 등, 욥의 친구들의 말도 함께 나온다. 욥기에 나오는 친구들의 장황한 연설은 욥기의 신학에서는 부정되는 신학이다. 욥의 친구들의 설교는, 결국 욥 자신의 하나님 체험 신앙에 의해 그 가치가 부정당하기 위해 진술된 말들일 뿐이다. 그런데, 우리나라 교인들은 "네 시작은 미약하였으나 네 나중은 심히 창대하리라"는 그 말 자체가

~ 내용 분석

(1) In tantum 그래서, 그렇게

'in + 대격'은 일반적으로 영어의 'into + 장소'로 생각해 '~안으로'라는 의미를 갖는다고 생각합니다. 하지만, 의미를 받아서 사용하는 경우에는 '~대하여, ~위하여, ~ 때문에'의 의미를 갖게 됩니다. 여기에서 in tantum은 앞에 나온 내용을 그대로 받아, 영어의 therefore처럼 '그래서, 그러므로'정도로 해석해주시면 됩니다.

(2) ut si....

① ut은 영어의 'As, While'처럼 사용되는 경우가 많은데, '~처럼/~와 같이, ~반면에/~범위 내에서'라는 의미로 사용이 됩니다.

② si는 영어의 if로 보시면 되고, 그 뒤에 따라오는 동사가 접속법일 경우에는, '~했었으면'이라는 '소원, 기원'의 의미가 있습니다.
→ Ut si가 같이 있는 경우는, 영어의 As if로..그대로 적용해서 생각하셔도 됩니다. '마치 ~이었던 것처럼'

(3) ut si priora tua fuerint parva
비록[마치] 너의 초창기의 것들이 작았었던 것같지만

① Prior 형용사(더 앞의, 선조의)는 3변화 형태로, 남여 형태는 prior를 3변화형태로 변형시키고, 중성의 경우는 prius의 형태로 변형을 시켜야 합니다.

<단수>

	남녀형	중성형
주격	prior	prius
속격	prioris	prioris
여격	priori	priori
대격	priorem	prius
탈격	priore	priore

<복수>

	남녀형	중성형
주격	priores	priora
속격	priorium	priorium
여격	prioribus	prioribus
대격	priores	priora
탈격	prioribus	prioribus

여기에서 priora는 동사가 fuerint(접속법 과거 3인칭복수)이기 때문에, 중성 복수로 보셔야 합니다. 이전에도 말씀을 드렸었지만, 형용사가 수식받는 명사 없이 사용되는 경우, 일반적인 '사람/사물/상황'을 설정하고 명사화를 시키는 경우가 아주 많습니다. 여기에서도 'priora tua fuerint parva...'는 중성복수인 주어 priora에 맞춰 소유형용사(tua/너의)와 일반형용사(parva/작은)을 수식한 것입니다.

② fuerint (접속법 과거 3인칭 복수 Esse 동사)

Esse동사는 영어의 Be동사이죠.

〰 접속법의 의미상 차이를 앞쪽 'KEYWORD 50'의 '4) 십 계명 네번째'에서 간단히 설명해 두었으니 참고하세요. 직설법, 현재와 완료과거형, 접속법 완료과거형 형태 알려드립니다.

<현재형 직설법>

	단수	복수
1인칭	sum	sumus
2인칭	es	estis
3인칭	est	sunt

<완료(짧은 의미)과거형 직설법>

	단수	복수
1인칭	fui	fuimus
2인칭	fuisti	fuistis
3인칭	fuit	fuerunt

<완료(짧은 의미)과거형 접속법>

	단수	복수
1인칭	fuerim	fuerimus
2인칭	fueris	fueritis
3인칭	fuerit	fuerint

(4) et novissima tua multiplicentur nimis.

① novissima tua: 너의 최신의(나중의) 것들은

　novissimus는 형용사 novus(새로운)의 최상급 형태입니다. 맨 뒤에 '~issimus/a/mum'이 붙으면, 최상급의 형용사가 됩니다. 이 어원에서 학문의 최종단계 '~이론(~ism)'이란 말이 나왔다고 보시면 됩니다.

→ 물론, 이 말 또한 수식받는 명사가 앞 문장의 것처럼 생략되어서, '너의 최신의 상황들/모습들이...' 이라고 주어를 보시면 됩니다.

② multiplicentur

이 어휘는 multiplicare(늘리다, 증가시키다)어휘의 형태에서 파생한 접속법 수동태형의 어휘입니다. 물론 여기에서 접속법으로 사용한 것은 앞의 문장에서 이미 접속법을 쓰고, et(그리고) 접속 사이기 때문에 병렬구조가 되어야하기 때문입니다.

<직설법 현재형 능동형: multiplicare>

	단수	복수
1인칭	muliplico	muliplicamus
2인칭	muliplicas	muliplicatis
3인칭	muliplicat	muliplicant

<직설법 현재형 수동형: multiplicari>

	단수	복수
1인칭	muliplicor	muliplicamur
2인칭	muliplicaris	muliplicamini
3인칭	muliplicatur	muliplicantur

<접속법 현재형 수동형: multiplicari>

	단수	복수
1인칭	muliplicer	muliplicemur
2인칭	mulipliceris	muliplicemini
3인칭	muliplicetur	muliplicentur

참고 multiplicari는 수동형 동사의 동사원형 형태입니다.

③ nimis 부사로 '대단히, 너무, 아주'로 사용되는 어휘입니다.

직역 In tantum ut si priora tua fuerint parva et novissima tua
multiplicentur nimis.
그리고 너의 더 이전의 상황들은 작았었음에도 불구하고,
그리고 너의 맨 나중의 새로운 상황들은 너무도 늘어나 있을 것이다.

'외유내강'을 라틴어로 한다면?

직역을 한다면, 정말로 "겉은 부드럽고, 속은 강하다"라고 번역을 해야할 것 같지만, 직역보다는 라틴어에 있는 비슷한 말을 찾아서 써보도록 하겠습니다.

Homo erat corpore infirmus sed validus animo.

[호모 에랏 코르포레 인피르무스 셋 왈리두스 아니모]

사람은 신체적 측면은 약하지만, 정신적인 측면에서는 강했다.

∿ 어구 분석

① homo: 사람, 인간(3변화 남성 어휘)

	단수	복수
주격	homo	homines
속격	hominis	hominium
여격	homini	hominibus
대격	hominem	homines
탈격	homine	hominibus

② erat: ~이었다. (sum동사의 불완료 과거/3인칭 단수)

	단수	복수
1인칭	eram	eramus
2인칭	eras	eratis
3인칭	erat	erant

③ corpus: 몸은, 신체는(3변화 중성)

- **corpore**(단수 탈격)
- 전치사 'in + 탈격'에서 전치사의 생략(~측면에서)

	단수	복수
주격	corpus	corpora
속격	corporis	corporium
여격	corpori	corporibus
대격	corpus	corpora
탈격	corpore	corporibus

④ infirmus/infirma/infirmum: 약한, 허약한, 병든(형용사)

⑤ sed: 하지만, 그러나 (부사/접속사)

⑥ validus/valida/validum: 강한(형용사)

⑦ animus: 정신은, 용기는 (2변화 남성 단수 주격)

- **animo**: 정신적 측면에서(단수 탈격)
- 전치사 'in + 탈격'에서 전치사 생략

	단수	복수
주격	animus	animi
속격	animi	animorum
여격	animo	animis
대격	animum	animos
탈격	animo	animis

✔ 한국어를 그대로 직역어투로 라틴어 작문을 한다면, 아래와 같습니다.

직역 Species tenella est, sed animus validus.
'겉은 부드럽고, 속은 강하다.'

① Species: 겉모양, 외모, 아름다움(5변화 여성명사 주격 단수형태)

② tenella: 부드러운, 약한, 연약한(tenellus 형용사 여성형 주격 단수 형태)

③ animus: 정신, 마음(2변화 남성명사 주격 단수 형태)

④ validus: 강한(형용사 남성 단수 형태)

변화하지 않는 단독 부사 하나로 라틴어 표현하기

라틴어를 공부할 때, 가장 마음 편한 것이 부사일 것입니다. 왜? "변화하지 않는 어휘라서 하나만 알아두면 되니깐!"이라고 대답을 할 수 있습니다. 형용사에서 부사를 만들어 낼 수 있는 경우도 있기 때문에 그 내용을 간단히 보고, 단독 부사를 소개해보겠습니다.

· 형용사를 부사로 만들기

일반적으로 형용사는 남성·여성·중성의 형태를 모두 가지고 있어야, 수식받을 명사에 맞춰 변형을 할 수 있다고 앞쪽에서 말씀드렸습니다. 그 반면, 부사는 형태를 변형시킬 필요가 없기 때문에 한가지 형태만을 가지고 있고, 격변화도 하지 않습니다.

① 형용사에서 부사로 형태를 만들 때, 가장 흔한 방법

Malus 나쁜 → Male 나쁘게

위처럼, -us(남성 주격단수형태)를 떼어 내고, -e를 붙이면 되는 경우가 상당히 많습니다.

응용 laetus 즐거운 → laete 즐겁게

하지만 변화형이 1·2변화 명사처럼 변화하는 경우도 있지만, 3변화 명사처럼 변화하는 형용사도 있습니다.

응용 tristis 슬픈 → triste 슬프게

위와 같은 부사는 어미가 -e로 끝나게 만드는 것이 가장 많은 형태입니다.

② 영어와 비교해 자주 사용되는 불규칙 형태

(형용사) → (부사)

bonus 좋은 → bene 좋게, 잘

magnus 큰 → magnopere 크게

parvus 작은 → paulum 작게

multus 많은 → multum 많게

• 단독 부사

형용사에서 변형된 부사가 아닌, 단독 형태로 되어 있는 부사를 소개해 봅니다.

① 시간관련 부사

hodie	오늘	heri	어제
cras	내일	perendie	모레
nunc	지금	tunc	그때
tarde	늦게	mane	아침에
meridie	정오에	vespere	저녁 때
diu	오랫동안	mox	곧
iam	벌써	ante	전에
olim	예전에	semper	항상

② 상황/묘사관련 표현

ita	그렇게	vix	겨우
nimis	너무	fere	거의
paulo	조금, 약간	forte	우연히
gratis	공짜로	ibi	거기에

statim	즉시 당장	cito	빨리
subito	갑자기	vero	실로, 진짜로
falso	허위로	raro	드물게
secreto	비밀로	necessario	반드시
primo	처음에	sero	늦게

③ 빈도 부사

semper	항상	diu	오랫동안
saepe	가끔, 때때로	numquam	절대 아닌
non	아니	aegre	억지로, 거의 ~않는

중국 대학 중에 라틴어 Motto를
사용하는 학교가 있다고?

중국 대학 중 교표를 라틴어로 사용하는 학교는 바로 홍콩대학
교입니다.

Sapientia et Virtus

[사피엔시아 엣 위르투스]

지혜와 덕

대부분의 중국 대학은 중국어로 학교의 모토를 쓰지만, 홍콩대
학은 영국령 학교였던 부분이 있어서 그런지, 라틴어 모토를 교
표로 갖고 있습니다. 홍콩대학교는 싱가폴대학교와 함께 아시아
1위 대학의 자리를 놓고 경쟁하는 세계적 명성의 대학교로 법학
부터 공학까지 고르게 학교의 인지도를 세계적으로 인정받고 있
는 대학교입니다.

〰 어휘 분석

✔ 주격 명사의 나열이지만 소개해 드립니다.

(1) sapientia 지혜, 사고 (1변화 여성명사 주격)

〰 규칙명사 변화입니다.

	단수	복수
주격	sapientia	sapientiae
속격	sapientiae	sapientiarum
여격	sapientiae	sapientiis
대격	sapientiam	sapientias
탈격	sapientia	sapientiis

(2) et virtus 그리고 덕

- **virtus**(덕행/3변화 여성명사)

<3변화명사 형태>

	단수	복수
주격	virtus	virtutes
속격	virtutis	virtutum
여격	virtuti	virtutibus
대격	virtutem	virtutes
탈격	virtute	virtutibus

성경의 교독문 76번은 요한복음 1장?

    교회에서 성경책 뒤쪽에 교독문이라고 1번부터 137번까지 가장 많은 비중을 차지하는 시편으로 시작해 필요한 부분만 읽을 수 있도록 만들어 두었습니다. 그중에서 요한복음에 관련된 부분이 76번부터 79번까지 있는데, 내용이 엄청나게 많은 관계로 76번의 1장 1절부터 4절까지만 소개를 해봅니다.

• 요한복음 1장 1절

In principio erat verbum, et verbum erat apud Deum, et Deus erat verbum.

[인 프린치피오 에랏 웨르붐, 엣 웨르붐 에랏 아풋 데움, 엣 데우스 에랏 웨르붐]

태초에 말씀이 계시니라 이 말씀이 하나님과 함께 계셨으니

이 말씀은 곧 하나님이시니라.

① 전치사 in + 탈격 = ~(안)에

② principio: principium(시작, 기원, 태초) 2변화 중성의 탈격 단수 명사 형태

③ erat: ~였다, ~존재했다. 영어 be동사에 해당하는 esse동사의 긴 의미 과거형 3인칭 단수 형태

④ verbum: 말씀, 단어. 2변화 중성 주격 단수 명사 형태

〰 직역으로 합쳐볼까요?

In principio erat verbum
태초에 말씀이 존재했다.

⑤ et: 영어의 and

⑥ 전치사 apud + 대격 = ~의 중에서, ~가까이(옆에)

⑦ Deum: Deus(하나님, 신) 2변화 남성 대격 단수 명사 형태

〰 두 번째 문장을 직역으로 합쳐보면,

et verbum erat apud Deum
말씀은 하나님 가까이에(함께) 있었다.

〰 세 번째 문장도 문형이 반복이라 그대로 직역하면요,

et Deus erat verbum.
그래서 하나님은 말씀이셨다.

• 요한복음 1장 2절

Hoc erat in principio apud Deum,
[혹 에랏 인 프린치피오 아풋 데움]
그가 태초에 하나님과 함께 계셨고,

① hoc: 이것(중성) 지시사 주격단수형
지시사로 영어의 this에 해당하는 것임

	남성	여성	중성
주격	hic	haec	hoc
속격	huius	huius	huius
여격	huic	huic	huic
대격	hunc	hanc	hoc
탈격	hoc	hac	hoc

→ 속격과 여격은 형태가 동일함

여기에서 중성주격으로 주어를 사용한 이유가 무엇일까요? 아마도 처음에는 아직 존재하지 않은 인물이라는 상징성이 있어서 hoc으로 사용한 것으로 보입니다. 그래서 6절에서 존재인 이름을 언급한 이후에 7절부터는 Hic으로 사용을 하게 됩니다.

② erat: 영어의 Be동사
영어의 was정도로 생각하시면 됩니다. 그런데 라틴어는 과거형이 두 가지입니다. 긴 의미 과거와 짧은 의미 과거. 여기에서 과거는 긴 의미 과거 3인칭 단수형입니다.

③ in principio: 태초에(초기에)
1절에서 나왔던 내용이죠. 앞에서 참고하셔요.

④ apud Deum: 하나님과 가까이에(곁에, 함께)
이것도 1절에 나왔던 내용입니다.

〰 합쳐서 보면,

Hoc erat in principio apud Deum.
이 존재는 하나님과 함께 태초에 존재했었다.

• 요한복음 1장 3절

Omnia per ipsum facta sunt: et sine ipso factum est nihil, quod factum est,

[옴니아 페르 입숨 팍타 순트: 엣 시네 입소 팍툼 에스트 니힐, 쿠오드 팍툼 에스트]

만물이 그로 말미암아 지은 바 되었으니 지은 것이 하나도 그가 없이는
된 것이 없느니라

① Omnia: 모든 것들 (3변화 중성명사, 주격 복수형태)
　주격형태: Omnis(남성/여성), Omne(중성)

\<3변화 변화\>

	단수		복수	
	남·여성	중성	남·여성	중성
주격	omnis	omne	omnes	omnia
속격	omnis	omnis	omnium	omnium
여격	omni	omni	omnibus	omnibus
대격	omnem	omne	omnes	omnia
탈격	omni	omni	omnibus	omnibus

→ 위에서 보시는 것처럼 중성 복수 형태입니다.

② 전치사 per + 대격 = ~통해서, 거쳐서, 경유하여

③ ipsum = 자신을(지시대명사, 대격단수 형태)
- **ipse** 남성 주격단수
- **ipsa** 여성 주격단수
- **ipsum** 중성 주격단수
→ 속격과 여격이 남성, 여성, 중성의 형태가 동일한 어휘

	단수	복수
주격	ipse	ipsi
속격	ipsius	ipsorum
여격	ipsi	ipsis
대격	ipsum	ipsos
탈격	ipso	ipsis

④ facta: 만들어진, 적합한(과거분사 중성 주격복수 형태)

facere(만들다)의 수동의미 형용사입니다. 주어 명사에 맞춰 그 형태를 만들어야 합니다. 주어가 중성복수 주격임으로, facta를 사용했습니다.

남성 주격단수 … factus
여성 주격단수 … facta
중성 주격단수 … factum

⑤ Sum동사(Esse 동사/영어의 Be동사)

Be동사에 해당하는 형태의 현재형과 과거분사형용사 형태가 만나면, '수동과거'의 의미를 갖게 됩니다. 라틴어는 현재의 수동형이 별도로 존재하기 때문에, 영어형태의 현재 수동형은 라틴어에서는 과거의미가 된다는 것을 꼭 명심하세요.

	단수	복수
1인칭	sum	sumus
2인칭	es	estis
3인칭	est	sunt

〰 여기까지를 짜 맞추어 번역해보면,

Omnia per ipsum facta sunt.

모든 것들은 그를 통해서 만들어 졌다.

⑥ et: 영어의 and

⑦ 전치사 sine + 탈격명사 = ~없이

⑧ sine ipso: 그(자신)이 없이(는)

→ ipse의 탈격 남성형입니다. 위쪽을 참고하세요.

⑨ nihil: 아무것도 없는 것/영어의 nothing으로 중성 주격단수형
입니다.

⑩ quod: 그것(중성 주격 관계대명사 that)

〰 문장의 말이 어렵네요. 번역해보면,

Et sine ipso factum est nihil, quod factum est.

그리고, 그 자신이 없이 아무것도 만들어질 수 없었다.

그것(아무것도 없다는 것)도 그에 의해서 만들어졌다.

어렵네요. '무(無, nothing)라는 것도 그 분이 만들었으니, 그 분
이 없으면 어떤 것도 만들어지지 않았다.'는 뜻으로 보입니다. 현
명하신 독자 분들이 파악해주셨으면 합니다. 제 직역은 여기까지
입니다.

• 요한복음 1장 4절

in ipso vita erat, et vita erat lux hominum:

[인 입소 위타 에랏, 엣 위타 에랏 룩스 호미눔]

그 안에 생명이 있었으니 이 생명은 사람들의 빛이라

① 전치사 in + 탈격: ~안에

② ipso: 'ipse/그 자신 스스로'의 탈격 단수 형태

③ vita : 삶, 목숨, 생명(여성 1변화 명사 주격 단수형태)

④ erat: ~였다.
   esse동사(영어의 be동사)의 긴 과거의미 동사의 3인칭 단수형태

〜 앞 문장만 합쳐서 보시면요.

in ipso vita erat.
그 자신 안에 생명이 있었다.

⑤ et: (연결사 and) 그리고

⑥ lux: 빛 (여성 3변화 명사 주격 단수 형태)

⑦ hominum: 사람들의
   → 3변화 남성 명사 속격 복수 형태

	단수	복수
주격	homo	homines
속격	hominis	hominum
여격	homini	hominibus
대격	hominem	homines
탈격	homine	hominibus

〜 두 번째 문장을 합쳐보겠습니다.

et vita erat lux hominum:
그리고 생명은 사람들의 빛이었다.

스페인 마드리드 국립대학교와
바르셀로나 대학교의 모토가 같다고?

Libertas perfundet omnia luce.
[리베르타스 페르푼뎃 옴니아 루체]
자유가 빛을 가지고 모든 것을 비출 것이다.

축구를 하거나, 정치판에서는 그렇게 으르렁거리며 경쟁 구도에 들어가는 마드리드와 바르셀로나가 대학의 경우 동일한 라틴어 모토를 사용하고 있습니다.

· 학교의 정식 명칭
마드리드 국립대학교(Universidad Complutense de Madrid)
바르셀로나 대학교(Universitat de Barcelona)

〰 어구 분석

(1) Libertas perfundet 자유가 물들이다, 비추다

① Libertas: 자유(3변화 여성)
대학 Motto에 veritas(진리)라는 어휘가 많이 등장하는데, 마찬가지로 어미를 보시면, 같은 형태로 되어 있습니다. 이 어휘들은 대부분 여성형/3변화입니다. 여기서는 물론 주격으로 사용되어 있습니다.

	단수	복수
주격	libertas	libertates
속격	libertatis	libertatum
여격	libertati	libertatibus
대격	libertatem	libertates
탈격	libertate	libertatibus

② perfundet: 물들이다, 비추다 (Perfundere 3변화 동사, 미래형 3인칭단수)

<현재시제>

	단수	복수
1인칭	perfundo	perfundimus
2인칭	perfundis	perfunditis
3인칭	perfundit	perfundunt

<미래시제>

	단수	복수
1인칭	perfundam	perfundemus
2인칭	perfundes	perfundetis
3인칭	perfundet	perfundent

→ 위에서 확인하시는 것처럼, 미래 3인칭 단수형입니다.

(2) omnia luce 모든 것들을, 빛을 가지고

① Omnia 의미상으로 보면, 대격이 와야 할 자리고, 어휘의 형태를 보시면, 중성 대격 복수형태입니다. Omnis(남성/여성), Omne(중성)의 어휘는 영어의 All에 해당하는 형용사 형태입니다. 물론 수식할 명사가 없다면, 일반적 명사(사람, 사물)가 있다고 가정하고, 명사화 시킬 수 있습니다.

	단수	복수
	남·여성형 / 중성형	남·여성형 / 중성형
주격	omnis /omne	omnes /omnia
속격	omnis / omnis	omnium / omnium
여격	omni / omni	omnibus / omnibus
대격	omnem / omne	omnes / omnia
탈격	omne / omne	omnium / omnium

→ 위에서 대격복수 중성 omnia확인하실 수 있죠. 그리고 우리가 일반적으로 옴니버스 영화라고 할 때, 사용하는 것도 이 어휘입니다.

② luce의 경우는 lux(빛, 3변화 여성명사)의 변화형인데, 그 형태는 탈격 단수 형태입니다.

	단수	복수
주격	lux	luces
속격	lucis	lucum
여격	luci	lucibus
대격	lucem	luces
탈격	luce	lucibus

→ 위에서 보시는 것처럼, 탈격 단수가 사용되었습니다. 그런데 갑자기 전치사도 없는데, 어떻게 탈격이 사용되었지? 라고 생각하실 수 있습니다. 일반적으로 시간부사처럼 사용되는 경우는 전치사 없이 탈격 단독으로 사용하는 경우도 있고, 이 외에는 cum/in/ab 전치사가 생략되어 사용하는 경우가 있는데, 가장 많은 경우가 cum가 생략되는 경우가 많습니다. 여기에서도 'cum luce'인데 생략된 경우로 보시면 됩니다.

Universidad Complutense de Madrid
[스페인어 발음: 우니베르시닫 꼼쁠루뗀세 데 마드릳]

이 어구를 라틴어로 써놓은 것입니다.

Universitas Complutensis Matritensis.
[우니웨르시타스 콤플루텐시스 마트리텐시스]
마드리드 동쪽지역 알깔라 데 에나레스 지역의 대학교

번역은 그냥 '마드리드 국립대학교'라고 하는데, 직역을 하면, '마드리드 동쪽 지역 알깔라 데 에나레스 지역의 대학교'네요. 직역을 하니 해석이 이상하기는 하네요. 그냥 학교의 고유명사로 사용되었다고 생각하셔요.

Universitas는 앞쪽에서 보신 Versitas, Libertas처럼 어미가 동일하듯, 여성형 3변화 명사이고, 그 뒤에 있는 어휘는 지역을 의미합니다. Complutensis는 스페인 Alcala de Henares 지역 출생이라는 의미로 사용된 것인데, 여기에서는 3변화 속격, 즉 '그 (알깔라)지역의...'란 의미를 만들어야하므로 명사의 속격을 사용한 것입니다. 물론 고유명사 지명으로 현대어의 라틴어화라고 보시면 됩니다. 물론 그 뒤에 있는 마드리드(현대어의 라틴어화)명칭 또한 명사의 속격형태(3변화형)를 만들어 명사가 명사를 수식하도록 만든 형태입니다.

고린도전서에 나오는 '사랑'에 관한 좋은 글귀

Omnia Suffert
Omnia Credit
Omnia Sperat
Omnia Sustinet
[옴니아 숩페르트,
옴니아 크레딧,
옴니아 스페랏,
옴니아 수스티넷]
모든 것을 참으며,
모든 것을 믿으며,
모든 것을 바라며,
모든 것을 견디느니라

〰 내용 분석

(1) omnia 3변화 중성 복수 대격형태명사

✔ 이 어휘는 형용사로도 사용되고 대명사적인 의미를 갖는 명사로도 사용이 됩니다.

의미는 '모든 (것)'이라는 의미로 3변화 명사형을 따르는데, 남성과 여성형은 동일하며, 중성형만 조금 형태가 다릅니다.

	단수		복수	
	남·여성	중성	남·여성	중성
주격	omnis	omne	omnes	omnia
속격	omnis	omnis	omnium	omnium
여격	omni	omni	omnibus	omnibus
대격	omnem	omne	omnes	omnia
탈격	omni	omni	omnibus	omnibus

✔ 대격(목적어) 복수형을 모두 취하고 있습니다.

(2) suffert 참다, 인내하다(sufferre 3인칭단수형)

✔ 2변화 동사의 예외적 특이한 형태 동사입니다.
　동사원형 어미는 -erre이며, 이 동사의 현재형 변화는 아래와 같습니다.

	단수	복수
1인칭	suffero	sufferimus
2인칭	suffers	suffertis
3인칭	suffert	sufferunt

(3) credit 믿는다, 신용하다(credere 3인칭 단수형)

✔ 3변화 동사변화형임

	단수	복수
1인칭	credo	credimus
2인칭	credis	creditis
3인칭	credit	credunt

✔ 이 동사의 경우는 일반적으로는 직접목적어를 대격으로 사용

하기 보다는, 여격으로 사용하는 경우가 일반적으로 많이 있습니다. 물론, 대격형태를 사용해 목적어로 사용하는 경우도 있지만, 여격을 직접목적어로 사용하는 일반적인 동사로 잘 알려져 있음을 알아두세요.

그래서, 아래처럼 사용할 수 있음을 알아두세요.

Omnia credit = Omnibus credit

(4) sperat 희망하다, 기대하다, 바라다(sperare 3인칭 단수형)

✔ 1변화 동사 변화형임

	단수	복수
1인칭	spero	speramus
2인칭	speras	speratis
3인칭	sperat	sperant

(5) sustinet 견디다, 받쳐주다, 제지하다(sustinere 3인칭 단수형)

✔ 2변화 동사 변화형임

	단수	복수
1인칭	sustineo	sustinemus
2인칭	sustines	sustinetis
3인칭	sustinet	sustinent

〰 동사변화형 연습하는 것 같아서 좋은데요.

'십자가의 수난'에 관련된 노래의
의미는?

Per crucem et passionem tuam
Libera nos Domine, Domine
[페르 크루쳄 엣 팟시오넴 투암
리베라 노스 도미네, 도미네]
당신의 십자가와 수난을 통해,
우리를 자유롭게 해주소서. 주여, 주여!

▶참고 동영상

〰 문장 구조 체크

(1) 전치사 per + 대격 : ~통하여, ~위하여, ~동안

(2) crucem 십자가(를)

- 3변화 (crux)여성명사, 대격 단수형

	단수	복수
주격	crux	cruces
속격	crucis	crucum
여격	cruci	crucibus
대격	crucem	cruces
탈격	cruce	crucibus

(3) passionem 수난(을); 열정(을)

- 3변화 (passio)여성명사, 대격 단수형

	단수	복수
주격	passio	passiones
속격	passionis	passionum
여격	passioni	passionibus
대격	passionem	passiones
탈격	passione	passionibus

(4) tuam 너의(여성형 대격 단수형)

형용사는 남성/여성/중성 모두 있으며, 변화형은 명사에 준해서 변화를 합니다. 수식받는 명사의 격에 따라 변화를 하게 됩니다. tua(여성 소유형용사). 변화는 1변화명사형과 동일합니다. (어미형만 알려드려요)

	단수	복수
주격	-a	-ae
속격	-ae	-arum
여격	-ae	-is
대격	-am	-as
탈격	-a	-is

(5) libera 자유롭게 만들어라(명령형)

동사의 명령형(청유형)은 원형의 -re를 떼어내면, 그 형태를 만들 수 있습니다.

예 amare > Ama! 사랑해라!
　　habere > Habe! 가져라!
　　Audire > Audi! 들어라!

그래서, 자유롭게 만들다(liberare) 1변화 동사형에서도 −re를 떼어내고 만든 형태입니다.

(6) nos 우리(를)

주격과 대격의 형태는 동일합니다. 동사의 주어가 너(tu)이기 때문에, nos는 주어가 될 수 없습니다.

*인칭별 대격(직접목적어)을 써보면 아래와 같습니다.

	단수	복수
1인칭	me	nos
2인칭	te	vos
3인칭	eum/eam	eos/eas

(7) Domine 주님! (호격 단수형)

호격은 대부분 주격과 형태가 동일합니다.
남성 어휘 중에서 어미가 −us, -ius로 끝나는 경우만,
변화를 주고, 나머지는 동일합니다.

예 Dominus → Domine! 주님!
domina → domina! 여주인이여!
Filius → Fili! 아들아!
Patria → Patria! 조국이여!

'Dum spiro, spero'가 맞아 'Dum spiro, spera'가 맞아?

Dum spiro, spero.

[둠 스피로, 스페로]

내가 숨 쉬는 한 희망한다.

〰 문장 분석

비교적 단순한 문법으로 되어 있어, 이해하기 편합니다.

라틴어의 Dum은 영어의 While(~동안)의 의미를 가진 관계부사이며, 'spiro'의 경우는 spirare(숨쉬다, 1변화 동사의 1인칭 단수)입니다.

	단수	복수
1인칭	spiro	spiramus
2인칭	spiras	spiratis
3인칭	spira	spirant

두 번째에 있는 spero의 경우는 sperar(희망하다, 1변화 동사의 1인칭 단수)입니다. 변화형 역시 다음과 같습니다.

	단수	복수
1인칭	spero	speramus
2인칭	speras	speratis
3인칭	sperat	sperant

일단, Cicero가 사용했던 말로 유명한 Dum spiro, spero.는 말씀하신 것처럼 spirare(숨쉬다)와 Sperare(기다리다, 기대하다)의 동사를 연결해, '내가 숨 쉬는 동안은 희망을 가지고 있다.'는 말로 유명합니다.

그런데, Dum spero, spera의 경우는 '내가 희망을 놓지 않고 있는한, 너도 희망을 놓지 말아라'라는 의미로 사용하지 않았을까요? 아주 의미가 좋기는 한데요. 명령형은 앞에서 말씀드렸듯이, ~re를 떼어 내면, '너는 ~~해라'라는 의미가 된다고 말씀드렸었습니다. 저처럼 이렇게 생각해서, 모두가 희망을 갖자는 의미로 사용하지 않았을까요?

→ 참고로 1900년대 중반에 보르네오 섬의 한 국가를 형성했던 사라와크 왕국은 영국으로 통치권을 넘기게 되었었습니다. 이 왕국의 motto로 사용되었다고 합니다.

마무리는 기본 변화표로 해보면 어떨까요?

긴 시간동안 라틴어의 이야기를 쭉 해오면서 어떻게 마무리를 해야 "책의 대미를 의미있게 장식할까?" 고민했습니다. 앞쪽의 하나하나 이야기를 볼 때, 조금 말이 나오다 말고 무수히 많은 글자들의 변화형이 눈을 아프게 했을 것입니다.

역시 그 복잡한 라틴어의 처음이자 마지막은 명사변화와 동사변화가 아닐까 생각을 합니다. 더 많은 것들이 있겠지만, 그래도 가장 기본이 되는 Esse동사(영어의 Be동사)부터 4개의 기본 동사변화형. 그리고 5개의 명사변화형은 정말로 암기하지 않으면 안 되는 산과 같습니다. 그 부분을 마지막으로 정리하는 것이 이 책의 대미의 장식이 아닐까 생각을 하게 됩니다.

제가 학교에서 아이들에게 책상 위, 화장실 세면대, 침애 옆에 붙여 두고 "그냥 매일 봐라!"라고 하는 표입니다. 참고하시죠.

✔ 설명은 동영상을 참고하세요.

▶ 참고 동영상

Sum 동사

sum	sumus
es	estis
est	sunt

1변화 -āre 동사		2변화 -ēre 동사	
-o	-amus	-eo	-emus
-as	-atis	-es	-etis
-at	-ant	-et	-ent

3변화 -ere 동사		4변화 -īre 동사	
-o	-imus	-io	-imus
-is	-itis	-is	-itis
-it	-unt	-it	-iunt

	1변화 명사 (여성)		2변화 명사 (남성)		3변화 명사 (중성)	
주격	-a	-ae	-us	-i	-um	-a
속격	-ae	-arum	-i	-orum	-i	-orum
여격	-ae	-is	-o	-is	-o	-is
대격	-am	-as	-um	-os	-um	-a
탈격	-a	-is	-o	-is	-o	-is

	3변화 명사 (남/여)		3변화 명사 (중성)		4변화 명사 (남/여)		5변화 명사 (남/여)	
주격	–	-es	–	-a	-us	-us	-es	-es
속격	-is	-(i)um	-is	-(i)um	-us	-uum	-ei	-erum
여격	-i	-ibus	-i	-ibus	-ui	-ibus	-ei	-ebus
대격	-em	-es	–	-a	-um	-us	-em	-es
탈격	-e	-bus	-e	-ibus	-u	-ibus	-e	-ebus

・동사변화

(1) Esse 동사변화

영어의 Be동사에 해당하는 가장 기본적 동사. 시제는 현재시제만 소개합니다.

	단수	복수
1인칭	sum	sumus
2인칭	es	estis
3인칭	est	sunt

(2) 1변화 동사변화 어미

-are로 끝나는 어미의 동사

예 **amare** 사랑하다

	단수	복수
1인칭	-o	-amus
2인칭	-as	-atis
3인칭	-at	-ant

〰 amare 적용

	단수	복수
1인칭	amo	amamus
2인칭	amas	amatis
3인칭	amat	amant

(3) 2변화 동사변화 어미

-ēre로 끝나는 어미의 동사

	단수	복수
1인칭	-eo	-emus
2인칭	-es	-etis
3인칭	-et	-ent

〰 monēre 적용

	단수	복수
1인칭	moneo	monemus
2인칭	mones	monetis
3인칭	monet	monent

(4) 3변화 동사변화 어미

-ere로 끝나는 어미의 동사

예 **regere** 통치하다

	단수	복수
1인칭	-o	-imus
2인칭	-is	-itis
3인칭	-it	-unt

〰 regere 적용

	단수	복수
1인칭	rego	regimus
2인칭	regis	regitis
3인칭	regit	regunt

(5) 4변화 동사변화 어미

-ire로 끝나는 어미의 동사

예 **audire** 듣다

	단수	복수
1인칭	-io	-imus
2인칭	-is	-itis
3인칭	-it	-iunt

〰 audire 적용

	단수	복수
1인칭	audio	audimus
2인칭	audis	auditis
3인칭	audit	audiunt

· 명사변화

(1) 1변화명사(여성)

주격 단수가 -a로 끝나는 어미의 여성명사

예 **rosa** 장미

	단수	복수
주격	-a	-ae
속격	-ae	-arum
여격	-ae	-is
대격	-am	-as
탈격	-a	-is

∿ rosa 적용

	단수	복수
주격	rosa	rosae
속격	rosae	rosarum
여격	rosae	rosis
대격	rosam	rosas
탈격	rosa	rosis

(2) 2변화명사(남성/중성)

주격 단수가 -us와 -um로 끝나는 어미의 남성 · 중성명사

예 **dominus** 주인님(남성)
donum 선물(중성)

✓ 남성형

	단수	복수
주격	-us	-i
속격	-i	-orum
여격	-o	-is
대격	-um	-os
탈격	-o	-is

∿ dominus 적용

	단수	복수
주격	dominus	domini
속격	domini	dominorum
여격	domino	dominis
대격	dominum	dominos
탈격	domino	dominis

✓ 중성형

	단수	복수
주격	⁻um	⁻a
속격	⁻i	⁻orum
여격	⁻o	⁻is
대격	⁻um	⁻a
탈격	⁻o	⁻is

〰 donum 적용

	단수	복수
주격	donum	dona
속격	doni	donorum
여격	dono	donis
대격	donum	dona
탈격	dono	dois

(3) 3변화명사(남성·여성/중성)

주격 단수형태가 일정치 않으며, 속격 단수의 어미는 -is로 되어 있습니다.

사전에서 속격의 형태를 보고 파악해야 합니다.

남성과 여성의 격변화 형태는 동일하고, 중성만 주격과 대격에서 모양이 다릅니다.

예 **rex** 왕(남성)

veritas 진리(여성)

opus 작업(중성)

✔ 남성형

	단수	복수
주격	-	-es
속격	-is	-(i)um
여격	-i	-ibus
대격	-em	-es
탈격	-e	-ibus

〰 rex 적용

	단수	복수
주격	rex	reges
속격	regis	regum
여격	regi	regibus
대격	regem	reges
탈격	rege	regibus

✔ 여성형

	단수	복수
주격	-	-es
속격	-is	-(i)um
여격	-i	-ibus
대격	-em	-es
탈격	-e	-ibus

～ veritas 적용

	단수	복수
주격	veritas	veritates
속격	veritatis	veritatum
여격	veritati	veritatibus
대격	veritatem	veritates
탈격	veritate	veritatibus

✔ 중성형

	단수	복수
주격	-	-a
속격	-is	-(i)um
여격	-i	-ibus
대격	-	-a
탈격	-e	-ibus

～ opus 적용

	단수	복수
주격	opus	opera
속격	operis	operum
여격	operi	operibus
대격	opus	opera
탈격	opere	operibus

(4) 4변화명사(남성 · 여성/중성)

주격 단수가 -us로 끝나는 어미의 남성 또는 여성명사명사로 속격 단수가 -us로 끝남. 사전에서 속격의 형태를 보고 파악해야 합니다.

중성의 경우는 주격단수가 -u로 끝나며, 속격단수는 -us로 끝난다. 그리고 주격과 대격의 형태가 남성 · 여성명사와 다릅니다.

예 adventus 도착(남성)

  cornu 뿔(중성)

✔ 남성 · 여성형

	단수	복수
주격	-us	-us
속격	-us	-uum
여격	-ui	-ibus
대격	-um	-us
탈격	-u	-ibus

∿ adventus 적용

	단수	복수
주격	adventus	adventus
속격	adventus	adventuum
여격	adventui	adventibus
대격	adventum	adventus
탈격	adventu	adventibus

✔ 중성형

	단수	복수
주격	-u	-ua
속격	-us	-uum
여격	-u	-ibus
대격	-u	-ua
탈격	-u	-ibus

~~ cornu 적용

	단수	복수
주격	cornu	cornua
속격	cornus	cornuum
여격	cornu	cornibus
대격	cornu	cornua
탈격	cornu	cornibus

(5) 5변화명사(남성·여성)

주격 단수가 -es로 끝나는 어미의 남성 · 여성명사

남성과 여성의 변화는 동일하며, 중성은 거의 존재하지 않습니다.

예 **dies** 하루(남성)

res 것(여성)

	단수	복수
주격	-es	-es
속격	-ei	-erum
여격	-ei	-ebus
대격	-em	-es
탈격	-e	-ebus

~~ dies 적용

	단수	복수
주격	dies	dies
속격	diei	dierum
여격	diei	diebus
대격	diem	dies
탈격	die	diebus

∿ res 적용

	단수	복수
주격	res	res
속격	rei	rerum
여격	rei	rebus
대격	rem	res
탈격	re	rebus

Fac ad libertum! Sed Tempus fugit!

하고 싶은대로 해라! 그러나 시간은 흘러가고 있다!